❖ 編者的話 ❖

　　編者從事英語教學二十多年，深感想學好英文的人，一定要對文法有基本的了解。在教學過程中，許多學生都希望我能將累積的經驗編成一本簡單清楚的文法書。因此在學習出版公司力邀之下，精心編成了這本「**簡明英文法**」（ *Concise English Grammar* ）。

　　本書內容及編排匠心獨運，具有下列四大特點：

1. **敘述口語化，一看就懂**：文法規則的敘述，必須摒除生澀的詞語，才能一目了然。

2. **例句淺顯，舉一反三**：避免用生字，以免造成理解規則的障礙。

3. **插圖生動有趣**：有些規則容易忘記，必須藉著插圖方式加深印象，記得圖就記得規則。

4. **版面美觀**：創造視覺美感，省力又舒適。

　　在非英語的環境中學英文，不能像學本國語言那樣，用直覺累積學習法，必須借重文法，才能達到事半功倍的效果。如果對於文法規則有基本的了解，則造句、翻譯會更有信心，而且能夠舉一反三。例如：學了雙重所有格的規則「 **a （ this, that, …）＋名詞＋of＋名詞所有格**」＜ p.33 ＞之後，想要造一個句子「我遇見了我弟弟的一個朋友。」，就會寫成 I met a friend of my brother's. 絕不會寫出錯誤的 *I met a my brother's friend.* 再如：碰到一句英文 There is no one but hates war. 要翻譯時，如果知道 but 在此是準關係代名詞，常與否定字連用，且這個 **but＝that … not** ＜ p.70 ＞，就很容易譯出正確的中文「沒有一個人不討厭戰爭。」

　　學文法雖然不是最終的目的，卻是學英文最基本的輔助力量，值得讀者下一番功夫研究，「**簡明英文法**」帶給您愉快的學習效果。如有興趣深入探究英文法的寶藏，請參閱「**文法寶典**」。

　　本書雖經審慎編校，疏漏之處恐難免，尚祈各方先進不吝賜教。

本書採用米色宏康護眼印書紙,版面清晰自然,
不傷眼睛。

目　　　錄

第四章 形容詞

第五章 副 詞

第六章 動詞時式・語態・語法

第七章 助動詞・動狀詞

第八章 時式一致與敍述法

第九章 介系詞

第十章　連接詞

第十一章　感嘆詞

第十二章　片語和子句

句子總論 ···················· 355

第十三章　句子和句子的成分

第十四章　句　型

第十五章　句子的種類

第十六章　句子的構成

第十七章　須注意的句子結構

學習出版公司　港澳地區版權顧問

RM ENTERPRISES

P.O. Box 99053 Tsim Sha Tsui Post Office, Hong Kong

翻印
必究

詞類總論

　　單字是一個句子的最小單位，依單字在句子中的意義和作用，可分為八大詞類。第一章即介紹此八大詞類。第二章到第十一章，詳述各大詞類的變化及使用方法。

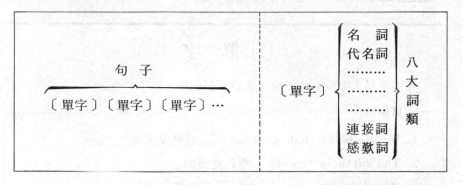

　　英文文法可比成兩大山脈，一為「**詞類**」，一為後五章要談的「**句子**」。必須越過了詞類這座山脈，才能爬上句子那座山脈。不可操之過急，要一步一步地向前邁進。

　　在每個單元結束時，都會有幾題「問題」，可以幫助你確定是否將所學的完全吸收了。每章的最後附有「練習」，如果做不出答案，請再查本文。

第一章 單字和詞類

❶ 單字可分爲八大詞類。
❷ 一個單字是屬於那種詞類，要由它在句子或片語中的作用來決定。
❸ 有的單字本身可當幾種詞類來用，這種情形很多。
❹ 注意拼字和發音相同，但意義不同，或拼字相同、發音不同的單字。

1 單 字

單字是句子中最小的單位，請看下面的基本例子

≪實例≫

1. We study English grammar.　我們學習英文文法。
2. The earth is round.　地球是圓的。
3. My uncle lives in Hawaii.　我的叔叔住在夏威夷。

集合幾個單字，便可成爲一個句子。譬如上面實例 1.是由 We，study，English，grammar 等四個單字組合而成的。實例 3.是由 My，uncle，lives，in，Hawaii 等五個單字組合而成的。

現在雖然瞭解單字是什麼了，但單字還有它的意義及作用。譬如 study（學習）和 earth（地球），不僅意義不同，作用也不同。因此實例 1.中，若將 study 換成 uncle：We *uncle* English grammar.　就成了錯誤的句子。如果換另一個單字 teach（教），雖然和原句的意思不同，不過卻合乎文法：We *teach* English grammar.（我們教英文文法。）。這種情況，study 和 teach 意思雖不同，但在句子中的作用相同（都當動詞用）。

　　像這樣，單字各有其特有意義和作用，也有和其他單字的共通點，依照這個共通點，可將單字分類，即分成八個詞類。

【問】下列的句子是由幾個單字組成的？	【答】
1. She can make her own dresses.	1. 6個
2. Oh, how hot it is today！	2. 6個

2 詞 類

　　所謂詞類，即上述的依照單字的意義和作用而分的種類，共有八大詞類。英文的單字，全部可放入這八大詞類中。如果不瞭解每個單字的詞類，就很難解釋一個句子或是造個句子。名詞是什麼？有什麼作用？形容詞放在句中的那個位置？等等，這些都是必須好好學習的。

1. 名　詞	2. 代名詞	3. 形容詞	4. 副　詞
5. 動　詞	6. 介系詞	7. 連接詞	8. 感歎詞

《實例》

1. **名　詞** —— earth（地球），uncle（叔叔），Hawaii（夏威夷）

2. **代名詞** —— we，you，my

3. **形容詞** —— English（英文的），round（圓的），hot（熱的）

4. **副　詞** —— now（現在），very（非常地），slowly（慢慢地）

5. **動　詞** —— study（學習；讀書），is，live（住）

6. **介系詞** —— in，on，with

7. **連接詞** —— and，but，when

8. **感歎詞** —— oh（啊！表驚奇），ouch（啊唷！表示痛），
　　　　　　　　 alas（啊呀！表示悲哀）

注意 相同詞類的字，它們的意義和作用有共通點。如名詞 earth，
uncle 等，是人或事物的稱呼；形容詞 English，round 等，是指某
種性質或狀態。有關八大詞類的用法，下章有更詳細的說明。

研究

1. 八大詞類名稱的縮寫如下：

名詞 *n.*（noun）　代名詞 *pron.*（pronoun）　形容詞 *adj.*（adjective）
副詞 *adv.*（adverb）　動詞 *v.*（verb）　介系詞 *prep.*（preposition）
連接詞 *conj.*（conjunction）　感歎詞 *int.* 或 *interj.*（interjection）

2. 發音和拼字完全相同，意義不同的單字：

pupil〔'pjupḷ〕$\begin{cases} n. 學生 \\ n. 瞳孔 \end{cases}$　box〔bɑks〕$\begin{cases} n. 箱子 \\ v. 拳擊 \end{cases}$

fine〔faɪn〕$\begin{cases} adj. 美好的 \\ n. 罰款 \end{cases}$　pen〔pɛn〕$\begin{cases} n. 鋼筆 \\ n. 圍欄；檻 \end{cases}$

3. 拼字相同，發音不同的單字：

lead $\begin{cases}〔lid〕v. 領導 \\〔lɛd〕n. 鉛 \end{cases}$　accent $\begin{cases}〔æk'sɛnt, 'æksɛnt〕vt. 重讀 \\〔'æksɛnt〕n. 重音；口音 \end{cases}$

minute $\begin{cases}〔'mɪnɪt〕n. 分 \\〔mə'njut, maɪ-〕adj. 詳細的 \end{cases}$

bow $\begin{cases}〔baʊ〕v. 鞠躬 \\〔bo〕n. 弓 \end{cases}$

4. 發音相同，拼字不同的單字：

$\begin{cases} hair〔hɛr〕n. 毛髮 \\ hare〔hɛr〕n. 野兔 \end{cases}$　$\begin{cases} I〔aɪ〕pron. 我 \\ eye〔aɪ〕n. 眼睛 \end{cases}$

$\begin{cases} night〔naɪt〕n. 夜 \\ knight〔naɪt〕n. 騎士 \end{cases}$　$\begin{cases} see〔si〕v. 看；見 \\ sea〔si〕n. 海 \end{cases}$

練 習 題

I. 從括弧內選出與劃線部分相同詞類的字：

【例】 This is <u>my</u> watch. （very, <u>your</u>, live, and）

1. Mr. Smith is a <u>merchant</u>. （teacher, tall, run, in）

2. Once there was a <u>poor</u> wood-cutter. （not, when, young, understand）

3. <u>When</u> did you meet your friend？（By, Talk, Whale, Where）

4. The girl <u>loves</u> the little dog. （likes, kind, from, leaf）

5. The ship starts <u>tomorrow</u>. （come, how, news, today）

II. 將下列沒有意義的單字寫成意思完整的句子：（注意大小寫和標點符號）

【例】 ilikehimverymuch → I like him very much.

1. thereisanoldtreeinourgarden →

2. thebabydiedyesterday →

3. haveyoureadtodayspaper →

4. johnisstudyinginthelibrary →

5. nankingisthecapitaloftherepublicofchina →

解　答

I. 1. teacher　2. young　3. Where　4. likes　5. today

II. 1. There is an old tree in our garden.
2. The baby died yesterday.
3. Have you read today's paper？
4. John is studying in the library.
5. Nanking is the capital of the Republic of China.

第二章 名 詞

❶ 名詞的種類（普通名詞、集合名詞等）。

❷ 名詞複數形的結構和數的用法。

❸ 名詞的格的種類和用法，特別注意所有格的形式和用法。

① 名詞的種類

〔1〕依名詞所表示的意義分類

《實例》

1. There is a **book** on the desk.

   桌上有一本書。〔普通名詞〕

2. There are forty students in this **class**.

   這班上有四十個學生。〔集合名詞〕

3. Bring me some **chalk**.

   拿些粉筆給我。〔物質名詞〕

4. **Health** is above **wealth**.

   健康勝於財富。〔抽象名詞〕

5. **Mary** and **Tom** are good friends.

   瑪麗和湯姆是好朋友。〔專有名詞〕

1. **普通名詞** 指同類的人、事、地、物所共用的名稱，如 book，boy，city…等。是可數名詞，可用1個，2個…來數，如 book 可用 1 本書，2本書來稱呼。有單複數的區別，可加冠詞（ a，an，the ）或數詞（ one，two，… ）。<參照實例 1.的 book >

2. **集合名詞** 指同類的人、事、物，所組成的集合體。如 family（家庭；家人），class（班級），committee（委員會）…等。是可數名詞，有單複數的區別，可加冠詞。<參照實例 2.的 class >

3. **物質名詞** 表示材料，食品，飲料以及氣體，液體和固體的化學元素的名稱，如 metal（金屬），food（食物），air（空氣）…等。物質名詞不能用 1 個、2 個來數，是不可數名詞，前面不可有不定冠詞（a, an），也不能帶有數詞（one, two, …），而且沒有複數形。<參照實例 3.的 chalk >

4. **抽象名詞** 指沒有固定形狀，只表示性質、動作、狀態、學科、疾病等名稱的字。如 kindness（仁慈），action（動作），history（歷史），cancer（癌）…等。抽象名詞通常不加冠詞，也沒有複數形，是不可數名詞。<參照實例 4.的 Health 和 wealth >

5. **專有名詞** 指特定的一人，一地或一事物所專用的名稱。如 Beethoven（貝多芬），The Republic of China（中華民國），Sunday（星期天）…等。專有名詞的第一個字母須大寫，通常不加冠詞，也沒有複數形。<參照實例 5.的 Mary 和 Tom >

研究 上面的定義和分類只是個原則。有時某些普通名詞可當作其他種類的名詞用；也有其他種類的名詞被當作普通名詞用。

【問】	【答】
1. 請說出名詞的種類。	1. 普通名詞，集合名詞，物質名詞，抽象名詞，專有名詞。
2. 名詞中有複數形的是那些？	2. 普通名詞和集合名詞。

〔2〕 依名詞的形式分類

能用 1 個、2 個來數的名詞稱爲可數名詞，不能用 1 個，2 個來數的名詞，稱爲不可數名詞。

可數名詞 $\begin{cases} 普通名詞 \\ 集合名詞 \end{cases}$ 不可數名詞 $\begin{cases} 物質名詞 \\ 抽象名詞 \\ 專有名詞 \end{cases}$

≪實例≫

1. Most *students* are diligent.
   大部分的學生是勤勉的。〔普通・可數〕

2. There are many *peoples* in Africa.
   非洲有很多民族。〔集合・可數〕

3. Many Japanese houses are built of *wood*.
   很多日本的房子是木造的。〔物質・不可數〕

4. *Honesty* is the best policy.
   誠實爲上策。〔抽象・不可數〕

5. I'm looking for *Mary*. 我正在找瑪麗。〔專有・不可數〕

---

1. **可數名詞**　實例 1.的 students 是普通名詞，可有複數形，單數形加 a。實例 2.的 peoples 是集合名詞，是可數名詞。

2. **不可數名詞**　實例 3. 4. 5. 是不可數名詞的例子。3.的 wood（木材）是物質名詞，4.的 honesty（誠實）是抽象名詞，5.的 Mary 是專有名詞。

【問】	【答】
1. 請說出可數名詞的種類。	1. 普通名詞，集合名詞。
2. 請說出不可數名詞的種類。	2. 物質名詞，抽象名詞，專有名詞。

可數名詞的特徵	**不可數名詞的特徵**
1. 有單數形和複數形。	1. 只有單數形（不說 *healths , Johns*）。
2. 單數形有「一個」的意思時，加 a , an , one。	2. 前面不可加 a , an , one（不說 *a health , one milk*）。
3. 複數形可加 two , three 等數詞。	3. 不加數詞 two , three 等（不說 *two sugar , three milk*）。
4. 複數形可加 many（許多的），few（少許的），some（一些的）等形容詞。	4. 物質名詞的前面可加 much（多量的），little（少量的），some（一些的）等形容詞。

研究　　相同的名詞，也有同時作可數名詞和不可數名詞用的，這種情形，通常有不同的意義。

This desk is made of ***wood***.（這個書桌是木製的。）〔不可數〕

There are many ***woods*** in England.（英國有很多森林。）〔可數〕

This house is built of ***stone***.（這房子是石造的。）〔不可數〕

He threw a ***stone*** at the dog.（他向那隻狗丟石頭。）〔可數〕

【問】請將下列句子錯誤的地方更正：	【答】
1. There are many book in this library.	1. *book → **books***
2. He bought many milk.	2. *many → **much***

② 普通名詞

〔1〕 普通名詞的性質

普通名詞是可數名詞，有單複數的區別，單數要加 a，an，the 等冠詞，或 this，that，my，our，Tom's 等字。

A year has three hundred and sixty-five *days*.

一年有三百六十五天。

This drama was written by *an Italian*.

這個劇本是個義大利人寫的。

〔2〕 普通名詞的轉用

有些普通名詞可作其他種類的名詞用，如下面的兩種情形。

```
──≪實例≫────────────────────────
  1. Where is *Father*？父親在哪裏？
  2. The *pen* is mightier than the *sword*.
     筆誅勝於劍伐。── 文勝於武。〔諺〕
```

1. **作專有名詞**　實例1.中 Father 的用法和專有名詞 John，Mary 相似，通常在句中也要大寫。

2. **作抽象名詞**　實例2.的 The pen，the sword 不是指筆和劍這兩種東西，而是指筆的力量，劍的力量，因此是抽象名詞。

③ 集合名詞

〔1〕 集合名詞的性質

集合名詞指集合體的名稱，譬如：family（家庭），class（班級），team（隊），party（黨），army（軍隊），people（民族），police（警察）。

〔2〕 **集合名詞和群衆名詞**

集合名詞是可數名詞，有單複數的區分。和普通名詞不同的是，有時雖然是單數形，卻當成複數來看，這時的集合名詞特別稱爲群衆名詞。

≪**實例**≫

1. My *family is* a large one. 我的家庭是個大家庭。〔集合〕
2. Three *families* live in this apartment house.
   三個家庭住在這棟公寓房子裡。〔集合〕
3. My *family are* all well. 我的家人都很好。〔群衆〕

---

1. **集合名詞**　實例 **1.** 的 family 是單數形，當成單數來用，故接單數動詞 is，是把家庭整體看成一個集合體，而不考慮其中的成員。實例 **2.** 的 families 是複數形，表示有兩個以上的家庭。

2. **群衆名詞**　實例 **3.** 的 family 是單數形，但被當成複數來用，接複數動詞 are，是把 family 看成家庭的每個成員，指全家人都很好。

My family are all very tall. 〔群衆名詞〕

My family is a large one. 〔集合名詞〕

4 物質名詞

〔1〕 物質名詞的性質

除了特殊用法外，物質名詞通常不加冠詞，是不可數名詞，只能用單位名詞來表示「數」的觀念。而且只能用表「量」的形容詞（ much, any, some 等），不可用表「數」的形容詞（ many, few 或數詞等）。

〔2〕 物質名詞的數法

─《實例》──────────────

1. Bring me *a piece of* chalk. 拿一枝粉筆給我。
2. She put *two spoonfuls of* sugar into the tea.
   她把兩湯匙糖加入茶裏。

────────────────────

物質名詞不能直接數，只能用表示「單位」的片語來數，其公式爲：

| 數詞＋單位名詞＋ of ＋物質名詞 |
---

a cup of tea 一杯茶   two cups of tea 兩杯茶

a piece of chalk 一枝粉筆   three pieces of chalk 三枝粉筆

a sheet of paper 一張紙   four sheets of paper 四張紙

a lump of sugar 一塊方糖   five lumps of sugar 五塊方糖

a bottle of beer 一瓶啤酒   six bottles of beer 六瓶啤酒

a slice of bread 一片麵包   seven slices of bread 七片麵包

a pound of butter 一磅奶油   eight pounds of butter 八磅奶油

a spoonful of sugar 一匙糖   nine spoonfuls of sugar 九匙糖

a cake of soap 一塊肥皂   ten cakes of soap 十塊肥皂

〔3〕物質名詞作普通名詞用

物質名詞當作普通名詞用時,單數形加 a, an, one,而且有複數形。

┌─《實例》────────────────────────┐

1. *Fire* burns. 火燃燒。〔物質名詞〕

2. *A fire* broke out in our neighbourhood yesterday evening.
   昨天晚上我們鄰區發生火災。〔普通名詞〕

└────────────────────────────┘

再舉例如下:

〔物質名詞〕	〔普通名詞〕
glass 玻璃	a glass 玻璃杯,glasses 玻璃杯;眼鏡
paper 紙	a paper, papers 報紙
stone 石	a stone, stones 石頭
iron 鐵	an iron, irons 熨斗

研究 　物質名詞指種類,或在餐廳點東西時,也可當作普通名詞用。

This is *a* nice *tea*. (這是好茶。)〔種類〕

Two coffees, please. (請給我兩杯咖啡。)〔點東西〕

【問】請指出下列句子的錯誤:	【答】
1. I have many money now.	1. *many → **much***
2. Give me a little matches.	2. *a little matches → **a few matches***

〔4〕特定用法 —— 之前要加定冠詞 " the "

┌─《實例》────────────────────────┐

The beef I had at supper was very good.
我在晚餐時吃的牛肉非常好吃。

└────────────────────────────┘

實例中的 beef 是指在晚餐所吃的，並非一般的 beef ，因此是特定用法，之前要加 the 。再看下例：

The water in this glass is not good to drink.
（這玻璃杯裡的水喝不得的 。）

5 抽象名詞

〔1〕 抽象名詞的性質

抽象名詞是不可數名詞，不加不定冠詞和數詞，也沒有複數形。它無具體形狀，是表示性質、動作、狀態等名稱的字。

≪實例≫
---

1. kind 親切的 ── *kindness* 親切
2. arrive 到達 ── *arrival* 到達
3. boy 男孩 ── *boyhood* 少年時代

抽象名詞大部分是由形容詞和動詞轉變而來，如實例 1.和 2. 。再舉例如下：

〔形容詞〕	⇨	〔抽象名詞〕
kind 親切的		kindness 親切
happy 幸福的		happiness 幸福
true 眞實的		truth 眞實
free 自由的		freedom 自由
poor 貧困的		poverty 貧困
long 長的		length 長度
able 有能力的		ability 才能
important 重要的		importance 重要性
honest 誠實的		honesty 誠實

〔動詞〕	⇨	〔抽象名詞〕
act 行動		action 活動
arrive 到達		arrival 到達
advise 忠告		advice 忠告
depend 依賴		dependence 依賴
live 活；住		life 生活；生命
inform 通知		information 情報
marry 結婚		marriage 婚姻
see 看見		sight 見；視力
succeed 成功		success 成功
fail 失敗		failure 失敗

有些普通名詞後加上 -hood，-dom，-ism，-ship，-(e)ry 等字尾，也屬於抽象名詞（如實例 3. ）：

king 國王 → kingdom 王國

hero 英雄 → heroism 英雄氣慨

friend 朋友 → friendship 友誼

machine 機械 → machinery 機械裝置

研究 表示學科和疾病名稱的字，也屬於抽象名詞：

學科—— art（藝術）、science（科學）、history（歷史）、civics
（公民科）、mathematics（數學）、geography（地理）

疾病—— cancer（癌）、cholera（霍亂）、measles（麻疹）、
malaria（瘧疾）

【問】請寫出下列各字的抽象名詞：	【答】
1. wide 寬的　　2. quick 快的	1. width　　2. quickness
3. die 死　　4. fly 飛	3. death　　4. flight

〔2〕 抽象名詞作普通名詞用

抽象名詞指具體的人、事、物時，即變成普通名詞，單數形要加 a, an, one，也有複數形。

─≪實例≫─

1. Thank you very much for your *kindnesses*.
   謝謝你的好意。

2. She must have been *a beauty* in her day.
   她年輕的時候一定是個美人。

3. This is one of the seven *wonders* of the world.
   這是世界七大奇觀之一。

實例 1.的 kindnesses 是指一些「仁慈的、親切的行為」(＝kind acts)。
實例 2.的 beauty 作抽象名詞時，是「美」的意思，但是這裡指「美人」，
表示具體的人。實例 3.的 wonders 不表示「驚異」，而表示「奇觀」(
wonderful things)。請比較下面的句子：

{ *Success* depends on your effort.（成功要靠你的努力。）〔抽象〕
{ This is *a* great *success*.（這是個大成功。）〔普通〕

{ We learn *composition* at school.（我們在學校學作文。）〔抽象〕
{ I have written *a composition*.（我寫了一篇作文。）〔普通〕

研究

1. room 作抽象名詞時，指「空間；餘地」；作普通名詞時，指「房間」。

{ There is *room* for one more.〔抽象名詞〕
{ （尚有可以容納一人的空位。）

{ The new house has five *rooms*.〔普通名詞〕
{ （這新房子有五間房間。）

2. 下列抽象名詞的單、複數形意義不同。

good 利益   goods 貨物

work 勞動；工作   works 工廠；作品

pain 痛苦   pains 勞苦

〔3〕「**of ＋抽象名詞**」＝**形容詞**，「**with ＋抽象名詞**」＝**副詞**

―《實例》――――――――――――――――――――――――

1. This is a matter *of great importance*.

 (＝ This is a *very important* matter.)

 這是很重要的事。

2. You can read this book *with ease* (＝ easily).

 你可以輕易地看懂這本書。

1. 「**of ＋抽象名詞**」＝**形容詞** 實例 1.的 of great importance 是形容詞片語，等於 very important，修飾名詞 matter。再看下面例子：

He is a man *of ability*. (＝ He is an *able* man.)

 (他是個有能力的人。)

It is *of no use*. (＝ It is *useless*.)

 (它沒有用。)

He is a man *of wisdom*. (＝ He is a *wise* man.)

 (他是個聰明的人。)

It is *of great value*. (＝ It is *very valuable*.)

 (它很有價值。)

2. 「**with ＋抽象名詞**」＝**副詞** 實例 2.的 with ease 等於副詞 easily，修飾動詞 read。其他例子如下：

with care （ 小心地 ）

with effort （ 努力地 ）

with no difficulty （沒有困難地）

with kindness （親切地）

with calmness （冷靜地）

【問】 請將下列的「of＋抽象名詞」 用一個字代換：	【答】
1. of use　　2. of interest	1. useful　　2. interesting

6 專有名詞

〔1〕 專有名詞的性質

專有名詞是特定的一人、一地或一事物所專用的名稱。像人名、地名、書名、山名、河名等等，都是屬於這類。專有名詞是不可數名詞，沒有複數形，通常單數形不加 a, an, the 等冠詞，或 this, that, my, your 等代名詞。不過，下面的情形要加 the。

〔2〕 加 the 的專有名詞

─── ≪實例≫ ───

1. I went to **the London Bridge** yesterday.
   我昨天去倫敦橋。
2. **The Thames** flows through London.
   泰晤士河流經倫敦。

1.海、洋、江、河、運河、海峽、港灣；山脈、島嶼、半島

the Pacific（Ocean）太平洋

the China Sea 中國海

the（river）Thames 泰晤士河

the Suez Canal　蘇伊士運河
the Taiwan Straits　台灣海峽
the Persian Gulf　波斯灣
the Alps　阿爾卑斯山脈
the Philippines　菲律賓群島
the Balkan Peninsula　巴爾幹半島

研究　河流的名字加上 river 時，英、美的寫法不一樣：

the river Thames〔英〕
the Thames River〔美〕

注意　一座一座的山，不能加 the：Mount Everest 埃弗勒斯峯（卽聖母峯）。

2. 船艦、鐵路、學校、公共建築物、報紙、雜誌

the Victoria　維多利亞戰艦
the Trans-Siberian Railway　西伯利亞鐵路
the Taiwan Normal University　台灣師範大學
the White House　白宮
the Central Daily News　中央日報
the Reader's Digest　讀者文摘

研究

1. 寺院、公園、車站的名稱前不能加 the：

Westminster Abbey　西敏寺
Hyde Park　海德公園
Taipei Station　台北車站

2. 部分大學名字前不加 the：

Oxford University（＝the University of Oxford）牛津大學
Yale University　耶魯大學
New York University　紐約大學

3. 複數形的專有名詞、家族名稱

the United States of America〔the U.S.A.〕美利堅合衆國

the Netherlands 荷蘭　　the Chens 陳家

4. 性質形容詞＋人名

the noble Brutus 高潔的布魯特斯

the late Mr. Brown 已故的布朗先生

研究　　但是純描述的形容詞如：young, old, poor, dear, good, little 等字，接在專有名詞前時，不加 the：

young John, *little* Tom, *poor* John Smith.

【問】 請改正下列句子的錯誤：	【答】
1. He entered the Oxford University.	1. 去掉 the
2. We take New York Times.	2. New York Times 之前要加 the

---

〔3〕 專有名詞作普通名詞用

專有名詞作普通名詞用時，單數形加 a, an, one，也有複數形。

≪實例≫

1. There are three *Marys* in this class.

   在這班上有三個瑪麗。

2. There will be many *Newtons* in this country.

   在這個國家將會有許多位像牛頓一樣的人。

3. My car is a *Ford*.

   我的車是福特牌。

4. A Mr. *Wang* came to see you.

   有位王先生來看你。

1. **相同名稱的人有兩個以上時** 實例 1.的 three Marys，表示有三個人的名字都叫做瑪麗，這時專有名詞已不是單指一個人。

2. **「像～樣的人」** 實例 2.的 Newtons 是指「像牛頓一樣偉大的科學家」（ scientists as great as Newton ），下例亦同：

   He is an China's *Edison*. （他是中國的愛迪生。）

3. **作品、製成品的名稱** 實例 3.的 Ford 本來是專有名詞，但這裡是指「福特公司所製造的汽車」。下例亦同：

   Here is a *Webster*. （這裡有本韋氏辭典。）

4. **「叫做～的人」** 實例 4.的 Mr.～之前加上不定冠詞，表示說話的人並不認識對方，所以，此時不是某人所專用的名稱，必須解釋為「叫做～的人」。如果沒有 Mr. 時，通常加 one，如下例：

   One John wrote me a letter. （有位約翰寫給我一封信。）

【問】 請說出下句的意思：	【答】
He will be a Beethoven in future.	他將來會成為像貝多芬那樣偉大的音樂家。

⑦ 名詞的數

中文指兩個以上的人時，用「們」來表示複數，如「同學們」、「男孩們」。除了表示「人」的名詞外，其他的名詞在形式上，幾乎沒有單、複數的差別，如「一本書」、「兩本書」；而英文名詞的複數形式，就有不少的變化，和單數形有所不同，如 a book, two books。

前面說過的可數名詞（普通名詞和集合名詞），及轉作普通名詞的物質名詞、抽象名詞、專有名詞，都有複數形。

〔1〕複數名詞的形成

─《實例》─────────────────────

1. There are three ***books*** on the desk.
   書桌上有三本書。
2. ***Women*** are all curious. 女人都是好奇的。

1. **規則的複數變化：**

(1) 普通在字尾上加 -s 。

  book*s*（書），cat*s*（貓），nose*s*（鼻子），pen*s*（鋼筆），desk*s* （書桌），dog*s*（狗），rose*s*（玫瑰），……

(2) 字尾若是 s , z , x , sh, ch 則加 -es 。

  ass*es*（驢）   buzz*es* （嗡嗡聲）

  box*es* （盒子）   dish*es* （碟子）

  bench*es* （長板凳）

注意　如果字尾的 ch 發做〔k〕時，只需加 -s 。

  stomach*s*〔ˊstʌməks〕（胃）   monarch*s*〔ˊmɑnəks〕（帝王）

(3) 以 -y 結尾的名詞，複數形有兩種：

  (a) 母音＋y：直接加 -s 。

    boy*s*（男孩），day*s*（天），key*s*（鑰匙），monkey*s*（猴子）

  (b) 子音＋y：將 y 改成 i，再加 -es 。

    city（城市）→ cit*ies*   duty（責任）→ dut*ies*

    fly（蒼蠅）→ fl*ies*   story（故事）→ stor*ies*

─────────────────────────────

【問】請寫出下列名詞的複數形：	【答】
1. bush　　2. country	1. bushes　　2. countries
3. donkey	3. donkeys

(4) 以 -o 結尾的字，複數形也有兩種：

　　(a) 加 - s：這用在 o 之前的字母是母音，或是縮寫字，或是外來語的情況。

$$
\left.
\begin{array}{lcl}
\text{bamboo（竹）} & \rightarrow & \text{bamboos} \\
\text{cuckoo（杜鵑鳥）} & \rightarrow & \text{cuckoos} \\
\text{radio（收音機）} & \rightarrow & \text{radios}
\end{array}
\right\} \text{〔母音＋o → ～ s〕}
$$

$$
\left.
\begin{array}{lcl}
\text{zoo（動物園）} & \rightarrow & \text{zoos} \\
\text{photo（照片）} & \rightarrow & \text{photos} \\
\text{piano（鋼琴）} & \rightarrow & \text{pianos}
\end{array}
\right\} \text{〔縮寫字〕}
$$

$$
\left.
\begin{array}{lcl}
\text{solo（獨奏）} & \rightarrow & \text{solos} \\
\text{soprano（女高音）} & \rightarrow & \text{sopranos}
\end{array}
\right\} \text{〔外來語〕}
$$

研究　zoo 是 zoological garden 的縮寫；photo 是 photograph 的縮寫；piano 是 pianoforte 的縮寫。

　　(b) 加 - es：請記住下列五個主要的字：

echo（回音）	→ echoes	hero（英雄）	→heroes
negro（黑人）	→ negroes	potato（馬鈴薯）	→potatoes
tomato（蕃茄）	→ tomatoes		

(5) 字尾是 -f 或 -fe 的，改爲 -ves。

leaf（葉子）	→ leaves	knife（小刀）	→ knives
wife（妻子）	→ wives	half（一半）	→ halves
thief（小偸）	→ thieves	life（生命）	→ lives
shelf（架；棚）	→ shelves	wolf（狼）	→ wolves

　　但是，下面的字要直接加 -s：

belief（信條）	→ beliefs	cuff（袖口）	→ cuffs
chief（首領）	→ chiefs	grief（悲哀）	→ griefs
roof（屋頂）	→ roofs	safe（保險箱）	→ safes
handkerchief（手帕）	———→	handkerchiefs	

研究　有少數的名詞兼備 -fs 和 -ves 兩種複數形式：

hoof（蹄）　──→　hoof*s* *or* hoo*ves*

scarf（圍巾）──→　scarf*s* *or* scar*ves*

wharf（碼頭）──→　wharf*s* *or* whar*ves*

【問】請寫出下列名詞的複數形：	【答】
1. life　　2. roof	1. lives　　2. roofs

(6) 由兩個字或兩個字以上所組成的複合名詞，其複數形是把主要的字改爲複數。

bystander（旁觀者）　　──→　bystander*s*

passer-by（過路人）　　──→　passer*s*-by

father-in-law（岳父；公公）→ father*s*-in-law

研究　下列複合名詞的前後兩字都是主要字，因此都得改爲複數形：

man servant（男僕）　　──→ m*en* servant*s*

woman servant（女僕）──→ w*omen* servant*s*

woman writer（女作家）──→ w*omen* writer*s*

woman doctor（女醫生）──→ w*omen* doctor*s*

注意　由 boy, girl 和 maid 所形成的複合名詞，只要將其後面的名詞改爲複數：

boy friend（男朋友）　──→　boy friend*s*

girl student（女學生）──→　girl student*s*

maidservant（女僕）　──→　maidservant*s*

(7) 數字、字母、文字或簡稱等的複數形，通常在字尾加 -'s。

three 7*'s*（三個 7）──→ two P*'s*（兩個 P）

four if*'s*（四個 if）──→ five M.P.*'s*（五位憲兵）

研究 -s 與 -es 的發音：

1. **～無聲子音（f, k, p, t）＋s → /s/**

   roofs〔rufs〕, books〔bʊks〕, maps〔mæps〕, hats〔hæts〕

2. **～有聲子音（b, d, g, l, m, n, ŋ, v）及母音＋s → /z/**

   jobs〔dʒɑbz〕, birds〔bɝdz〕, dogs〔dɔgz〕, hills〔hɪlz〕,

   rooms〔rumz〕, pens〔pɛnz〕, things〔θɪŋz〕, loves〔lʌvz〕

3. **字尾為 s, z, sh, ch, x 等＋es → /ɪz/**

   buses〔'bʌsɪz〕, buzzes〔'bʌzɪz〕, brushes〔'brʌʃɪz〕,

   churches〔'tʃɝtʃɪz〕, boxes〔'bɑksɪz〕

4. **字尾為 ce, (d)ge〔dʒ〕, se 等＋s → /ɪz/**

   faces〔'fesɪz〕, judges〔'dʒʌdʒɪz〕, horses〔'hɔrsɪz〕,

   houses〔'haʊzɪz〕（但 house 是發〔haʊs〕，請注意此字單、複數的發音。）

5. **長母音或雙母音＋ths → /ðz/**

   oaths（誓言）〔oðz〕, mouths〔maʊðz〕

6. **短母音或子音＋ths → /θs/**

   deaths〔dɛθs〕, months〔mʌnθs〕

2. **不規則的複數變化：** 這類的名詞不多，但大都很重要，必須熟記。

   (1) 變化母音字母

foot〔fʊt〕（足）	*fee*t〔fit〕
goose〔gus〕（鵝）	*gee*se〔gis〕
tooth〔tuθ〕（齒）	*tee*th〔tiθ〕
mouse〔maʊs〕（鼠）	*mi*ce〔maɪs〕
louse〔laʊs〕（蝨）	*li*ce〔laɪs〕
man〔mæn〕（男人）	men〔mɛn〕
woman〔'wʊmən〕（女人）	wom*en*〔'wɪmɪn〕

   (2) 單複數同形

   deer（鹿）, fish（魚）, sheep（綿羊）, grouse（松雞）

   Chinese（中國人）, Japanese（日本人）, Swiss（瑞士人）

注意 字尾是 - ese 的專有名詞都是單複數同形，如 Chinese, Japanese, Vietnamese（越南人），Portuguese（葡萄牙人）。

(3) 字尾＋ -en 或 -ren

ox（公牛） ⟶ ox*en*

child〔tʃaɪld〕（小孩） ⟶ child*ren*〔'tʃɪldrən〕

brother〔'brʌðɚ〕（教友）⟶ breth*ren*〔'brɛðrən〕

（但 brother 作「兄弟」解時，複數為 brothers）

【問】 寫出下列名詞的複數形：

1. gentleman

2. Taiwanese

【答】

1. gentlemen

2. Taiwanese

研究 由拉丁文、希臘文等轉成的外來名詞的複數，也屬於不規則變化，在此略舉幾字供讀者參考：

antenna〔æn'tɛnə〕（觸鬚；天線）⟶ antennae〔æn'tɛni〕

cactus〔'kæktəs〕（仙人掌） ⟶ cacti〔'kæktaɪ〕

datum〔'detəm〕（資料） ⟶ data〔'detə〕

analysis〔ə'næləsɪs〕（分析） ⟶ analyses〔ə'næləsiz〕

phenomenon〔fə'nɑmə,nɑn〕（現象）⟶ phenomena〔fə'nɑmənə〕

〔2〕 複數名詞的注意事項

《實例》

1. card（卡片）── cards（紙牌遊戲）

2. I shook *hands* with him. 我和他握手。

3. He is a man of *letters*. 他是一個文學家。

1. 常用複數形的名詞

cards（紙牌遊戲）, sands（沙地）, sweets（糖果）,
compasses（圓規）, chopsticks（筷子）, scissors（剪刀）,
physics（物理學）, mathematics（數學）, politics（政治學）,
shoes（鞋）, pyjamas（睡衣）, trousers（西褲）, goods
（貨物）, riches（財富）, contents（內容；目錄）, news
（新聞）, tidings（消息）, surroundings（環境）。

2. 有「交流」情況時，用複數名詞

He changed trains at Taipei.

（他在台北換火車。）

I am friends with Mr. Wang.

（我和王先生有交情；我和王先生為友。）

3. 單複數意義不同的名詞

$\begin{cases} \text{air（空氣）} \\ \text{airs（裝腔作勢；擺架子）} \end{cases}$　$\begin{cases} \text{cloth（布）} \\ \text{clothes（衣服）} \end{cases}$

$\begin{cases} \text{custom（習慣）} \\ \text{customs（關稅）} \end{cases}$　$\begin{cases} \text{force（力量）} \\ \text{forces（軍隊）} \end{cases}$

$\begin{cases} \text{letter（信；字母）} \\ \text{letters（文學；信；字母）} \end{cases}$　$\begin{cases} \text{pain（痛苦）} \\ \text{pains（辛勞）} \end{cases}$

$\begin{cases} \text{work（工作）} \\ \text{works（工廠）} \end{cases}$　$\begin{cases} \text{wood（木）} \\ \text{woods（樹林）} \end{cases}$

$\begin{cases} \text{glass（玻璃）} \\ \text{glasses（玻璃杯；眼鏡）} \end{cases}$

注意　有些名詞形式看來是複數，但意義卻是單數：

Mathematics is difficult.（數學很難。）

Ill **news** flies apace.（壞事傳千里。）〔諺〕

The United States is a big country.（美國是個大國。）

Measles is a children's disease.（麻疹是小孩生的病。）

8 名詞的格

〔1〕 格的種類

名詞依其在一句中所佔的地位，以及與其他詞類的關係，而分屬於三種格：

1. 主格（ Nominative Case ）：

John studied diligently. （約翰用功讀書。）

2. 所有格（ Possessive Case ）：

This is **John's** book. （這是約翰的書。）

3. 受格（ Objective Case ）：

The teacher praised **John**. （老師稱讚約翰。）

名詞的主格和受格形式相同，在句中只能依其作用（作主詞或受詞）來區別。

〔2〕 格的用法

《實例》

> 1. My **wife** likes **oranges** very much. 我太太非常喜歡柳丁。
>
> 2. This is the **poet's** house. 這是那位詩人的房子。

1. 主格　實例 1. 中的 wife 當句子的主詞。另外，主格也作主詞補語、主詞同位語、和稱呼用，如下例：

He is my English **teacher**. 〔主詞補語〕

（他是我的英文老師。）

My cousin **Tom** came to see me yesterday. 〔主詞同位語〕

（我表弟湯姆昨天來看我。）

Let the dog out, **Tom**. 〔稱呼〕

（湯姆，把狗放出去。）

2 **受格** 實例 1.中的 oranges 是作動詞 likes 的受詞。此外，受格也作介詞的受詞、受詞補語和受詞同位語用，見下例：

I like to play with ***Tom***. 〔介詞的受詞〕

（我喜歡和湯姆玩。）

They will think me a ***fool***. 〔受詞補語〕

（他們會以爲我是個傻瓜。）

He has lost his only son, a brave ***soldier***. 〔受詞同位語〕

（他失去了唯一的兒子——一位勇敢的士兵。）

【問】	【答】
1. 名詞的格有哪幾種？	1. 三種：主格、受格、所有格
2. 下列句中，斜體字的名詞是什麼格？ Most students wear ***glasses***.	2. 受格

3. **所有格** 實例 2.中的 poet's 是指後面的名詞 house 屬於詩人的，因此是所有格。所有格的形成是在名詞字尾加上（'s）〔讀做 apostrophe "s"〕，並請注意下面情況：

(1) 字尾有 s 的複數名詞＋（'）

birds' nests（鳥巢）　　a girls' middle school（女子中學）

(2) 字尾無 s 的複數名詞＋（'s）

women's hospital（婦女醫院）　　children's shoes（童鞋）

(3) 複合名詞或名詞片語的所有格是在最後一字的字尾加（'s）

my brother-in-law's hat（我內弟的帽子）

somebody else's umbrella（別人的傘）

the American President's car　（美國總統的座車）

a month or two's absence（一兩個月的離開）

(4) 表各別所有時，把（'s）加在各個名詞上：

> Jim's and Dick's books = Jim's books and Dick's（books）

表共同所有時，則把（'s）加在最後的名詞上：

> Jim and Dick's books = books belonging to both Jim and Dick

再看下面的例子：

> Paul and Mary's school 〔指保羅和瑪麗在同一所學校〕
> Paul's and Mary's schools 〔指保羅和瑪麗在不同的學校〕

(5) 略語：單數加（'s），複數加（'）

> the YMCA's activities （青年會的活動）
> the YMCAs' （青年會的）

注意　無生命（包括植物）名詞的所有格，不可在其字尾加（'s）或（'），必須用 of 表示，其公式為：

> the ＋所有物＋ of ＋ the（ *or* this, that, my…）＋所有者

> the roof *of* the cottage （這茅屋的頂）
> the legs *of* the table （桌子的脚）
> the principal *of* this school （這所學校的校長）

人與動物名詞的所有格，則除了在字尾加上（'s）之外，也可用 of 來表示：

> the parents *of* the child = the child's parents（小孩的雙親）
> the ears *of* the rabbit = the rabbit's ears （兔子的耳朵）

此外，有部分無生命名詞習慣上用（'s）或（'）來表示所有格：

1. 表「時間」、「距離」、「長度」、「重量」、「價格」的名詞

> 時間：a week's journey （一週的旅行）
> 　　　an hour's walk （一小時的散步）
> 　　　today's newspaper （今天的報紙）

距離： a stone's throw （一投石之遙）

fifty miles' journey （五十哩的行程）

長度： a boat's length （一艘船的長度）

重量： twenty pounds' weight （二十磅重）

a ship of 500 tons' burden （載重 500 噸的船）

價格： a dollar's worth （一塊錢的價值）

2. 擬人化的名詞

Nature's works （造化之妙工）

Heaven's will （天意）

Fortune's favorite （幸運的寵兒）

the moon's shadow （月影）

the world's history （世界史）

the sun's rays （太陽光線）

3. sake （緣故）之前的名詞

for God's（Heaven's, goodness', mercy's）sake

（看在上帝的面上；千萬；務必）

for examination's sake = for the sake of examination

（爲了考試的緣故）

研究 所有格除實例 2.的表「所有」的用法外，還有下面六種用法：

1. 表對象　說明某物的使用對象

men's hats （紳士用的帽子——以紳士爲使用對象的帽子）

a children's hospital （兒童醫院）

a girls' school （女子學校）

2. 表同位語

the city of Taipei = Taipei City（the city = Taipei）

（台北市）

3. 所有格＋（動）名詞＝主詞＋動詞

He is sure of <u>his son's</u> <u>success</u>.
              所有格   名詞

＝He is sure that <u>his son</u> <u>will succeed</u>.
                主詞   動詞

（他確信他的兒子會成功。）

I am glad of <u>my son's</u> <u>passing</u> the entrance examination.
             所有格   動名詞

＝I am glad that <u>my son</u> <u>(has) passed</u> the entrance exami-
                主詞   動詞

nation. （我高興我兒子通過了入學考試。）

4. 所有格＋名詞＝動詞＋受詞

They hurried to <u>their father's</u> <u>rescue</u>.
             所有格   名詞

＝They hurried to <u>rescue</u> <u>their father</u>.
           動詞   受詞

（他們趕來援救他們的父親。）

5. 獨立所有格

通常在所有格之後都接有名詞，但是下述兩種情形，所有格是單獨存在，沒有名詞尾隨其後，這就叫做獨立所有格。

(1) 所有格後面的名詞因重覆而省略：

This doll is my daughter's (*doll*).

〔這洋娃娃是我女兒的（洋娃娃）。〕

(2) 被所有格修飾的名詞為 house, shop, store, college, theater, office 等建築物時：

I saw him at my uncle's (*house*).

（我在我叔叔家見到了他。）

I met an old friend at the barber's (*shop*) yesterday.

（我昨天在理髮店遇到一位老友。）

St. John's (*College*) （聖約翰大學）

6. **雙重所有格**　當 a(n)，this，that，these，those，some，any，no，
such，what，which，與名詞所有格（ 如 Tom's，mother's 等 ）修飾
同一名詞時，一定要用雙重所有格的形式，即：

> a（this，that，…）＋名詞＋ of ＋名詞所有格

I met *a* friend *of my brother's*.
（我遇見了我弟弟的一個朋友。）
I like *this* watch *of my father's*.
（我喜歡我父親的這隻錶。）
That is *no* fault *of John's*.
（那不是約翰的錯。）

以上的結構，因 of 是表所有，再加上名詞所有格的所有，**就成了雙重所有。**
關於所有格（'s）的發音：（ 通常和複數名詞字尾 s 的讀音相同 ）

1. ～無聲子音（ f，p，t，k ）＋ s → /s/
　　my wife's〔waɪfs〕mother （ 我太太的母親 ）
　　a cat's〔kæts〕ears （ 貓的耳朵 ）

2. ～有聲子音（ b，d，g，l，m，n，ŋ，v ）及母音＋ s → /z/
　　a bird's〔bɜˑdz〕nest （ 一個鳥巢 ）
　　my son's〔sʌnz〕school （ 我兒子的學校 ）

3. 子音（ s，z，ʃ，tʃ，ʒ，dʒ ）＋ s → /ɪz/
　　a fox's〔ˈfɑksɪz〕tail （ 狐狸的尾巴 ）
　　little prince's〔ˈprɪnsɪz〕room （ 小王子的房間 ）

⑨ 名詞的性

〔1〕 名詞的性的種類

1. **陽性**（ Masculine Gender ）：表男性、雄性的名詞。如 man，father，
cock（ 用陽性代名詞 he，his，him 代替。）

2. **陰性**（Feminine Gender）：表女性、雌性的名詞。如 woman, mother, hen（用陰性代名詞 she, her 代替。）

3. **通性**（Common Gender）：表男女、雌雄性別共通的名詞。如 person, friend, teacher。

4. **無性**（Neuter Gender）：不分男女、雌雄性別的名詞。如 stone, tree, box。

〔2〕**名詞的陽性與陰性**

《實例》

1. *king* 國王　　　　　　　*queen* 王后

2. *man-servant* 男僕　　　　*woman-servant* 女僕

3. *god* 男神　　　　　　　　*goddess* 女神

1. **陽性和陰性各有不同的字**（如實例 1.）

〔陽性〕	〔陰性〕
man（男人）	woman（女人）
boy（男孩）	girl（女孩）
father（父親）	mother（母親）
husband（丈夫）	wife（妻子）
uncle（叔）	aunt（嬸）
bridegroom（新郎）	bride（新娘）
gentleman（紳士）	lady（淑女）
horse（公馬）	mare（母馬）
bull（*or* ox）（公牛）	cow（母牛）
cock（*or* rooster）（公雞）	hen（母雞）
ram（公羊）	ewe（母羊）
gander（公鵝）	goose（母鵝）
drake（公鴨）	duck（母鴨）

2. **另加表示性別的字**（如實例2.）

〔陽性〕　　　　　　　　〔陰性〕

boy friend（男朋友）　　girl friend（女朋友）

he-goat（公山羊）　　　she-goat（母山羊）

tom-cat（雄貓）　　　　tabby-cat（雌貓）

landlord（房東）　　　　landlady（女房東）

peacock（雄孔雀）　　　peahen（雌孔雀）

3. **改變字尾**（請注意改變後的發音）

(1) 在陽性名詞後加 " ess "，形成陰性名詞：

〔陽性〕　　　　　　　　〔陰性〕

author （作家）　　　　authoress （女作家）

count （伯爵）　　　　countess （伯爵夫人）

host （主人）　　　　　hostess （女主人）

lion （公獅）　　　　　lioness （母獅）

(2) 將陽性名詞字尾稍加改變後再加 " ess "，形成陰性名詞（如實例3.）：

〔陽性〕　　　　　　　　〔陰性〕

actor （演員）　　　　　actress （女演員）

emperor （皇帝）　　　　empress （皇后）

god （神）　　　　　　　goddess （女神）

waiter （侍者）　　　　waitress （女侍者）

master （主人）　　　　mistress （主婦）

tiger （老虎）　　　　　tigress （母老虎）

Mr. = Mister （先生）　　Mrs. = Mistress （太太）

duke （公爵）　　　　　duchess （公爵夫人；女公爵）

marquis （侯爵）　　　　marchioness （侯爵夫人；女侯爵）

(3) 陽性名詞＋ine，形成陰性名詞

〔陽性〕　　　　　　　　〔陰性〕

hero（英雄）　　　　　heroine（女英雄）

Joseph（約瑟夫）　　　Josephine（約瑟芬）

【問】請寫出下列名詞的陰性：	【答】
1. grandfather	1. grandmother
2. prince	2. princess
3. nephew　4. monk	3. niece　4. nun

〔3〕通性的用法

≪實例≫

1. The **parent**, too, was responsible for **her** daughter's traffic accident.
   這母親對她女兒的交通事故也要負責任。
2. This scene will remind the reader of **his** own childhood.
   這幕情景將會使讀者想起他自己的孩提時代。
3. A baby moves **its** tiny mouth when it is hungry.
   嬰兒在餓的時候就動它的小嘴。
4. The bird flew back to **its** nest.
   這鳥飛回它的窩巢。

1. 由前後文來判斷通性名詞是指陽性或陰性後，再決定使用 he 或 she 等相當的代名詞。如實例 1.的 parent 是指 father 或 mother 的通性名詞，從前後文中若知道是指母親，代名詞就用 she, her；是父親，則用 he, his, him。

2. 由動詞或其他詞類變成而表示「動作者」的名詞，是屬於通性，但一般
　卻轉爲陽性，用陽性代名詞。如實例 2. 的 reader。其他類似的例子還
　有 buyer（買者）、seller（賣者）、debtor（債務人；借方）、
　scholar（學者）、thinker（思想家）。

3. "baby（嬰孩）"和"child（小孩）"的性別不明，或沒有必要區分
　性別時，則用中性代名詞 it，its 來表示。如實例 3.。

4. (1) 動物除按照性別，分別用 he，she 等之外，也可視爲中性，一概以
　　 it，its 來表示。如實例 4.。

　(2) 動物通常以陽性名詞來代表雌雄兩性；但是，如果雌性動物較有用
　　時，則以陰性名詞代替，像 cow（母牛，牛），duck（母鴨，鴨），
　　hen（母雞，雞）：

　　　The horse is a useful animal.〔包括 mare〕
　　　（馬是有用的動物。）

　　　A cow has no front teeth.〔包括 ox〕
　　　（牛沒有前齒。）

　(3) 給人感覺較爲**強壯**的動物，可**視爲陽性**，而以 he 來表示；較爲**柔弱**
　　的動物，則可**視爲陰性**，而以 she 來表示：

　　　The *lion* was very proud of *his*（*or* its）beard.
　　　（這獅子很以牠的鬍鬚爲榮。）

　　　The *bird* is building *her*（*or* its）nest.
　　　（鳥正在築巢。）

〔4〕 名詞的「擬人化」

≪實例≫

1. *Death* will come when *he* is least expected.
   死神常常在人們最不希望他來的時候來到。

2. The *moon* hid *her* face in the cloud.
   月娘把她的臉遮在雲裡。

3. The *ship* sank with *her* crew on board.
   船和船上的水手沈入海底。

4. *England* is justly proud of *her* great poets.
   英國當然以她那偉大的詩人爲傲。

---

1. 在文學上或口語裡，將無生命的東西或抽象的觀念予以人格化時，大都以一些強有力的、偉大的、或恐怖的事物爲陽性，如實例 1. 的 Death（死神）。

   其他例子：

   the Sun（太陽），Summer（夏），Winter（冬），Autumn（秋），Mountain（山），War（戰爭），Fear（恐懼），Anger（憤怒），……

2. 優美柔和的事物則視爲陰性，如實例 2. 的 the Moon。

   其他例子：

   the Earth（地球；大地），Spring（春），Peace（和平），Night（夜），Nature（大自然），Hope（希望），Art（藝術），Country（國家），……

3. 交通工具在口語中常被視爲陰性，如實例 3. 的 ship。

   再看下例：

   The *steamer* was on *her* maiden voyage.
   （那艘汽船作她的處女航。）

4. 國名被視爲陰性，但在地理上則爲中性，如實例 4.。

再看下面二例：

China is proud of *her* long history.

（中國以她的悠久歷史爲榮。）

China is a large country. *It* has high mountains and long rivers. （中國是個大國，它有高山大河。）

研究　有些名詞意義相近或拼法相似，常常易混淆：

blossom（結果實的）花 bloom（不結果實的）花	flat 分層樓房 apartment 公寓 dormitory 宿舍
custom 風俗 habit 習慣	floor 室內之地 ground 室外之地
cost 成本 price 售價	hour 鐘頭 o'clock 點鐘
capital 資本；首都 capitol 議會大樓	hospital 醫院 clinic 診所
crime 罪（法律上） sin 罪（宗教上） evil 罪（倫理上）	means 方法 meaning 意義
dessert 甜點 desert 沙漠	message 信息（可數） information 消息（不可數的）
employee 雇工 employer 雇主	pork 豬肉 pig 豬
express 快信；快車 expression 表達；表情	profession 職業（專門性） occupation 職業（一般性）
exhibit 陳列品 show 小型展覽會 exhibition 博覽會	task 工作（可數） work 工作 toil 苦工

練 習 題

I. 寫出下列名詞的複數形：

1. sheep   2. lady   3. man-servant   4. piano

5. foot   6. ox   7. negro   8. buoy

9. crisis   10. t

II. 說明下列各組畫線部分的差異：

1. {
A mirror is made of <u>glass</u>.
A lot of Chinese students wear <u>glasses</u>.
}

2. {
<u>Man</u> is destined to die.
A <u>man</u> stepped out of the darkness.
}

3. {
She felt the <u>mother</u> rise up in her heart.
The <u>mother</u> was anxious to see her son.
}

4. {
<u>Ford</u> was born in America in 1863.
He has bought a 1983 <u>Ford</u>.
}

5. {
<u>Necessity</u> is the mother of invention.
Food and water are <u>necessities</u> to human beings.
}

III. 在空格內填入適當的字：

【例】 man —— <u>woman</u>

1. actor —— _____

2. _____ —— school-mistress

3. god —— _____

4. waiter —— _____

5. _____ —— tabby-cat

IV. 請改正下列句子的錯誤：

1. Our house is built of stones.

2. China may well be proud of his culture.

3. You have to change train at Taipei.

4. Today newspaper says that a shoemaker was robbed of a lot of ladies shoes.

5. John went to the dentist to have his tooth pulled out.

解　答

I. 1. sheep　2. ladies　3. men-servants　4. pianos　5. feet
　　6. oxen　7. negroes　8. buoys　9. crises　10. t's

II. 1. $\begin{cases} 指「玻璃」，物質名詞 \\ 指「眼鏡」，普通名詞 \end{cases}$　　2. $\begin{cases} 指「人類」，不加冠詞 \\ 指「男人，男子」，要加冠詞 \end{cases}$

　　3. $\begin{cases} 指「母愛」，普通名詞抽象化 \\ 指「母親」，普通名詞 \end{cases}$

　　4. $\begin{cases} 指「福特（人名）」，專有名詞 \\ 指「福特型汽車」，專有名詞普通化 \end{cases}$

　　5. $\begin{cases} 指「需要，必要」，抽象名詞 \\ 指「必需品」，普通名詞 \end{cases}$

III. 1. actress　2. school-master　3. goddess　4. waitress
　　5. tom-cat

IV. 1. *stones* → stone　2. *his* → her　3. *train* → trains
　　4. *Today* → Today's　5. *dentist* → dentist's

第三章 代名詞

❶ 代名詞的種類和格的變化 。
❷ 人稱代名詞有數 ，性和格的區別 。
❸ 人稱代名詞 it 的用法 。
❹ 關係代名詞的用法 。
❺ 注意不定代名詞和不定數量人 、物的關係 。

1 代名詞的性質和種類

代名詞用來代替名詞 ，避免重復 ，具有使句子簡潔的作用 。

〔1〕代名詞的格

──≪實例≫────

1. *I* know *him*. 我認識他 。
2. *They* found *her* red cape. 他們找到她的紅披肩 。

代名詞的格可分下列三種 ：

1. 主格 ： I, he, they, who...
2. 所有格 ： my, his, their, whose...
3. 受格 ： me, him, them, whom...

實例 1.的 I 是主格 ，him 是受格 。實例 2.的 They 是主格 ，her 是所有格 。
代名詞依其在句中的作用 ，來改變它的形式 。
比較下面兩句 ：

> I know *him*. （我認識他 。）
> He knows *me*. （他認識我 。）

〔2〕代名詞的種類

≫≪**實例**≫
─────────────────────

1. *I* introduced *him* to *her*. 我將他介紹給她。

2. *This* is far better than *that*. 這個比那個要好多了。

3. *Who* is that gentleman？那紳士是誰？

4. This is the watch *which* I bought yesterday.
   這就是我昨天買的那隻錶。

5. *Anyone* can see *that*. 任何人都明白那件事。

代名詞有下列五種：

1. **人稱代名詞** 人稱代名詞區分為三種：第一人稱、第二人稱和第三人稱。
   如實例 1.的 I, him, her 。

2. **指示代名詞** 代替指定的人或事物，如實例 2.的 this, that 。

3. **疑問代名詞** 一般疑問代名詞以 wh - 起首，表示疑問。如實例 3.的
   who 。

4. **關係代名詞** 相當於「代名詞＋連接詞」，如實例 4.的 which，因為用法
   特殊，請特別注意。

5. **不定代名詞** 表示不定數量的人或物。如實例 5.的 anyone 。

② 人稱代名詞

〔1〕 人稱代名詞

人稱代名詞除區分為第一人稱、第二人稱、第三人稱外，也有數（單、複
數）、格（主格、所有格、受格）、性（陽性、陰性、通性）的不同。另外，
還有獨立所有格（或稱所有代名詞）與反身代名詞（也稱為複合人稱代名
詞）。

數	人　　稱	主　　　格	所有格	受　　格	獨立所有格	反身代名詞
單數	第1人稱	I	my	me	mine	myself
	第2人稱	you	your	you	yours	yourself
	第3人稱 陽性 he	he	his	him	his	himself
	第3人稱 陰性 she	she	her	her	hers	herself
	第3人稱 通性 it	it	its	it	×	itself
複數	第1人稱	we	our	us	ours	ourselves
	第2人稱	you	your	you	yours	yourselves
	第3人稱	they	their	them	theirs	themselves

〔2〕人稱

────《實例》────

1. *We* are highschool students. 我們是高中生。

2. *You* are university students. 你們是大學生。

3. *It* is not an animal, but a plant. 它不是動物，而是植物。

第一人稱指說話者，第二人稱指聽話者；注意第二人稱的單、複數同形。

You are a boy.（你是男孩。）〔單數〕

You are boys.（你們是男孩。）〔複數〕

第三人稱是被談論者，僅有第三人稱單數才有陽性、陰性與無性（如石頭…）的變化，其餘均為通性，以 they 表示。

They are boys.（他們是男孩。）〔陽性〕

They are girls.（她們是女孩。）〔陰性〕

They are animals.（牠們是動物。）〔通性〕

〔3〕 格

┌─《實例》─────────────────────────────┐

　1. *You* are very kind. 你真仁慈 。

　2. Fishing is *his* hobby. 釣魚是他的嗜好 。

　3. His parents love *him* dearly. 他的父母非常愛他 。

└─────────────────────────────────┘

1. **主格**　主格在句中做主詞、主詞補語、同位語和呼喚語 。
　如實例 1.的 You 做主詞 。

　　It is *she*. （那是她 。）〔主詞補語〕

　　Thomas Edison, *he* was a great scientist.

　　　（湯姆斯·愛迪生，他是一位偉大的科學家 。）〔同位語〕

　　Hey, *you*! What are you doing ?

　　　（喂！你在做什麼 ?）〔呼喚語〕

研究　下面的例子由主格變成受格，是一口語的用法 。

　It is *me*. （是我啊！）

2. **所有格**　所有格用以表示「所有者」，其功用相當於形容詞，用以修飾
　後面的名詞 。如實例 2.的 his，表示「他的」。

　　Our leader is Mr. Black. （我們的領導者是布萊克先生 。）

　　I don't know *his* address. （我不知道他的住址 。）

3. **受格**　受格作及物動詞、介系詞的受詞，還有受詞補語。如實例 3.的
　him 是 love 的受詞 。

　　I hate to think of *it*. （我討厭想它 。）〔介系詞的受詞〕

　　I thought *it him*. （我以為那是他 。）〔受詞補語〕

〔4〕 **we, you, they 的特殊用法**

　常用來指一般人 。

《實例》

1. *We* must not tell lies. 人人都不應該說謊。

2. *You* cannot know everything. 人們不可能知道所有的事。

3. *They* speak English in Canada. 在加拿大的人說英語。

實例 1. 2. 3. 的 We, You, They 用以指一般人，解釋成「人人」、「人們」。

注意 為了避免句子使用被動而改為主動語態，通常用 they 來當主詞。如：

They teach English in my school.（我的學校教英文。）〔主動〕

代替 English is taught in my school.〔被動〕

〔5〕 it 的特殊用法

《實例》

1. *It* is very fine today. 今天天氣很好。

2. *It* is impossible to read such a difficult book in a day or two. 要在一兩天內讀這麼難的書是不可能的。

3. I make *it* a rule to go out for a walk every morning. 我習慣每天早上出去散步。

4. Who is *it*? — *It* is me. 是誰啊？是我。

5. *It* is you that are to blame. 應受責的是你。

1. **it 表示天氣、時間、季節、距離等** 是非人稱用法，不能譯為「它」 如實例 1. 的 It 表示天氣。

It is half past ten.（十點半。）〔時間〕

It is spring now.（現在是春天。）〔季節〕

It is ten minutes' walk.（步行十分鐘的路程。）〔距離〕

2. **形式主詞的 it**　代替後面所說的不定詞、動名
詞片語或名詞子句。如實例 2.的 It 代替不定詞
片語 to … or two 。

It is no use *crying over spilt milk.*

（覆水難收。〔諺語〕）〔動名詞片語〕

It is certain *that he will recover from*
his illness.

（他的病一定會好。）〔名詞子句〕

研究

1. 實例 2.和上述的兩個句子，若不用形式主詞 it，可改成：

To read such a difficult book in a day or two is impossible.

Crying over spilt milk is no use.

That he will recover is certain.

2. it 也可用做**不定的形式主詞**：

Who is it？（是誰呀？）

It is I（*or* me, you, he, they…）.〔是我（你，他，他們…）〕

3. **形式受詞的 it**　代替後面所說的不定詞、動名詞片語或名詞子句，通常
用在有形容詞作受詞補語時。如實例 3.的 it 代替不定詞 to …morning
做 make 的受詞。

再看下面例句：

Don't you think *it* absurd *spending your money on such a*
trifle？（你不認爲把錢花在這麼無價值的東西上，是很荒謬的嗎？）

〔動名詞片語〕

I think *it* strange *that he should say so.*

（我認爲他說那樣的話很奇怪。）〔名詞子句〕

4. **it 的慣用法**　可用於含糊地指某人、某事或某種情況。如實例 4.的 it。

That's *it*.（這就對了。）〔某事〕

How is *it* in the classroom？（敎室裏的情形如何？）〔某種情況〕

研究 fight it out（戰鬥到底）、catch it（挨罵）和 lord it over（向
…逞威風）中的 it 也是慣用法。

【問】請說出下列各句中it 的用法：	【答】
1. It is surprising that he should know so much.	1. 形式主詞的 it
2. Who is it？	2. 慣用法的 it
3. I found it hard to persuade him.	3. 形式受詞的 it

5. **加強語氣用法的 it**　要強調句中的某部分時，其句型是「**It is（was）**
＋所要強調的部分＋ **that**＋其餘部分」。如實例5.是強調主詞 you 。

I bought this necktie in Taipei yesterday.
(1)　　　　(2)　　　　　(3)　　　　(4)

（我昨天在台北買了這條領帶。）

當要強調句中的(1)主詞 I，(2)受詞 this necktie，(3)副詞片語 in Tai-
pei，(4)副詞 yesterday 時，就改成下列各句：

(1) It was（is）**I** that bought this necktie in Taipei yesterday.
　　昨天在台北買這條領帶的是我。〔不是別人〕

(2) It was（is）**this necktie** that I bought in Taipei yesterday.
　　昨天我在台北買的是這條領帶。〔不是別的東西〕

(3) It was（is）**in Taipei** that I bought this necktie yesterday.
　　昨天我買的這條領帶是在台北買的。〔不是在別的地方〕

(4) It was **yesterday** that I bought this necktie in Taipei.
　　我在台北買了這條領帶是在昨天。〔不是在另一天〕

研究　上述例中，(1)，(2)，(3)三個句子的"It was…"也有人用現在時態
"It is…"，但第(4)個句子是強調過去時間，一定要用過去式。

〔6〕**獨立所有格**

用它來代替「所有形容詞＋名詞」，以避免名詞的重覆。

≪**實例**≫

1. This handbag is *mine*. That is *yours*.

   這個手提包是我的，那個才是你的。

2. I met a friend of *mine* at the bus stop.

   我在公共汽車站遇到我的一個朋友。

　　如實例 1. 雖然可用 This handbag is my handbag. 但爲了避免重覆 my handbag，而將它改爲 mine。獨立所有格沒有單、複數和主、受詞之別，只能依前後的關係來判斷。如下面的例子：

　　That is *yours*. （那是你的。）〔單數〕

　　Those are *yours*. （那些是你的。）〔複數〕

　　Yours is better than *his*.

　　（你的比他的好。）〔主詞〕

　　I like *yours* better than *hers*.

　　（我喜歡你的甚於她的。）〔受詞〕

研究　所有格和冠詞、指示代名詞，具有相同的作用；所以，不能和冠詞或指示代名詞同時放在名詞的前面。如實例 2.「我的朋友」，要寫 a friend of mine，不可寫成 *a my friend*。此外，再比較下面兩句：

　　He is *a friend of mine*. （他是我的朋友。）

　　He is *one of my friends*. （他是我朋友中的一個。）

【問】請將下列句中的獨立所有格，改寫成「所有格＋名詞」：	【答】
1. That pen is *his*.	1. his pen
2. I know these books are *yours*.	2. your books

〔7〕 反身代名詞

當及物動詞或介詞之受詞與主詞指同一人或物時，就要用反身代名詞。即在其人稱代名詞字尾加上 -self（複數形：-selves）。

≪實例≫
---

1. She hid **herself** behind the tree.
   她隱藏在樹的後面。

2. I did it **myself..** 我自己做它。

3. No man can live **by himself**. 沒有人能獨自生活。

---

1. **作受詞用** 實例1.的herself是動詞 hid 的受詞，表示將自己藏在樹後。另外，在動詞中也有以反身代名詞作受詞的，這種特殊的動詞稱為「反身動詞」，如：
   He absented **himself**.（他缺席了。）
   They pride **themselves** on their noble birth.
   （他們以高貴的出身自豪。）

2. **加強語氣** 實例2.的反身代名詞myself 是用來強調自己做的，即使將它省略，對句意仍無影響。再舉例如下：
   It was John **himself**.（那是約翰自己。）
   She **herself** knew that.（她自己知道那件事。）

3. **作慣用語** 當「介系詞＋反身代名詞」時，即是作慣用語用。如實例3.的 by himself「獨自」。
   下面是重要的慣用語：
   for oneself （為了自己；親自）　　beside oneself （發狂）
   of itself （自行）　　in spite of oneself （不知不覺地；不由地）
   to oneself （獨占）

   注意 以上的慣用語，其反身代名詞的人稱、數與性，須與相關的主詞一致。如下面的例子：

The boy finished his homework *for himself.*

（這男孩自己做完了家庭作業。）

She was *beside herself* with joy.（她欣喜若狂。）

The door opened *of itself.*（門自行開了。）

I cried out *in spite of myself.*（我不禁大叫起來。）

He had the room *to himself.*（他獨占這個房間。）

研究 反身代名詞的所有格，用「人稱所有格＋own」。如：

This is *my own* car.（這是我自己的車子。）

Mind *your own* business.（少管閒事。）

one's own 也可當作獨立所有格用，即省略後面重複的名詞。如：

This hat is *mine*.（這是我的帽子。）〔普通〕

This hat is my own hat.（這頂帽子是我自己的帽子。）〔重複〕

This hat is *my own*.（這頂帽子是我自己的。）〔強調〕

【問】下列的反身代名詞是什麼用法？	【答】
1. He killed *himself.*	1. 動詞的受詞
2. The light went out of *itself.*	2. 慣用語的一部分
3. He wrote it *himself.*	3. 加強語氣

③ 指示代名詞

〔1〕指示代名詞

指明一定的人或物的代名詞，稱為指示代名詞。

常用的指示代名詞：

　　this（單數）these（複數）── 指較近的人或物。

　　that（單數）those（複數）── 指較遠的人或物。

其他指示代名詞有：

　　such（如此），same（相同），so（這樣）。

〔2〕指示代名詞的用法

────《實例》────

> 1. *This* is my little sister. *These* are my big brothers.
>   這是我小妹。這些則是我哥哥。
>
> 2. *That* is my text-book. *Those* are my notebooks.
>   那是我的課本。那些則是我的筆記。
>
> 3. *This* book is mine. *Those* notebooks are mine, too.
>   這本書是我的。那些筆記也是我的。

1. **作名詞用**　實例1.和2.的指示代名詞均是作名詞用，表示指定的人或物。

2. **作形容詞用**　如果 this, these, that, those 後面接有名詞時，便成為指示形容詞，修飾後面的名詞。如實例3.的 This, Those 修飾後面的 book, notebooks。

〔3〕 this, these, that, those 的特殊用法

────《實例》────

> 1. (a) We have had much snow *this* year. 今年下了很多雪。
>   (b) In *those* days he was very poor. 當時，他非常窮困。
>
> 2. (a) You think him idle, but *that* is a mistake.
>   你認為他愚蠢，那就犯了大錯。
>   (b) He worked too hard, and *this* made him ill.
>   由於工作太辛苦，使得他生病了。
>
> 3. Health is above wealth, for *this* does not give us so much happiness as *that*. 健康重於財富，因為後者（財富）不如前者（健康）能給我們那麼多幸福。
>
> 4. The climate of Japan is like *that* of Italy.
>   日本的氣候很像義大利的氣候。
>
> 5. Heaven helps *those* who help themselves. 天助自助者。〔諺語〕

1. **this (these)指較近的時間，that
   (those)指較過去的時間**　如實例 1.(a)
   this year（今年），(b) in those days
   （當時）。再舉例如下：
     this morning（今天早上）
     this week（這星期）
     this month（這個月）
     this summer（今年夏天）
     these ten years（這十年）
     these days（這些天）
     that day（那天）
     that evening（那天晚上），that year（那年）
     that month（那個月），in those days（當時）

2. **this, that 代替前面所提過的片語、子句或句子**　如實例 1.的 that，代
   替前面的句子 You think him idle；實例 2.的 this 代替片語 worked
   too hard 。再舉例如下：
     It was raining hard, and ***this*** kept us indoors.
     （雨下得很大，使我們留在室內。）
     Your father loved you；***this*** is clear.（你的父親愛你，這是很明顯的。）

   研究　「**and that** ＋副詞或副詞片語」，譯作「**而且**」，其中 that 代替前面提
   過的子句，避免重複（ this 則不可用在此一句型）。如：
     He makes mistakes, ***and that*** very often.
     （他犯錯，而且經常如此。）〔that ＝ He makes mistakes〕

3. **that … this ＝ the former … the latter**（前者…後者）　如實例 3.的
   that 代表 health, this 代表 wealth 。

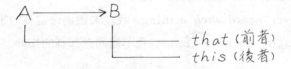

研究 that (those) … this (these) … 只能用於指物，不能指人；指人要用：the one (= the former) … the other (= the latter) … 。

4. **that, those 代替前面已說過的名詞** 如實例 4. , 為了避免重覆 the climate , 因此用 that 來代替。但 this, these 沒有這種用法 。

The population of Italy is smaller than **that** (= the population) of Canada . (義大利的人口比加拿大的人口少。)

The ears of a rabbit are longer than **those** (= the ears) of a dog . (兔子的耳朵比狗的耳朵長。)

研究 The ears of a rabbit are longer *than a dog.* (誤)

上面的句子，由於沒有加上指示代名詞 those , 句意變為兔子的耳朵和狗比較，注意，不同類的東西是不能比較的 。

【問】下列例句中的 that 各是指什麼？	【答】
1. The tail of a cat is longer than **that** of a pig.	1. the tail
2. You scold him, but **that** is not fair.	2. You scold him

5. **those 用於指「人」** 如實例 5. 的 those 代表 the people 。再看下例：

Those present were surprised at the news.

（在場的人對於那消息都很吃驚。）

[4] such 的用法

─《實例》─────────

1. I am a gentleman, and will be treated **as such**.
   因為我是紳士，所以我要受紳士的待遇 。

2. I have never heard **such** a thing. 我從未聽過像這樣的事 。

3. I cannot agree to **such** terms. 我不能同意那樣的條件 。

1. **作代名詞用** 指「如此的人或物」。如實例 1.的 such，等於 a gentle-man．

2. **作形容詞用** 後面可接單、複數名詞。如實例 2.的 such a thing（單數），實例 3.的 such terms（複數）。

> 注意　such 前面有 no, any, some 等修飾語時，such 後面不可接 a（或 an）。如：
>
> I have no *such* book.（我沒有這樣的書。）
>
> I want any *such* thing.（我要任何這樣的東西。）

〔5〕 the same 的用法

> ≪實例≫
>
> 1. I bought a new pen yesterday, but soon lost *the same*.
> 　我昨天買了一支新筆，但不久就丟了。
>
> 2. We sell them at *the same* price.
> 　我們以同樣的價錢出售它們。
>
> 3. This is *the same* book as I lost.
> 　這本書和我遺失的那本一樣。
>
> 4. This is *the same* book that I lost.
> 　這就是我遺失的那本書。

1. **作代名詞用** 指和前文所提到「同一個或同樣的人或事物。」如實例 1.的 the same（＝it）代替前面的 a new pen。又如：

　"I wish you a happy new year!" "*The same* to you!"

　（「祝你新年快樂！」「你也一樣！」）

2. **作形容詞用** 表示「同樣的；同一個的」，修飾名詞。如實例 2.的 the same 修飾 price。再比較實例 3.與實例 4.，當 the same 指「同種類」時，接關係代名詞 as；指「同一個」時，接關係代名詞 that。

〔6〕 so 的用法

─《實例》─

1. Will he come？— Yes, I think *so*. 他會來嗎？── 我想他會來。

2. Is he sick？— I'm afraid *so*. 他病了嗎？── 恐怕如此。

so 代替名詞、名詞片語或子句時，接在 think, say, do, hope, fear, be afraid, believe…等動詞的後面，作受詞用。

4 疑問代名詞

〔1〕疑問代名詞的種類和格的變化

主　格	所有格	受格
who（人）	whose	whom
what（人‧物）	—	what
which（人‧物）	—	which

〔2〕疑問代名詞的用法

疑問代名詞作主詞時，不可使用疑問句的形式，要用敍述句形式；不作主詞時，則依然要把 be 動詞或助動詞放在主詞前面。

─《實例》─

1. *Who* did that？是誰做那件事？

2. *Whose* is this hat？這頂帽子是誰的？

3. *Whom* did you see yesterday？你昨天看到誰？

4. *What* are you？你是做什麼的？

5. *What* did you find in the box？你在盒子裏找到什麼？

6. *Which* is taller, you or Tom？那一個比較高，你還是湯姆？

7. *Which* do you like better, tea or coffee？
   你比較喜歡那一種：茶還是咖啡？

1. **who** 作主詞或主詞補語，如實例 1.，作主詞。又如：

 Who is the boy over there?（那邊的那位男孩是誰?）〔主詞補語〕

2. **whose** 作主詞補語，如實例 2.。

3. **whom** 作及物動詞或介系詞的受詞，如實例 3.的 whom 作 see 的受詞。
 再看下例：

 Whom does this book belong to?

 （這本書屬於誰的?）〔介系詞的受詞〕

 注意 作動詞或介系詞受詞的 whom，放在句首時往往被 who 所代替。
 如：

 Who(*m*) did you meet yesterday?（昨天你遇到誰?）
 但是，若疑問代名詞緊接在介系詞之後，就不可用 who 代替 whom。
 如：

 To *whom* did you talk yesterday afternoon?

 ＝*Who*(*m*) did you talk to yesterday afternoon?

 （你昨天下午跟誰說話?）

4. **what** 用來指人或事物都可以。實例 4.的 what 指人，用來詢問那個人的
 職業或身分，與 who 不同。

 比較下列二例：

 (1) A：*What* is he?（他是做什麼的?）〔詢問職業、身分〕

 B：He is a teacher.（他是個老師。）

 (2) A：*Who* is he?（他是誰?）〔詢問姓名、關係〕

 B：$\begin{cases} \text{He is Mr. Brown.（他是布朗先生。）} \\ \text{He is my father.（他是我父親。）} \\ \text{He is my English teacher.（他是我英文老師。）} \end{cases}$

【問】請在下列各句的空格中，填入 適當的疑問代名詞：	【答】
1. By＿＿was America discovered?	1. whom
2. ＿＿made you so angry?	2. What

5. **which**　用以詢問兩個人（物）以上的某一個，含有選擇和比較的意味，其主格與受格同形。如實例 6.的which 作主詞，指人；實例 7.的which 作受詞，指物，兩句都含有比較的意思。再看下例：

Which of the boys is your brother？
（那些男孩中那個是你兄弟？）〔含選擇意味〕

〔3〕疑問形容詞

```
━━《實例》━━━━━━━━━━━━━━━━━━━━━━━━━━━

  1. **Whose** hat is this？這是誰的帽子？

  2. **What** bird is this？這是什麼鳥？

  3. **Which** girl do you think prettier？
     你認爲那一個女孩比較漂亮？

━━━━━━━━━━━━━━━━━━━━━━━━━━━━━━━━━
```

疑問代名詞的 whose, what, which 後面接有名詞時，具有形容詞的作用，稱爲疑問形容詞。如實例 1.的 whose 修飾 hat，實例 2.的 what 修飾 bird，實例 3.的 which 修飾 girl。再舉例如下：

What kind of vegetables do you like best？
（你最喜歡那一種蔬菜？）

Which way are we to go？（我們要走那條路？）

〔4〕間接問句

```
━━《實例》━━━━━━━━━━━━━━━━━━━━━━━━━━━

  1. Tell me **which** he likes．告訴我他喜歡那一個。

  2. Do you know **who** he is？你知道他是誰嗎？

  3. I don't know **what** to do．我不知該怎麼辦。

━━━━━━━━━━━━━━━━━━━━━━━━━━━━━━━━━
```

句中疑問詞所引導的名詞子句叫做間接問句，該名詞子句不可用疑問句的形式，要用敍述句的形式（主詞＋動詞…）。如實例 1.，2.。再舉例如下：

> *What* does he want？（正）（他要什麼？）
> I will ask *what does he want*？（誤）
> I will ask *what* he wants．（正）　（我會問他要什麼。）

whom，which，what 後面若接不定詞，相當於名詞片語，作受詞用。如實例 3.的 what to do 作 know 的受詞。

⑤ 關係代名詞

〔1〕 關係代名詞

關係代名詞兼有連接詞和代名詞的作用。請看下面的例子：

I know a foreigner．（我認識一個外國人。）

He speaks Chinese well．

（他的中文說得很好。）

上面兩句可用連接詞 and 連接如下：

I know a foreigner *and* he speaks

Chinese well．

也可用關係代名詞 who：

I know a foreigner *who speaks Chinese well*．

（我認識一個中文說得很好的外國人。）

在上句中，who 代表它前面的 a foreigner，同時又連接 I know a foreigner 和 he speaks Chinese well 兩部分，因此 who 是關係代名詞，其前面的 a foreigner 就稱為**先行詞**。可用圖表示如下：

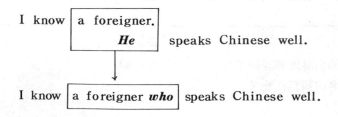

I know 　a foreigner．
　　　　　He　speaks Chinese well．

I know 　a foreigner *who*　speaks Chinese well．

再舉兩例如下：

　1. Mary has an uncle.（瑪莉有個叔叔。）

　　His name is George.（他的名字是喬治。）

其中 his name 即指 uncle's name，由於 his 是所有格，所以代替的關係代名詞也要用所有格，表列如下：

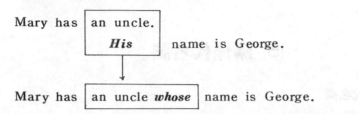

Mary has | an uncle.
　　　　　His　　　name is George.

Mary has | an uncle *whose* | name is George.

　2. He is a man.（他是一個男人。）

　　You can trust him.（你可以信任他。）

him 和 man 指同一個人，由於 him 是受詞，所以代替的關係代名詞要用受格，表列如下：

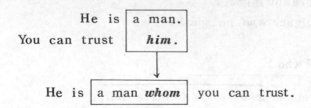

　　　　　　He is | a man.
You can trust |　　*him*.

He is | a man *whom* | you can trust.

　注意　通常關係代名詞緊接在先行詞之後，如：

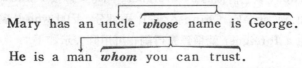

Mary has an uncle *whose* name is George.

He is a man *whom* you can trust.

【問】	【答】
以關係代名詞引導的形容詞子句，其所修飾的名詞稱為什麼？	先行詞

〔2〕關係代名詞的種類

關係代名詞的功用是引導形容詞子句，修飾它的 先行詞，本身在子句中又有代名詞作用，作主詞、受詞、補語或表所有。其種類如下：

先行詞＼格	主　　格	所 有 格	受　　格
人	who	whose	whom
動物・物	which	of which （或 whose）	which
人・動物・物	that	—	that
（無先行詞）	what	—	what

〔3〕關係代名詞的用法

─《實例》─────────────────────

1. (a) The child ***who is*** standing by my side ***is*** my little
 brother. 站在我旁邊的男孩是我小弟。

 (b) The children ***who are*** playing in the park ***are*** my sons.
 正在公園裏遊戲的孩子們是我兒子。

2. (a) She is a girl ***who*** is called Jane.

 (b) She is a girl ***whose*** name is Jane. ⎬ 她是名叫珍的女孩。

 (c) She is a girl ***whom*** we call Jane.

 (d) The house ***in which*** we live stands by the lake.
 我們住的房子座落於湖邊。

3. (a) That is a question（***which***）we cannot answer.
 那是一個我們無法回答的問題。

 (b) The house（***which***）we live in stands by the lake.
 我們住的房子座落於湖邊。

1. **關係代名詞本身單複數同形** 如：

You are the boy(s) *who broke the window.*

（你(們)就是打破窗子的男孩。）

2. **人稱與數** 關係代名詞在其引導的子句中作主詞時，其後的動詞須與先行詞的人稱和數一致。如實例 1.的(a)和(b)，再看下面例子：

The girl *who lives opposite my house is very pretty.*

（住在我家對面的女孩很漂亮。）

3. **關係代名詞的「格」** 須根據它在子句中的關係而定。如實例 2.(a)的 who 作子句的主詞，所以用主格；(b)的 whose 在子句中作所有格；(c) 的 whom 在子句中作動詞的受詞；(d)的 which 則作介系詞的受詞。再看下例：

He is the man *who wants to see you.*

（他就是要見你的人。）

4. **受格的省略** 關係代名詞是受格時，可以省略。如實例 3.(a)，(b)。但關係代名詞緊接在介系詞後時，不能省略：

The man [*whom*] *you spoke to* is our teacher.

The man *to whom you spoke* is our teacher.

（和你說話的是我們老師。）

【問】	【答】
1. 將下面兩組句子用關係代名詞連接起來：	1.
① { I know a boy. He is good at tennis.	① I know a boy who is good at tennis.
② { Here is a girl. Her father is a musician.	② Here is a girl whose father is a musician.

2. 下列的關係代名詞，那一個可以
   省略？

　① The boy who tells lies is
   　 not believed by people.

　② The boy whom you talked
   　 about was here.

2.

② whom

〔4〕 that 的特別用法

　that 作關係代名詞時，可以代替人和事物，
用法較 who, whom, which 簡便。因為 who,
whom 只用於人，而 which 只能用於人以外的
事物。因此，可以 that 代替 who, whom 和
which。舉例如下：

The girl *whom* (*or that*) we see over there
is my classmate.

　（我們在那裡看到的女孩子，是我的同學。）

I have found the pen *which* (*or that*) I lost the other day.

　（我找到了幾天前遺失的筆。）

而在下述情形中通常只能用 that：

```
─《實例》──────────────────────────
```

1. He is *the best* friend *that* I have. 他是我最好的朋友。

2. He is the first man that came. 他是最先來的人。

3. The boy and his dog *that* had run away from home were
   found dead in the wood.

   離家出走的小孩和他的狗被發現死在森林裏。

4. Who *that* has conscience can do that? 有良心的人誰會做那種事？

1. 先行詞前有**最高級形容詞**時　如實例 1. the best（最好的）修飾 friend，故**關係代名詞**用 that 。

2. 先行詞前有**序數**（如 first … last ）時　如實例 2. 。

3. 先行詞是**人和人以外的事物**時　如實例 2.的先行詞是 boy 和 dog，因此，關係代名詞不能用 who 或是 which，只能用 that 。

4. **以疑問代名詞為首的問句**　如實例 3.的先行詞已是疑問代名詞 who，為了避免 Who who … 的重複，因此常用 that 。

【問】 請在空格內填入適當的關係代名詞：	【答】
1. He is the only person＿＿I know in this city.	1. that
2. This is the house in＿＿＿ she lives.	2. which

注意　關係代名詞 that 的前面不可有介系詞，如：

（誤）This is the house *in that he lives*.
（正）This is the house *in which* he lives.
（正）This is the house *that*（*or which*）he lives *in*.
（正）This is the house he lives *in*.
　　　（這就是他住的房子。）

〔5〕 whose, of which 的用法

whose, of which 都是所有格。whose 用於人或人以外的事物。of which 只能用於人以外的事物。

─≪**實例**≫────────────────

1. Look at that mountain **whose top** is covered with snow.
2. Look at that mountain *the top of* **which** is covered with snow.
3. Look at that mountain *of* **which** *the top* is covered with snow.
　看這山頂積滿了雪。

whose 所修飾的名詞前不需要定冠詞 the，如實例 1.。而由 of which 所修飾的名詞前應帶有定冠詞，而且 of which 放在被修飾名詞的前後均可。如實例 2.，3.。

研究　whose 和 of which 間的差異，請比較下圖：

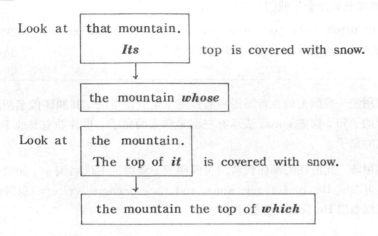

Look at ┌ that mountain.
        │   *Its*   ┐ top is covered with snow.

        ┌ the mountain *whose* ┐

Look at ┌ the mountain.
        │ The top of *it* ┐ is covered with snow.

        ┌ the mountain the top of *which* ┐

〔6〕 關係代名詞的限定用法與補述用法

限定用法就是用形容詞子句把先行詞限定於某一個特殊型態，通常在先行詞與關係代名詞之間，沒有逗點。補述用法則是用來補充說明先行詞，要在先行詞的後面加逗點。

使先行詞的意義更為的確

限用法定

He had three sons who became writers.
He had three sons, who became writers.

≪實例≫

1. He had three sons *who* became writers.
   他有三個成為作家的兒子。
2. He had three sons, *who* became writers.
   他有三個兒子，他們都是作家。
3. He often came to school late, *which* made his teacher angry.
   他經常上學遲到，這使他的老師很生氣。

---

1. **限定用法** 實例 1. 的先行詞後沒有逗點，是限定用法，其關係代名詞所引導的子句，修飾 sons，表示有三個是作家的兒子，也許還有其他不是作家的兒子。

2. **補述用法** 此用法的關係代名詞可代換成「連接詞＋代名詞」，如實例 2. ，可改成 He had three sons, and they became writers. 很明顯地可以看出 He 只有三個兒子。

【問】下面句中的關係代名詞是什麼用法？	【答】
1. I know a boy who can speak both English and French.	1. 限定用法
2. I met a boy, who told me the sad news.	2. 補述用法

3. **which** 在補述用法中可用來代替一個片語或子句 如實例 3. 的 which 代替 He … late, 可改成 He often came to school late, *and that* made his teacher angry. 又如：

He tried to catch the moon in the water, *which* was impossible. （他想在水中撈月，這是不可能的事。）
〔which 代替 to … water〕

注意 關係代名詞中，只有 who 和 which 有補述用法。

〔7〕 what 的用法

what 是本身兼作先行詞的關係代名詞，相當於 that（those）which 或 the thing(s) which 。

≪實例≫

1. *What* surprised me most was the paleness of her face.
   最令我吃驚的就是她臉色蒼白 。

2. I will tell you *what* you want to know.
   我會告訴你想知道的 。

實例1. What … most 作主詞，其中 what 是主格，代替 that which 。請看下表：

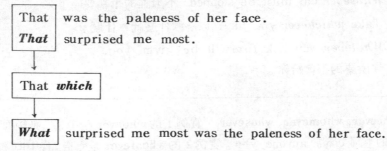

實例2. what … know 作 tell 的受詞，what 在子句中是主格，代替 that which 。請看下表：

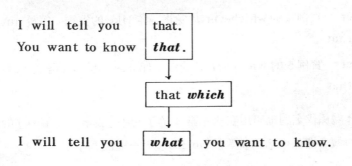

〔8〕 複合關係代名詞

在關係代名詞字尾加上 -(e)ver，其本身就兼作先行詞及關係代名詞，又因是兩個字組成，所以稱爲複合關係代名詞。如：

whoever = anyone who（不論誰）

whomever = anyone whom（不論誰）

whosever = anyone whose（不論誰的）

whichever = anything(*or* anyone) that（不論那一個）

whatever = anything that（不論什麼）

≪實例≫

1. Give it to *whoever* wants it. 把它送給任何需要的人。

2. Give it to *whomever* you like. 把它送給任何你喜歡的人。

3. *Whosever* car must be stopped. 不論誰的車都要停下來。

4. Take *whichever* you like. 你喜歡什麼就拿什麼。

5. *Whatever* you ask for will be given you.
   你所要的都會給你。

---

1. **whoever, whomever, whosever** 實例 1.的 whoever 是主格，是後面子句的主詞，等於 anyone who。實例 2.的 whomever 是受格，作 like 的受詞，等於 anyone whom。實例 3.的 whosever 是所有格，修飾後面的 car，等於 anyone whose。

2. **whichever** 實例 4.的 whichever 是受格，作 like 的受詞，等於 anything that。

3. **whatever** 實例 5.的 whatever 是受格，作 ask 的受詞，等於 anything that。

研究 複合關係代名詞也可用在表示讓步的子句中，表示「無論…」的意思，此時的複合關係代名詞就等於 No matter＋疑問詞，如：

Whoever may come, don't open the gate.

= *No matter who* may come, don't open the gate.

（不論誰來，都不要開門。）

Whatever may happen, I will not change my mind.

= *No matter what* may happen, I will not change my mind.

（不論發生任何事，我也不改變主意。）

【問】請將下列的複合關係代名詞改寫成 any ～ that：	【答】
1. Choose whichever you like.	1. anything that
2. I will welcome whoever wants to come.	2. anyone who

〔9〕準關係代名詞

　as, but, than 等原來是連接詞引導副詞子句，現多當關係代名詞來解釋，稱爲**準關係代名詞**，也有人譯成**擬似關係代名詞**。

┌─《實例》──────────────────────

1. This is *the same* fountain pen *as* I lost the other day.

  這和我前天遺失的鋼筆是同樣的。

2. There are *more* things *than* have been dreamed of.

  事情比想像的要多。

3. There is *no* rule *but* has some exceptions.

  凡是規則都有例外。

1. **as** 大多可和 as, so, such （the）same 連用，也可單獨使用，如實例 1.和下面的例子：

I will provide you with *such* things *as* you may need.

（我將供給你一些你可能用得着的東西。）

I have *as* much money *as* you have.（我和你有一樣多的錢。）

His opinion is *as* follows.（他的意見如下。）

He was late for school, *as* was usual with him.

（他上學遲到，他經常如此。）

注意 實例 1. the same 後面的關係代名詞也可用 that，但兩者含意不同。

This is *the same* fountain pen *that* I lost the other day.

（這就是我前幾天遺失的自來水筆。）

比較：

the same … as（指同類的）
the same … that（指同一個）

2. **than** 先行詞有比較級形容詞修飾時，關係代名詞應該用 than，如實例 2.和下面例句：

Don't give him *more* money *than* is necessary.
　　　　　　　　　　　　　　S.　V.

（不要給他多過他所需要的錢。）

I had *more* books *than* he had expected.
　　　　　　　　　　O.　S.　　V.

（我有比他所預料還要多的書。）

3. **but** 其本身含有否定的意思，作用相當於 that … not，而它前面的主要子句須有否定的字（如 no, not, hardly …等），如實例 3.和下例：

There is *no* one *but* hates war.（沒有一個人不討厭戰爭。）
= There is *no* one *that* does *not* hate war.

There is *no* rule *but* has exceptions.
= There is *no* rule *that* has *no* exceptions.

（沒有一項規則是無例外的——每項規則皆有例外。）〔諺〕

⑥ 不定代名詞

〔1〕 不定代名詞的性質

指不定數量的人或物的代名詞，如下列的字：

one	someone（somebody）
{ other	something
another	anyone（anybody）
{ some	anything
any	no one（nobody）
none	nothing
{ all	everyone（everybody）
every	everything
each	
{ both	
either	
neither	

但若不定代名詞後接有名詞時，即成爲不定形容詞，如下面的例子：

Give me **some** water.（給我一些水。）

〔2〕 one

───《實例》───

1. I have lost my fountain pen. I must buy **one**.
   我丟了我的自來水筆。我必須再買一枝。

2. **One** should keep **one's** promise.
   人都應該守信。

1. **代替前面的名詞**　實例 1.的 one，指前面的 fountain pen 。如果前面的名詞是複數，就要改用複數形 ones 。而 one 之前也可有形容詞，如：

I don't like these gloves. Show me blue ***ones***.

（我不喜歡這些手套，給我看藍色的。）

注意　　one 用來指不特定的東西，如果要表示特定之物，就要用 it 。比較下面二例：

My pencil is broken. Please give me ***one***（＝ a pencil）.

（我的鉛筆壞了，請給我一枝。）〔不確定〕

I have a pencil. I will give ***it***（＝ the pencil）to you.

（我有一枝鉛筆，我要把它送給你。）〔指明是我的筆〕

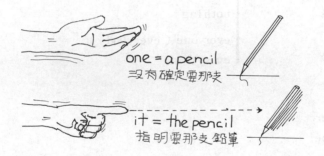

2. **指「人」**　實例 2.的 one 作主詞時，和 we, you, they 同樣都是廣義的指「人」，如：

One should obey ***one's*** parents.

（人應該順從自己的父母。）

＝ We should obey our parents.

用 one 做主詞時，後面的代名詞須用 one('s) 或 oneself 與它相應，如：

One should do ***one's*** best.（人人應該盡力而為。）

One should know ***oneself***.（凡人都應了解自己。）

研究 當主詞用的 one 前面有 every, no, any, some 修飾時，其後的代名詞要用 he(she), his(her), himself(herself)。如：

Everyone should do *his* best. （每個人都應盡力而為。）

No one enjoyed *himself*. （沒有人過得愉快。）

【問】 請說出下列句中 one 的用法：	【答】
1. This is too big. Show me a smaller *one*.	1. 代替前面的名詞。
2. *One* should do one's best in doing anything.	2. 指「人」。

〔3〕 other, another

這兩個不定代名詞可作名詞，也可作形容詞。作形容詞時，大多和 one, some 或其他的代名詞連用。

─《實例》─

1. I have two dogs ; *one* is black and *the other* is white.
   我有兩隻狗，一隻是黑的，另一隻是白的。

2. I have a black car and a red car. *The one* is bigger than *the other*. 我有一部黑色和一部紅色的車，黑色的車比紅色的車大。

3. Don't speak ill of *others*. 別說他人的壞話。

4. They love *each other*. 他們彼此相愛。

5. This hat is too small. Show me *another*.
   這頂帽子太小了，讓我看另一頂。

1 **one … the other** 實例 1. 的 the other 與 one 連用，one 代替二人或二物中的一個，the other 代替剩下來的一個。如果有二人（物）以上時，one 指其中的一個，其餘的則以 the others 代替，如：

　　I have three roses ; **one** is red and ***the others*** are white.
　　（我有三朶玫瑰，一朶是紅色的，其他兩朶是白色的。）

2. **the one** … **the other** = the former … the latter（前者…後者）　如實
　例 2. the one代替the black car, the other代替 the red car。

3. **others**（他人）　相當於 other people, 通常前面不加 the, 如實例3.。

4. **each other**, **one another**（相互）　是只能作受詞的代名詞片語。通常
　each other 用於兩者之間，如實例4.；one another 用於三者或三者
　以上之間，如：
　　The three men looked at ***one another***.（這三個人彼此互看。）

　但是這種區別並不嚴格，因爲兩種說法可以通用。

5. **another**（另一個）　等於 different one, 如實例5.。再看下例：
　　Give me ***another*** cup of coffee.（再給我一杯咖啡。）
　　Isn't there ***another*** like him?（有另外一個像他的人嗎？）

　[研究]　another 其他的用法：
　　To know is ***one*** thing ; to practice is ***another***.
　　（知道是一回事，實行是另一回事。）
　　If I am a fool, you are ***another***.（= also one）
　　（如果我是傻瓜，你也是傻瓜。）
　　If one is not enough, take ***another***.（= one more）
　　（假如一個不夠，再拿一個。）

【問】請指出下列句子的錯誤：

1. You must be kind to other.
2. To talk is one thing ; to do
　is the other.

【答】

1. *other* → *others*
2. *the other* → ***another***

〔4〕 some, any

這兩個不定代名詞，可作名詞和形容詞用。some 通常用在肯定句，any
用在否定句、疑問句或條件句，表示「多少；一些」之意，若是 any 的意
思是「任何」時，也可用在肯定句中。請看下表：

some
（肯定句）
$\begin{cases} \text{some ＋單數可數名詞：某一個（ some girl ）} \\ \text{some ＋複數可數名詞：一些（ some books, some people）} \\ \text{some ＋不可數名詞：一些（ some water ）} \end{cases}$

any
（否定句、疑問
句、條件句）
$\begin{cases} \text{any ＋單數可數名詞：任何一個（ any boy ）} \\ \text{any ＋複數可數名詞：一些（ any books ）} \\ \text{any ＋不可數名詞：一些（ any water ）} \end{cases}$

《**實例**》

1. *Some* girl said so. 某個女孩這麼說的。

2. (a) I know *some* of the members. 我認識會員中的一些人。

   (b) I have *some* pencils. 我有一些鉛筆。

3. Bring me *some* water, please. 請給我一些水。

4. (a) Do you know *any* of the members?
       你認識會員中的任何人嗎？

   (b) No, I don't know *any* of them. 不，我一個也不認識。

   (c) If you have *any* French stamps, please give me one.
       如果你有任何的法國郵票，請給我一張。

5. Is there *any* ink in the bottle? — No, there isn't *any*.
   瓶子裏有墨水嗎？不，一點也沒有。

6. *Any* child can do that. 任何孩子都可以做那件事。

---

1 some ＋單數名詞（某個） 如實例 1., 再比較下例：
  Some girls said *so*. （某些女孩這麼說。）

2 some ＋複數名詞（一些） 作名詞用，如實例 2.(a)；作形容詞用，如
  實例 2.(b)。

3. some ＋不可數名詞（一些）　如實例 3. 。

4. 疑問句、否定句、條件句中的 any　如實例 4. (a)、(b)、(c)的用法。其中
(a)和(b)的 any 作名詞用，(c)的 any 作形容詞用。

5. any ＋不可數名詞（一些）　如實例 5. 。

6. 肯定句中的 any 作「任何」的意思解　如實例 6. 及下面的例子：

　　You may take *any* pencil you like.

　　（你可以拿任何一枝你喜歡的鉛筆。）

　　You may take *any* of them.

　　（你可以拿其中的任何一個。）

　　注意　在期望對方答 Yes 時，some 也可用在問句中，如：

　　Will you have *some* milk？（要不要來點牛奶？）

　　Don't you want *some* money？（你不需要錢嗎？）

【問】請在下列空格中填入 any 或 some：	【答】
1. Please give me＿＿＿.	1. some
2. I don't know＿＿＿of your classmates.	2. any

〔5〕 **none, no**

none 只能作名詞用，no 只能作形容詞用，兩者與 some 的意思是相對的。

─《實例》────────────────

　1. If you have *any* ink, give me *some*.— I'm sorry I have
　no ink(＝*none*). 如果你有墨水，給我一些。── 抱歉，我沒有。

　2. *None* know who he is. 沒有人知道他是誰。

1. **none, no 的一般用法** 如實例1.，no ＋ ink 等於 none，其中 no 又可代換成 not any，如：

> I have *no* pen.（我一枝筆也沒有。）
> ＝ I do*n't* have *any* pen.

另外，no 放在 **be 動詞的補語**（名詞）之前，作「**不是**」解，相當於 not a。如：

> He is *no* scholar.（他不是學者。）
> ＝ He is *not a* scholar.

而 none 可代表可數名詞與不可數名詞，如下面的例子：

> Do you have a *pen*? — No, I have *none*.
> （你有筆嗎？── 不，我沒有。）
> Do you have any *money*? — No, I have *none*.
> （你有錢嗎？── 不，我沒有。）

2. **none（＝ no one, no ones）** none 可指物，也可指人，其動詞通常用複數，如實例2.。但也可用單數，如：

> *None like*(*s*) to watch the ball game.
> （沒有人喜歡看這一場球賽。）

【問】請在下列空格中填入 none 或 　　no：	【答】
1. Do you have a book ? — No, 　I have ＿＿.	1. none
2. Do you have any food? — No, 　I have ＿＿ food.	2. no

〔6〕 **all, every, each**

all 和 each 都可作代名詞和形容詞，而 every 則只能作形容詞用。

≪實例≫

1. (a) ***All*** is over with me. 我完蛋了。
   (b) ***All*** of us were shocked at the news.
      我們所有的人都被那消息嚇到了。
   (c) ***All*** men must die. 人皆有死。
2. ***Every*** student is present today. 每一個學生今天都出席了。
3. (a) ***Each*** of us should be careful. 我們每一個人都應該小心。
   (b) ***Each*** child was given an apple.
      每一個孩子都得到一個蘋果。

1. **all** all 當「整個」的意思解,其後用單數動詞,如實例 1.(a);當「所有的人」解,則用複數動詞,如實例 1.(b)。實例 1.(a)、(b)中的 all 都作名詞用,實例 1.(c)的 all,則當形容詞用。

2. **every** 作形容詞用時,後面須接單數動詞,如實例 2.。

3. **each** 作名詞用,如實例 3.(a);作形容詞用,如實例 3.(b)。兩者皆為單數用法。

注意 all 的後面不可緊接代名詞,像下面的句子是錯誤的:

〔誤〕*All they* are beautiful.

應改成下面的形式:

All of them are beautiful. 　
They are *all* beautiful. 　（他們都很漂亮。）

【問】請在空格中填入 all 或 every:	【答】
1. ＿＿＿my friends are kind to me.	1. All
2. ＿＿＿student of our class is diligent.	2. Every

研究　all 和 every 都是指「所有的」，而 **all 是着重全體**，every 則强調
每一個每一個的總括，比較下面例子：

I know **all** of them.

（我都認識他們。）

I know *every* one of them.

（他們每一個人我都認識。）

〔7〕 **both, either, neither**

both（兩者都），either（兩者其中之一），neither（兩者都不），都可作
名詞和形容詞用。

─《實例》─────────────────

1. (a) *Both* of his parents are healthy. 他的父母都很健康。
   (b) I know *both* his parents. 他的父母我都認識。
2. (a) *Either* of us is in the wrong. 我們其中一個有錯。
   (b) You shall have *either* book. 我將給你其中一本書。
3. (a) *Neither* of them could solve the problem.
      他們兩個都無法解決這問題。
   (b) I know *neither* student. 兩個學生我都不認識。

1. **both**　作名詞用時，因為指兩個人，所以動詞要用複數，如實例 1.(a)；
   當形容詞時，如實例 1.(b)。

   注意　both 不可放在 his, my, these, the …之後，必須放在它們的前
   面，如實例 1.(b)和下面的例子：
   〔誤〕*These both* boys are handsome.
   〔正〕*Both these* boys are handsome.
   　　（這兩個男孩都很英俊。）

2. **either** 作名詞用，如實例 2.(a)；作形容詞用，如實例 2.(b)。

3. **neither** 作名詞用，如實例 3.(a)；作形容詞用，如實例 3.(b)。neither 與 either 均為**單數用法**，其中 neither 又等於 not either，如下面兩句：

> I know ***neither*** of them.
>
> = I do ***not*** know ***either*** of them.（他們兩個我都不認識。）

【問】 請在空格中填入 both 或 either：	【答】
1. ＿＿＿of his parents were dead.	1. Both
2. ＿＿＿of us is right.	2. Either

〔8〕 部分否定

對事物的一部分加以否定者，稱為部分否定；對事物的全部加以否定者，則稱為全部否定。

≪實例≫

1. I ***don't*** know ***all*** the teachers in our school.
   我並非認識校中所有的老師。

2. You ***cannot*** have ***both*** fame and wealth.
   你並不能同時擁有名譽和財富。

1. **not … all**（並非所有）

> *All* of them are *not* honest.〔部分否定〕
>   （他們並非所有的人都誠實。）
>   *None* of them are honest.〔全部否定〕
>   （他們全都不誠實。）

2. **not … every**（並非每一個都）

> *Not every* person likes to watch TV.〔部分否定〕
>   （並非每一個人都愛看電視。）
>   *No* person likes to watch TV.〔全部否定〕
>   （沒有人愛看電視。）

3. **not … both**（並非兩者都）

> *Both* of his parents are *not* dead.〔部分否定〕
>   （他的雙親並非都死了。）
>   *Neither* of his parents are dead.〔全部否定〕
>   （他的雙親都沒有死。）

研究　everything, everybody, everyone 和 not 連用時，也表示部分否定，如：

We can *not* buy *everything*.（我們並非能買所有的東西。）

另外，和 all 有關係的副詞，如 always（總是），altogether（完全），與 not 連用時也是部分否定，如：

The rich are *not always* happy.（富有的人未必快樂。）

【問】	【答】
1. 請舉出三個部分否定的例子。	1. not～all, not～every, not～both。
2. 比較下面二句，分別說出它們的意義： 　(a) I don't know both of them. 　(b) I don't know either of them.	2. (a) 並非他們兩個我都認識。 　(b) 他們兩個我都不認識。

〔9〕 字尾加上 -one, -body, -thing 的不定代名詞

如：

someone, somebody, something, anyone, anybody, anything，no
one（＝none）, nobody, nothing, everyone, everybody, every-
thing 等皆為不定代名詞。

接 -one 和 -body 者表示「人」；接 -thing 則表示「物」。其一般用法和
上述的 some, any 等大致相同。

≪**實例**≫

1. *Someone*（*or Somebody*）entered my room.
   有人進入我的房間。

2. Do you know ***anything*** about him? — No, I know ***nothing*** about
   him. 你知道任何有關他的事嗎？ —— 不，我一點也不知道。

3. *Everyone*（*or Everybody*）except him knew the fact.
   除了他，每個人都知道那事實。

實例 1.的 Someone, Somebody 用於肯定句。anyone, anybody 則用於
疑問句、否定句和條件句。若用在肯定句中，則作「任何人」解，如：

Anyone can do that.（任何人都能做那件事。）

實例 2.的 anything, nothing 用法與 any, no 相同，nothing 等於 not
anything。實例 3.的 Everyone, Everybody 與 every 一樣，要用單數
動詞。

練 習 題

I. 在括弧中選出適當的字：

1. Between you and (I, me), I think he is not a reliable man.
2. It was (I, me) that wrapped it up in a sheet of paper.
3. Frank likes music lessons better than (she, her).
4. Would you mind (I, my) undoing the parcel?
5. Nobody thought it (he, him).

II. 下列句中的 it 是什麼用法？

1. It was his wife that first became aware of his absence.
2. I think it very timely to publish this kind of magazine.
3. It was a stormy night when the sailors went ashore.
4. Somebody approached him, but he could not see who it was.
5. It is impossible to master English in a month or two.

III. 在括弧中選出適當的字：

1. These shoes are too small. Show me larger (one, that, ones, those).
2. The Indians murdered the three white men, and (it, this, that, so) very cruelly.
3. All the members of his family looked at one (another, other, the other, others).
4. One should sometimes look back on (his, its, one's, their) past.
5. Were there (any, some, no, none) parties which were against the bill? — No, there were (any, some, no, none).
6. The eyes of a dog are far less keen than (that, those, one, ones) of a man.

7. (All, Each, Every, No) possible steps were taken, but in vain.

8. The people in the Middle Ages in England knew(either, neither) a fork nor a spoon.

Ⅳ. 填入適當的關係代名詞使句意完整：

1. ＿＿＿＿do you think is more agreeable to the smell, this perfume or that?

2. ＿＿＿＿has made her so miserable?

3. ＿＿＿＿could bear such an insult?

4. By＿＿＿＿was the radio invented?

5. ＿＿＿＿umbrella did you take for yours?

Ⅴ. 將下列各組的兩個句子，用關係代名詞連接起來：

1. { I was introduced to a Mr. Brown.
    His grandfather was a well-known artist. }

2. { We had a very savage bulldog named Cerberus.
    A lot of people were bitten by the dog. }

3. { Do you know the man over there?
    He habitually smokes heavy cigars. }

4. { I said nothing.
    It made the officer furious. }

5. { You may do that.
    You believe that is right. }

Ⅵ. 寫出下列各句的中文意思：

1. My husband eats whatever I cook for him.

2. This is certainly the same watch that I had lost.

3. There is nobody but longs for a sight of his native place.

解 答

Ⅰ. 1. me   2. I   3. she   4. my   5. him

Ⅱ. 1. 加強語氣用法的 it   2. 形式受詞的 it   3. 表示天氣的 it
   4. 不定的形式主詞 it   5. 形式主詞的 it

Ⅲ. 1. ones   2. that   3. another   4. one's   5. any；none
   6. those   7. All   8. neither

Ⅳ. Which   2. What   3. Who   4. whom   5. Whose

Ⅴ. 1. I was introduced to a Mr. White whose grandfather
      was a well-known artist.
   2. We had a very savage bulldog named Cerberus by
      which a lot of people were bitten.
   3. Do you know the man over there who habitually
      smokes heavy cigars?
   4. I said nothing, which made the officer furious.
   5. You may do what you believe is right.

Ⅵ. 1. 我丈夫吃我為他烹調的任何東西。
   2. 這一定就是我遺失的錶。
   3. 沒有人不渴望看看自己的故鄉。

第四章 形容詞

❶ 修飾名詞的限定用法和作補語用的敍述用法。

❷ 定冠詞和不定冠詞的用法。

❸ 形容詞的比較。

① 形容詞的性質

　　用以修飾或限定名詞和代名詞,而表示其性質、狀態、數量等的詞類,稱為形容詞。

② 形容詞的種類

　　用於敍述人或事物的性質或狀態的形容詞,稱為**性狀形容詞**;用來表示其數、量的形容詞,則稱為**數量形容詞**。舉例如下:

性狀形容詞	數量形容詞
red （紅的）	many （許多）
kind （親切的;仁慈的）	some （一些）
handsome （英俊的）	few （很少）
young （年輕的）	little （很少）
soft （柔軟的;溫和的）…	enough （足夠的）…

　　注意　除了上述形容詞外,還有**冠詞**和**數詞**這兩類的形容詞。

③ 形容詞的用法

　　形容詞作限定用法時，通常放在被修飾的名詞或代名詞前面；而作敍述
用法時，多放在補語的位置。

〔1〕 限定用法

　　形容詞緊靠著所修飾的（代）名詞，以直接修飾該（代）名詞，稱爲限定用
法。

《實例》

　1. It is a very ***warm*** day. 今天是個非常暖和的日子。

　2. How ***much*** money do you have? 你有多少錢？

實例 1. 的 warm 修飾後面的 day，是性狀形容詞；實例 2. 的 much 修飾
money，是數量形容詞。

下面的例子也是限定用法：

　　a strange dream （奇怪的夢）　　an honest boy （誠實的男孩）

　　some milk （一些牛奶）　　many friends （很多朋友）…

　注意　大部分的形容詞，可用於限定用法，亦可用於敍述用法，但下列
　　的形容詞只能用作限定用法：

　　elder （年長的）, wooden （木製的）, golden （金色的）,

　　mere （僅僅）, main （主要的）, only （唯一的）……等。

〔2〕 敍述用法

形容詞作補語來間接地修飾（代）名詞，稱爲敍述用法。

≪實例≫

1. It is very *cold* today. 今天很冷。

2. His rudeness made the teacher *angry*.
   他無禮的行爲使得老師生氣。

---

1. **主詞補語** 如實例1.的 cold。

下面的例子亦屬此類：

He has grown *old*. （他長大了。）

The plan seems *promising*. （這個計劃好像有希望。）

2. **受詞補語** 如實例2.的 angry。下面例子中的斜體字，也作受詞補語：

I thought him *crazy*. （我認爲他瘋了。）

We sometimes find life *dull*.

（我們有時覺得人生乏味。）

注意 下列的形容詞只能作敍述用法，而不能作限定用法：

afraid（害怕的），alike（相似的），alive（活的），alone（單獨的），sorry（抱歉；遺憾），glad（高興的），ill（生病的）…等。

【問】	【答】
1. 形容詞有那兩種用法？	1. 限定用法和敍述用法。
2. 下列各句的形容詞是什麼用法？	2.
(a) The nose is *red*.	(a) 敍述用法
(b) That is a *red* rose.	(b) 限定用法

④ 形容詞的位置

〔1〕 作修飾語時

通常直接放在被修飾的（代）名詞前面，若另有冠詞、所有代名詞或指示代名詞，其排列情形如下：

冠詞（所有代名詞、指示代名詞）＋**形容詞**＋**名詞**

the red rose （紅玫瑰）　　*the honest* boy （這個誠實的男孩）

his（*John's*）*black* coat 他（約翰）的黑外套

≪實例≫

1. I met a ***charming young American*** lady.
   我遇到一個迷人的年輕美國小姐。

2. There is ***nothing strange*** about him.
   他沒有什麼奇怪的。

3. This is a book very ***easy*** to read.
   這是一本很容易讀的書。

---

1. 兩個以上的形容詞用來修飾同一名詞時，其排列順序如下：

代名形容詞＋數量形容詞＋性狀形容詞＋名詞

my three interesting books

（ 我的三本有趣的書 ）

此外，性狀形容詞有兩個以上時，則以下面的順序排列：

形狀＋性質＋年齡、新舊＋顏色、國籍、材料＋名詞

a big new earthen pot

（ 一個又大又新土製的罐 ）

that pretty young French girl

（ 那個漂亮年輕的法國女孩 ）

注意 作形容詞用的 such 應放在 a(n)的前面，如：

such a good friend（這麼好的朋友）

such an interesting story（這麼有趣的故事）

2. 形容詞置於被修飾字的後面有下列五種情形：

(1) **修飾 something，anything，everything，nothing 時**，如：

anything **wrong**（任何毛病）

something **hot**（有點熱）

(2) **名詞＋形容詞片語**，如：

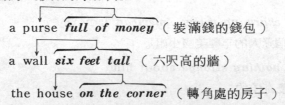

a purse **full of money**（裝滿錢的錢包）

a wall **six feet tall**（六呎高的牆）

the house **on the corner**（轉角處的房子）

(3) 常用語，如：

the sum **total**（總計）　　　time **immemorial**（太古）

on Sunday **next**（下週的星期日）

court **martial**（軍事法庭）

(4) 名詞前面有 all，every，only 等形容詞時，字尾是 - ible 或 -able 的形容詞要放在名詞後面，如：

They tried **all**（or **every**）means **imaginable**.

（他們試過所有想得到的方法了。）

We must get **all** the assistance **possible**.

（我們必須獲得一切可能的援助。）

(5) 只作敍述用法的形容詞，如：alive（活的），alone（單獨的），asleep（睡着的），worth（值得的）…等。

a baby sound **asleep**（熟睡的嬰兒）

any man *alive* （任何活着的人）

a book *worth* reading （值得讀的書）

【問】請改正下列句子的錯誤：	【答】
1. I have not seen a such beautiful flower.	1. *a such* → *such a*
2. I met a French old tall woman.	2. *a French old tall woman* → *a tall old French woman*

〔2〕作補語時

形容詞在作主詞補語與受詞補語時的位置不同：作主詞補語時，放在動詞後面；作受詞補語時，則放在受詞後面。

──《實例》──

1. He looks *young* for his age. 他看來比他實際的年齡要年輕。

2. I thought her *wise*. 我認為她很聰明。

1 **主詞補語**　如實例 1.的 young。下面的斜體字也作主詞補語：

She is *happy*. （她是快樂的。）

She married *young*. （她很年輕時就結婚了。）

⑤ 重要的形容詞用法

〔1〕 the＋形容詞＝名詞

≪實例≫

1. *The rich* are not always happy.
   富有的人未必幸福。

2. An artist pursues *the beautiful* ; a scientist pursues *the true*. 藝術家追求美感；科學家追求眞實。

---

1. **作複數普通名詞** 表示「…的人們」，如實例 1. The rich 可寫成 Rich people（富有的人）。

   注意 除可作爲複數普通名詞外，還可作爲單數普通名詞表示「人」，如：

   the deceased（死者）　　the accused（被告者）

2. **作抽象名詞** 如實例 2. the beautiful 等於 beauty，the true 等於 truth，其他還有：

   the good（善）＝ goodness
   the sublime（高尙）＝ sublimity
   the ridiculous（荒謬）＝ ridiculousness

【問】將下列各句中的「the＋形容詞」改寫成「形容詞＋名詞」：	【答】
1. We must be kind to *the old*.	1. old people
2. *The very poor* should be protected.	2. very poor people

〔2〕 many, a few, few

─《實例》─────────────

1. There are **many** people who think so.
   有很多人都這樣想。

2. I read **a few** novels. 我讀了一些小說。

3. I read few novels. 我沒讀多少小說。

4. **Not a few**（＝No few）people say so. 不少人這麼說。

這三個形容詞，都用來修飾複數可數名詞。
 many（很多），如實例 1.；a few（幾個；一些）等於 some，表示肯定，
如實例 2.；few（不多；少）相當於 hardly any 或 almost no，含否定
的意味，如實例 3.；not a few 等於 many，如實例 4.。

 注意 many 可用 a lot of, lots of 代替，如：

There are **many** papers on the desk.（桌上有許多報紙。）
 ＝ There are **a lot of** papers on the desk.
 ＝ There are **lots of** papers on the desk.

〔3〕 much, a little, little

─《實例》─────────────

1. He has **much** money. 他有很多錢。

2. There is **a little** milk left in the bottle.
   瓶子裏剩下一些牛奶。

3. There is **little** milk left in the bottle.
   瓶子裏剩下的牛奶不多。

4. He has **not a little** money. 他有不少的錢。

這三個形容詞，用來修飾不可數名詞，表示「量」。

much（很多），a little（一些），little（少），not a little（不少的），分別與 many, a few, few, not a few 意義相近，只是前者所修飾的通常是普通名詞，後者所修飾的通常是物質或抽象名詞。

【問】	【答】
1. 請在空格中填入 few 或 little：	1.
(1) He has＿＿＿friends.	(1) few
(2) She had＿＿＿food.	(2) little
2. 請在空格中填入 many 或 much：	2.
(1) There were＿＿＿people who believed that.	(1) many
(2) ＿＿＿money was spent in the gamble.	(2) much

6 數　詞

前述所說的數量形容詞，只是約略地表示數的多少；數詞則表示一定的數目。

〔1〕 基數詞與序數詞

≪實例≫

1. The population of Taipei is more than *two* millions.
   台北的人口超過二百萬以上。
2. It is the *first* of December today.
   今天是 12 月 1 日。

基數詞表示「個數」，如 one，two，three …等；序數詞表示「順序」，如 first，second，third …等。下面是基數詞與序數詞的對照表：

〔基數詞〕	〔序數詞〕		〔基數詞〕	〔序數詞〕
1 one	**first**	11 **eleven**	eleventh
2 two	**second**	12 **twelve**	**twelfth**
3 three	**third**	13 thirteen	thirteenth
4 four	fourth	14 fourteen	fourteenth
5 five	**fifth**〔fɪfθ〕	15 fifteen	fifteenth
6 six	sixth	16 sixteen	sixteenth
7 seven	seventh	17 seventeen	seventeenth
8 eight	**eighth**〔etθ〕	18 eighteen	eighteenth
9 nine	**ninth**	19 nineteen	nineteenth
10 ten	tenth		

〔基數詞〕	〔序數詞〕
20 twenty	**twentieth**〔′twɛntɪɪθ〕
21 twenty-one	twenty-first
22 twenty-two	twenty-second
23 twenty-three	twenty-third
30 thirty	**thirtieth**〔′θɝtɪɪθ〕
40 **forty**	**fortieth**〔′fɔrtɪɪθ〕
100 one hundred	hundredth
101 one hundred and one	**hundred and first**
1000 one thousand	thousandth

1. 基數詞

(1) 除 eleven, twelve 外，13 至 19 的字尾都是 -teen。

(2) 20，30，40 … 90 等的字尾都是 -ty。

(3) 從 21 至 99 應在十位數與個位數間加一連接號 " - "，如 fifty-five（55）。

(4) 100 以上的數，須在 hundred 的後面加 and，如 one hundred and twenty-nine（129）；但是在美語中，也可把 and 省略。

2. 序數詞

(1) 1 至 19 各基數的字尾加 -th 即成序數，但有七個例外：**first**,
second, **third**, **fifth**, **eighth**, **ninth**, **twelfth**。

(2) 20，30，40，… 90 等字尾的 -y 改爲 -ieth，即成序數，如 ninety
→ninetieth。

(3) 自 21 以後的序數，是將最後一個數字用序數，前面的各數字用基
數，如 twenty-fifth（第二十五），thirty-first（第三十一），
five hundred and eighty-first（第五百八十一）。

注意　hundred 與 thousand 複數都不可加 s，如 two hundred（200），
two thousand（2000）。但在 hundreds of（數以百計），thou-
sands of（數以千計）的用法中，必須加 s。

〔2〕讀法

包括整數，分數，小數，年號，日期與電話號碼等的讀法。

1. 整數

150	one hundred and fifty
283	two hundred and eighty-three
1,001	one thousand and one
1,957	one thousand, nine hundred and fifty-seven
12,830	**twelve thousand**, eight hundred and thirty（英語中沒有萬的單位，故代換成1,000×12）
1,000,000	one million
2,000,000	two millions
15,866,514	fifteen **million**, eight hundred and sixty-six thousand, five hundred and fourteen

注意

1. million 為名詞，數詞，後加 s 與不加 s 均可，如作形容詞修飾名詞或後面還有數字時，仍取單數形式。

    one million（一百萬）

    two millions（二百萬）

    three million people（三百萬人）

    two million and two hundred thousand（一千零二十萬）

2. hundred, thousand 之前沒有數詞，而與 of 連用，表示約略之數時，要用**複數**形式，如：

    hundreds of books（數百本書）

    thousands of people（數千人）

    There are *thousands of* apples in our garden.

    （我們花園裡有無數的蘋果。）

2. 分數　分數的讀法是分子用基數，分母用序數，當分子大於2時，分母須加 - s 。另外，$\frac{1}{2}$ 通常讀成 a half（或 one half），$\frac{1}{4}$ 讀成 a quarter 。

$\frac{1}{3}$ one-third　　　　　$\frac{3}{4}$ three-fourths（或 three quarters）

$\frac{2}{3}$ two-thirds　　　　　$4\frac{2}{3}$ four *and* two-thirds

---

【問】用英語讀出下列的分數：	【答】
1. $\frac{1}{4}$	1. one-fourth
2. $\frac{7}{8}$	2. seven-eighths

3. 小數　小數點前面用「基數」表示，後面則用基數詞個別讀之；小數點的點，英語讀作 point（或 decimal〔ˈdɛsəml〕）。

1.325　one point three two five

3.007　three point zero zero seven

注意　基數 0 的讀法，除可讀 zero 外，還可讀成 nought〔nɔt〕

3.03　three point zero（*or* nought）three

4. 年號、日期、時間

(1) 年號的讀法有三種：

1984 $\begin{cases} \text{nineteen eighty-four（此種讀法最常用）} \\ \text{nineteen hundred and eighty-four} \\ \text{one thousand nine hundred and eighty-four} \end{cases}$

注意　「西元前」寫成 B.C. 是 Before Christ 的縮寫，例如西元前60年，讀作 sixty Before Christ, sixty B.C. 或 B.C. sixty；「西元後」寫成 A.D. ，但通常省略不寫。

(2) 日期的讀法分英國式與美國式兩種：

如「1967 年 12 月 5 日」

① 美國式：December（the）fifth, nineteen sixty-seven

　　　　　　（用數字表示：December 5, 1967, 簡寫成 12/5/67）

② 英國式：（the）fifth of December, nineteen sixty-seven

　　　　　　（用數字表示：5 December, 1967, 簡寫成 5/12/67）

(3) 時間的讀法有兩種：

5 時	five（o'clock）
10 時 30 分	ten thirty ; half *past* ten（o'clock）
11 時 23 分	eleven twenty-three ; twenty-three *past* eleven（o'clock）
7 時 45 分	seven forty-five ; *a quarter to eight*（o'clock）
6 時 43 分	six forty-three ; *seventeen to seven*（o'clock）
3 時 05 分	three o〔o〕five ; five *past* three

注意

1. 在 30 分（包括 30 分）以前，表示「過了～分」，用 past；過了 30 分，表示「還差～分就～點」，用 to。在這用法中，fifteen 和 thirty 常用（*a*）quarter 和 half 表示。

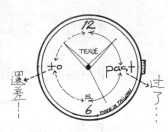

　　5 時 45 分：

　　　〔誤〕a quarter *to five*（是指 4 點 45 分）

　　　〔正〕a quarter *to* six

　　8 時 30 分：half *past* eight

2. 時刻表的讀法如下：

　　the 8：00 train ＝ the eight o'clock train

the 7:30 up-train = the seven thirty up-train （7時30分的上行火車）

the 9:10 a.m. express = the nine ten a.m. express （上午9時10分的快車）

the 6:03 p.m. down-train = the six（o〔o〕）three p.m. down-train （晚上6時3分的下行火車）

the 13:30 flight = the thirteen-thirty flight （下午1時30分的飛機）

5. **電話號碼**　用基數詞個別讀之，" o " 讀作〔o〕。

717-1584　seven one seven, one five eight four

409-0111　four o nine, o one one one

946-2003　nine four six, two oo threee

注意　如果有兩個0並列在一起，讀成〔ˊo ˋo〕或 double o 。

6. **度數、頁數等**

20 ℃	twenty degrees Centigrade〔ˈsɛntə,gred〕（攝氏20度）
100 °F	one hundred degrees Fahrenheit〔ˈfærən,haɪt〕（華氏100度）
Richard Ⅲ	Richard the Third （理查3世）
p. 120	page one hundred and twenty （120頁）
p. 235	page two thirty-five （235頁）
Chap. 4	Chapter Four （第4章）
World War Ⅱ	World War Two （第2次世界大戰）

7. **算數式**　英語中的「加」用 and 或 plus〔plʌs〕；「減」用 from 或 minus〔ˈmaɪnəs〕；「乘」用 times 或 multiply〔ˈmʌltə,plaɪ〕；「除」用 into 或 divide〔dəˈvaɪd〕。

$1+2=3$ $\begin{cases} \text{One } \textbf{\textit{and}} \text{ two } \textbf{\textit{is}} \text{ (} or \text{ } \textbf{\textit{make}}\text{(}\textbf{\textit{s}}\text{)) three.} \\ \text{One } \textbf{\textit{plus}} \text{ two } \textbf{\textit{equals}} \text{ (} or \text{ } \textbf{\textit{is}} \text{) three.} \end{cases}$

$3-2=1$ $\begin{cases} \text{Two } \textbf{\textit{from}} \text{ three } \textbf{\textit{leaves}} \text{ (} or \text{ } \textbf{\textit{is}} \text{) one.} \\ \text{Three } \textbf{\textit{minus}} \text{ (} or \text{ } \textbf{\textit{less}} \text{) two } \textbf{\textit{equals}} \text{ one.} \end{cases}$

$3\times2=6$ $\begin{cases} \text{Two } \textbf{\textit{times}} \text{ three } \textbf{\textit{are}} \text{ (} or \text{ } \textbf{\textit{is}} \text{) six.} \\ \text{Three } \textbf{\textit{multiplied}} \text{ by two } \textbf{\textit{are}} \text{ (} or \text{ } \textbf{\textit{is}} \text{) six.} \end{cases}$

$4\div2=2$ $\begin{cases} \text{Two } \textbf{\textit{into}} \text{ four } \textbf{\textit{goes}} \text{ twice.} \\ \text{Four } \textbf{\textit{divided}} \text{ by two } \textbf{\textit{equals}} \text{ (} or \text{ } \textbf{\textit{gives}} \text{) two.} \end{cases}$

【問】用英文讀出下列的算數式：	【答】
1. $3+6=9$	**1**. Three and six is nine.
2. $6-3=3$	**2**. Three from six leaves three.
3. $3\times3=9$	**3**. Three times three are nine.

〔3〕**次數**　通常是「基數詞＋time(s)」的型式（但1次，2次例外）。

　　 1次　 once （通常不用 one time ）

　　 2次　 twice （通常不用 two times ）

　　 3次　 three times （很少用 thrice ）

　　 4次　 four times

　100次　 a hundred times

注意　 a dozen times, a hundred times 可用來表示 many times，
如：

　　 I have visited the castle *a hundred times*.

　　（我遊訪過那座城堡好多次了。）

〔4〕倍數詞

表示「～倍」，也用「基數詞＋time(s)」，如：

2 倍　twice ; two times

3 倍　thrice ; three times

4 倍　four times

3的4倍（3×4）　four times three

注意　表示「**是～的幾倍**」＜參照 p.119 ＞，公式如下：

$$\begin{cases} \cdots \text{ times as } ＋形容詞或副詞＋ \text{ as } ～ \\ = \cdots \text{ times the } ＋名詞＋ \text{ of } ＋～ \end{cases}$$

如：My living-room is *two times* (*or twice*) as large as yours.

＝ My living-room is *two times* (*or twice*) the size of yours. (我的客廳是你的兩倍大 。)

研究　**倍數詞常用的表達法：**

$$\begin{cases} \text{half} & \text{two times} \\ \text{double} & \text{three times} \\ \text{treble} & \text{four times} \\ \text{twice} & \vdots \end{cases} ＋ \begin{cases} 定冠詞 \\ 所有形容詞 \end{cases} ＋ \begin{cases} 名詞 \\ 所有代名詞 \end{cases}$$

I bought it at *half* the usual price.（ 我用平常價格的一半把它買來。)

The salesman earns *half* my salary.

（ 這推銷員的收入是我薪水的一半 。)

I had to pay *double* (＝twice) the usual fare.

（ 我不得不付平常價錢的兩倍 。)

My brother owns *double* my books. (我哥哥擁有我兩倍的書 。)

I offered him *treble* the sum. (我出他價額的三倍 。)

His age is *treble* my age. (他的年齡是我的三倍 。)

That window is *three times* the size of this.

（ 那個窗子有這個窗子的三倍大小 。)

7 冠 詞

〔1〕冠詞

a，an 和 the 本屬於指示形容詞，因常
被置於名詞之前，故稱它們爲冠詞。
冠詞分爲不定冠詞 a，an 和定冠詞
the 。

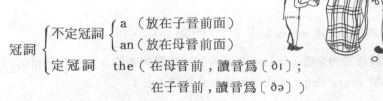

$$
冠詞
\begin{cases}
不定冠詞 \begin{cases} a（放在子音前面）\\ an（放在母音前面）\end{cases}\\
定冠詞\quad the（在母音前，讀音爲〔ðɪ〕；\\
\qquad\qquad\qquad 在子音前，讀音爲〔ðə〕）
\end{cases}
$$

a (n) 和 one 的起源相同，the 和 this，that 的起源相同，故可推出不定
冠詞有「一個」的意思，定冠詞有「這個；那個」的意思。

〔2〕不定冠詞的用法

≪實例≫

1. This is *a* book. 這是一本書 。

2. *A* young man wrote me a letter. 一個年輕人寫給我一封信。

3. Birds of *a* feather flock together. 物以類聚 。〔諺語〕

4. *A* dog is a faithful animal. 狗是忠實的動物 。

5. We meet the teacher once *a* week.
   我們一星期見老師一次 。

1 **一個**（＝one）　如實例1.，表示「一本」。再看其他例子：

　　I waited for him for *an* hour and *a* half.（我等了他一個半小時。）

　　I think I shall finish it in *a* week.
　　（我想我會在一個星期內完成它 。）

2. **某一**（＝a certain）　表示說話者對此人並不認識，如實例 2.。再看下面的例子：

> *A* Mr. Brown called on you. （有一位布朗先生拜訪你。）
>
> In *a* sense, he is to blame.
>
> （就某方面來說，他應當受責。）

3. **同樣的**（＝the same）　如實例 3.的 a feather 指同樣的羽毛，又如下例：

> We are of *an* age. （我們同年齡。）

4. **表同種類的全體**（＝any, every）　如實例 4.的 a dog 指廣泛的狗，等於 every dog。下面的例子也是相同用法：

> *A* dog is more faithful than *a* cat.
>
> （狗比貓忠實。）

5. **每**（＝each, per）　如實例 5.的 a 等於 per。其他例子：

> five miles *an* hour　（每小時 5 哩）
>
> 8,000 dollars *a* month　（每月八千元）

A dog is more faithful than a cat.

【問】請說出下列不定冠詞的用法：	【答】
1. He come here once *a* week.	1. 每（＝per）
2. *An* owl can see in the dark.	2. 表同種類的全體（＝any）

〔3〕 定冠詞的用法

━━《實例》━━━━━━━━━━━━━━━━━━━━━━━

1. I met a boy. *The* boy was blind.
   我遇到一個男孩，那男孩是個瞎子。

2. Would you mind opening *the* window？ 你介意開一下窗嗎？

3. The Mississippi is *the* longest river in North America.
   密士失必河是北美最長的河。

4. *The* sun is far larger than *the* moon.
   太陽比月球大得太多了。

5. *The* dog is a faithful animal. 狗是忠實的動物。

6. Butter is sold by *the* pound. 奶油論磅賣出。

━━━━━━━━━━━━━━━━━━━━━━━━━━━━━

1. **用於已提過的名詞前** 如實例 1.的 the，指前面提過的 boy。

2. **用於說話者和對方都清楚的名詞前** 如實例 2.的 window，雙方可能都
   在同一房間內，故能明白要開的是那一扇窗子。再看下例：

   Have you seen *the* principal（*of this school*）？
   〔你見過（本校的）校長嗎？〕

   How is *the* patient？（這位病人怎麼了？）

3. **在最高級形容詞、序數或其他限制語前** 如實例 3.。其他例子：

   the first train （第一班火車）

   the 9：15 p.m. train （晚上九點十五分的火車）

   the day after tomorrow （後天）

4. **用於宇宙間獨一無二的天體名詞前** 如實例 2.的 sun, moon。其他還
   有：

   the earth （地球）　　　　*the* world （世界）

   the sky （天空）　　　　　*the* universe （宇宙）

5. 代表全體時 如實例5.的 The dog，代表狗的總稱。

研究 表同種類的全體，共有下列三種說法：

1. **不定冠詞＋單數名詞**

   A dog is a faithful animal.

2. **定冠詞＋單數名詞**

   The dog is a faithful animal.

3. **複數名詞**（省略冠詞）

   Dogs are faithful animals.

A dog is a faithful animal.

但是，man 與 woman 用以代表全體時，用單數而不加冠詞。

Man is mortal.（人皆有死。）

Woman is weaker than *man*.（女人比男人柔弱。）

【問】 請說出下列定冠詞的用法：	【答】
1. *The* earth moves round *the* sun.	1. 指獨一無二的天體。
2. *The* dog is more faithful than *the* cat.	2. 代表全體。

6. 表示單位的名詞前 如實例6.。再看下例：

   by *the* hour （按小時）　　by *the* week （按星期）

   We hired the boat by *the* hour. （我們按小時租船。）

研究 定冠詞的其他用法：

1. **the ＋形容詞＝複數名詞**

   The learned are apt to despise *the ignorant*.

   （有學問的人往往輕視無知的人。）

2. the ＋普通名詞 ＝ 抽象名詞

　　The pen is mightier than *the sword*.

　　　（筆伐勝過劍誅；文勝於武。）

3. the ＋ 專有名詞 ＜參照 p.18 ＞

　　　the Yangtze （長江）　　　*the* Wangs （王姓一家人）

　　　the Republic of China （中華民國）

4. 慣用語

　　　in the morning （早上）　　　in the dark （黑暗中）

　　　in the right （正當的；對的）　　in the wrong （不正當的；錯的）

　　　on the other hand （另一方面）　　on the way （在途中）

　　　on the whole （就整體而言）　　the other day （前幾天）

5. 表示「身體某一部分」的名詞前，要加定冠詞 the

　　　He caught me by *the* hand. （他抓住我的手。）

　　　The burglar struck him on *the* head with a brick.

　　　（強盜用磚塊打他的頭。）

〔4〕 冠詞的位置

┌─≪實例≫────────────────────────┐

　　1. Here is *an* old man. 這裏有個老人。

　　2. I know *all the* boys in this town. 我認識這鎮上所有的男孩子。

└──────────────────────────────┘

1. 冠詞通常直接放在名詞前面，但名詞前還有其他修飾語時，則放在修飾語之前，如實例 1.。

2. 下列的修飾語，則要放在冠詞前面：

　(1) **all，both**

　　　All the boys are present today. （今天所有的男孩都出席了。）

　　　Both the parents knew it. （雙親都知道那件事。）

(2) **such , many**

　　We've had *such* **a** good time . （我們過得很愉快。）

　　Many **a** person has fallen a victim to this habit.

　　　（許多人成了這個習慣的受害者。）

(3) **half**

　　It is about *half* **an** hour from here to the station.

　　　（從這裡到車站大約三十分鐘。）

(4) **由 as , so , how , too 所修飾的形容詞**

　　Bob is *as diligent* **a** student as Ted.

　　　（鮑伯是和泰德一樣勤勉的學生。）

　　We have lost *so nice* **a** chance.

　　　（我們失去了一個如此好的機會。）

　　How kind **a** servant she is！（＝What a kind servant she is！）

　　　（她是個多麼親切的僕人啊！）

【問】請改正下列句子的錯誤：

1. The all members were present.

2. I have never seen a so big ant.

【答】

1. *The all* → **All the**

2. *a so big* → **so big an**

〔5〕冠詞的省略

≪實例≫

1. I have read ***this*** 〔***his***〕book. 我已讀過這本書（他的書）。
2. ***Boys***, be ambitious. 孩子們，要胸懷大志。
3. ***Father*** is reading a newspaper. 父親正在看報紙。
4. ***Queen*** Victoria died in 1901. 維多利亞女王死於 1901 年。
5. We go to ***church*** on Sunday. 星期天我們上教堂去做禮拜。
6. ***Lunch*** is ready now. 午餐現在準備好了。
7. I came home by ***bus***. 我坐公車回家。

1. 名詞的前面已有(代)名詞的所有格、
   指示代名詞或疑問代名詞時

   因為冠詞和它們具有相同的作用，不
   可重複使用，如下列是錯誤的用法：
   this my book，*a my* friend，應改
   為 ***this*** book *of mine* 或 ***a*** friend
   of mine 才對。

2. 稱呼用語前

   Hurry up, ***boys***. （孩子們,快點!）
   Waiter, bring me my bill.
     （侍者，把帳單給我。）

3. 家庭稱謂前

   Mother drives a car. （母親開車。）
   Aunt is coming tomorrow. （姨媽明天要來。）

4. 頭銜、職位等後面有人名時

   Queen Elizabeth Ⅱ （伊莉莎白二世女王）

Father Brown （ 布朗神父 ）

Professor Smith （ 史密斯教授 ）

Lady Matthew （ 馬瑟夫人 ）

Uncle Tom （ 湯姆叔叔 ）

研究 頭銜、職位等如用作人名的同位語或作補語時，也不可加冠詞，如：

Elizabeth Ⅱ, *Queen* of England （英國女王伊莉莎白二世）〔同位語〕

Hamlet, *Prince* of Denmark （ 丹麥王子哈姆雷特 ）〔同位語〕

He is *mayor* of this city. （ 他是本市的市長。）〔補語〕

He was elected *President* of the University.

（ 他被選爲這所大學的校長。）〔補語〕

【問】 請改正下列句子的錯誤：	【答】
1. The King, please forgive me.	1. *The King → King*
2. The Uncle John gave me this bicycle.	2. *The Uncle John → Uncle John*

---

5. **school**, **church** 等公共建築物，用以指用途時

    go to school　上學　　　　go to office　上班

    go to church　做禮拜　　　go to bed　就寢

注意 若指建築物本身或場所時，仍爲普通名詞，要加冠詞，比較下列句子：

He often comes to school late.

（ 他經常上學遲到。）

He lives near *the* school.

（ 他住在學校附近。）

We visited *a* prison yesterday.

（ 我們昨天參觀一所監獄。）

He often comes to school late.

They were taken to prison for rubbing. （ 他們因搶刼而入獄。）

6. 三餐名、季節名前

Lunch was over at half past twelve.

（午餐在十二點半結束。）

In **summer** I get up at five.（夏天我五點起床。）

7. 慣用語

(1) 介系詞＋名詞

by heart （默記；背誦）	at last （最後）
in time （及時）	in fact （事實上）
of necessity （必然地）	at first （最初）
on business （有事；因公）	by chance （無意中；偶然）
on foot （步行）	by letter （用信函，以書面）
by car〔train, airplane〕（坐汽車〔火車，飛機〕）	
by sea〔land〕（由海路〔陸路〕）	

(2) 動詞＋名詞

catch fire （着火）	catch sight of （看到）
take care of （照顧；小心）	take interest in （對～有興趣）

(3) 兩個相對名詞並用時

hand in hand （手牽手）

father and son （父子）

man and wife （夫婦）

from beginning to end （自始至終）

from morning till night （從早到晚）

【問】請比較下列兩句的不同：

1. Fred goes to school on foot.
2. It takes you ten minutes to go to the school.

【答】

1. school 前沒有冠詞，指「去上學」。
2. school 前有冠詞，指「去某一所學校」。

注意

1. 下面冠詞的有無，可產生不同的意義：

  (a) I have *a* white and black dog.
  (b) I have *a* white and *a* black dog.

  (a) 只有一隻狗，指「一隻黑白相間的花狗」。

  (b) 有兩隻狗，指「一隻白狗和一隻黑狗」。

a white and black dog　　a white and a black dog

2. 通常兩個（以上）名詞若指同一人（或事物）時，只在第一個名詞前加一冠詞，如：

  Franklin, *the* statesman, philosopher, diplomat, and man of letters, was born in Boston.

  （是政治家、哲學家、外交家、又是學者的富蘭克林，誕生於波士頓。）

3. 若兩個名詞為一組，表示同一件東西時，也不能重複加冠詞，如：

  a watch and chain （附錶鏈的錶）

  a cup and saucer （一套杯盤）

8 形容詞的比較

〔1〕 形容詞的比較

為表現性質的程度，形容詞可以作
比較，其比較分為三級：

原 級（ 不與其他事物比較 ）

比較級（ 兩者間的比較 ）

最高級（ 三者以上的比較 ）

〔2〕 比較級和最高級的構成

≪實例≫

1. (a) This is **longer** than that. 這個比那個長。

   (b) This is the **longest** of all. 這是所有裏面最長的。

2. (a) This flower is **more** beautiful than that.
      這朵花比那朵花美麗。

   (b) This flower is the **most** beautiful in the garden.
      這朵花是花園中最美麗的。

3. (a) Tom is **better** at English than Mary.
      湯姆比瑪麗擅長英文。

   (b) Tom is the **best** speaker of English in our class.
      湯姆是班上最好的英語演講者。

1 規則變化　大致可分為下列五種情形：

(1) **單音節，以及少數二音節之字尾為 -er, -ow, -ple, -tle 的字，**
   直接加上 -er, -est （ 如實例 1. (a)、(b) ）

〔原級〕	〔比較級〕	〔最高級〕
long（長的）	longer	longest
small（小的）	smaller	smallest
fast（快的）	faster	fastest
clever（聰明的）	cleverer	cleverest
narrow（狹窄的）	narrower	narrowest
simple（簡單的）	simpler	simplest
gentle（溫和的）	gentler	gentlest

⑵ **單音節的字尾有 -e 時，加 -r , -st**

large（大的）	larger	largest
fine（漂亮的）	finer	finest
free（自由的）	freer	freest

⑶ **單音節及二音節的字尾是「子音＋y」時，將 y 改成 i，再加 -er，-est**

early（早的）	earlier	earliest
happy（幸福的）	happier	happiest

注意 字尾是「母音＋y」的單音節形容詞，直接加 -er , -est：

gay（快樂的）	gayer	gayest

⑷ **單音節字尾是「短母音＋子音字母」時，重複子音字母，再加 -er，-est**

hot（熱的）	hotter	hottest
big（大的）	bigger	biggest

注意 quick（快的），thick（厚的）的字尾，雖然是「短母音＋子音」，但因為子音字母有兩個，所以直接加 -er , -est。

(5) 二音節以 -ful，-less，-ing，-ous，-ary 等結尾的字，及三音節以上的字，通常在原級的前面加 more，most （如實例 2.(a)、(b)）

useful （有用的）	*more* useful	*most* useful
harmless （無害的）	*more* harmless	*most* harmless
expensive （昂貴的）	*more* expensive	*most* expensive
laughable （可笑的）	*more* laughable	*most* laughable
curious （奇怪的）	*more* curious	*most* curious
wonderful （奇妙的）	*more* wonderful	*most* wonderful
charming （迷人的）	*more* charming	*most* charming

【問】 請寫出下列形容詞的比較級和最高級：	【答】
1. thin	1. thinner, thinnest
2. dirty	2. dirtier, dirtiest
3. clever	3. cleverer, cleverest

2. **不規則變化**（如實例 3.(a)、(b)）

	better	best
good （好的） well （健康的）	better	best
bad （壞的） ill （生病的）	worse	worst
many （很多） much （很多）	more	most
little （很少） few （很少）	less	least
old（老的，舊的）	older elder	oldest eldest

$$
\text{late（晚的）}
\begin{cases}
\text{later} & \text{latest} \\
\text{latter} & \text{last}
\end{cases}
$$

$$
\text{far（遠的）}
\begin{cases}
\text{farther} & \text{farthest} \\
\text{further} & \text{furthest}
\end{cases}
$$

【問】 請寫出下列形容詞的比較級和 最高級：	【答】
1. bad	1. worse, worst
2. little	2. less, least
3. much	3. more, most
4. far	4. farther, farthest； further, furthest

3. 不規則變化的形容詞用法

(1) **good, bad；well, ill**

　good 和 bad 用來表示事物的善惡；well 和 ill 則是表示健康情形的好壞。此外，well 和 ill 除可作形容詞外，還可作副詞，其比較級和最高級，也可作副詞用：

$$
\begin{cases}
\text{He is } \textbf{\textit{well}}.\text{（他很健康。）〔形容詞〕} \\
\text{She cooks } \textbf{\textit{well}}.\text{（她善於烹飪。）〔副詞〕}
\end{cases}
$$

$$
\begin{cases}
\text{He is } \textbf{\textit{better}} \text{ today } \textbf{\textit{than}} \text{ yesterday.} \\
\quad\text{（他今天比昨天好。）〔形容詞〕} \\
\text{She cooks } \textbf{\textit{better than}} \text{ her mother.} \\
\quad\text{（她的烹飪技術比她母親好。）〔副詞〕}
\end{cases}
$$

(2) **older, oldest；elder, eldest**

表示事物的新舊、年齡的大小，用 older, oldest；表示家族中的長幼次序，用 elder, eldest，同時，elder, eldest 也只能作限定用法。

He is ***older than*** I. （他比我大。）

This is my ***elder*** brother. （這是我哥哥。）

注意 美語中亦可用 older, oldest 代替 elder, eldest：

She is my ***oldest*** sister. （她是我大姊。）

(3) **later, latest; latter, last**

指時間的先後，用 later, latest；順序的先後，則用 latter, last。

This is the ***latest*** news. （這是最新的消息。）〔時間〕

This is the ***last*** letter from him.

（這是從他那兒得到的最後一封信。）〔順序〕

若 the former 和 the latter 並用時，表示「前者～後者～」。

We keep a black dog and a white dog; ***the former*** (=that) is bigger than ***the latter*** (=this).

（我們養了一條黑狗和一條白狗，前者〔黑狗〕比後者〔白狗〕大。）

研究 last 的其他用法：

1. **the last ＋名詞**（最不可能～的；最不願～的）

He is ***the last*** person to do such a thing.

（他是最不可能做這種事的人。）

2. last 放在表時間的名詞前時，表「過去」，它的意思是「昨」、「上」、「去」等，如：

last night （昨晚）　　last week （上星期）　　last year （去年）

4. **farther**, **farthest**；**further**，**furthest**

farther, farthest 通常指具體的距離；further，furthest 則指抽象的程度。

My house is **farther** from the school than yours.

（我家比你家離學校更遠。）〔距離〕

Do you need **further** help？

（你需要更進一步的幫助嗎？）〔程度〕

【問】試比較下列的1、2.有何不同？	【答】
1. the last year	1. 最後的一年
2. last year	2. 去年

〔3〕**原級的用法**

─《實例》──────────────

1. He is **as** tall **as** I. 他和我一樣高。

2. She is **not as** tall **as** her sister. 她不像她姊姊那樣高。

3. This trunk is **twice as** heavy **as** that one.
   這個皮箱是那個的兩倍重。

4. Read **as** many books **as** you can.
   你能讀多少書，就讀多少書。

5. **Nothing** is **as** important **as** health.
   沒有比健康更重要的了。

1. **as** ＋原級＋ **as** ～（和～一樣）　這是肯定的原級比較，注意第二個 as 後面要用主格，如實例 1.。再看他例：

She is **as** old **as** I. （她和我一樣大。）

It is *as* cold today *as* (*it was*) yesterday.

（今天和昨天一樣冷。）

Skating is *as* exciting *as* skiing.

（溜冰和滑雪一樣令人興奮。）

注意 上面例句中 She is as old as I.是
指兩人年紀相同，而不是指兩人一樣老。

2. **not as** ＋原級＋ **as** ～（不像～那樣）

此為否定的原級比較，其中第一個 as 可以代換成 so，如實例 2.可改
寫成：

She is *not so* tall *as* her sister.

3. **倍數** ＋ **as** ＋形容詞（＋名詞）＋ **as** ～（是～的幾倍）　這是表示倍數
的用法，如實例 **3.**。再看下面的例子：

He has *half as* much money *as* I.

（他的錢是我的一半。）

I have *twice as* much money *as* he.

（我的錢是他的兩倍。）

China is *twenty times as* large *as* Japan.

（中國是日本的二十倍大。）

4. **as** ＋原級＋ **as** ～ **can**（～盡可能）　如實例 **4.**，本句也可代換成：

Read *as* many books *as possible*.

再看下例：

Drink *as* little water *as possible* (＝ *you can*).

（盡可能的不要喝水。）

5. **否定字** ＋ **as** (*or so*) ＋原級＋ **as**　這是以原級來表示最高級的用法，
如實例 **5.**可以改寫成下面的最高級：

Health is *the most* important *of all*.

再看下例：

> *Nobody* is *as* diligent *as* he. （沒有人像他那樣勤奮。）
>
> = He is *the most* diligent *of all*. （他是所有人中最勤奮的。）

研究

1. 以原級表示最高級，除了上述的用法外，還可用下面的方式：

   as ＋原級＋ as any -

   He is *as* strong *as anybody*. （他比任何人都强壯。）

   = He is the strongest of all.

   His face is *as* ugly *as anyone* else's. （他比任何人都醜。）

   = His face is the ugliest of all.

2. **原級的其他用法：**

   (1) **as ＋原級＋ as ever** （依舊；照舊）

      He is *as* healthy *as ever*. （他依舊健康。）

   (2) **as long as** （只要）

      As long as I live, you shall not want for anything.

      （只要我活着，你就不會缺乏任何東西。）

【問】 在空格中填入 as 或 so：	【答】
1. She is ＿＿ happy as I.	1. as
2. She is not ＿＿ diligent as he.	2. as 或 so

〔4〕比較級的用法

─≪實例≫─────────────

1. Jane is ***taller than*** I. 珍比我高。

2. Tom is ***the*** taller ***of the two***. 湯姆是這兩人中較高的。

3. ***No*** boy is ***braver than*** Fred. 沒有男孩比弗萊德更勇敢。

4. Tom is ***less clever than*** Ted. 湯姆不及泰德聰明。

5. ***The more, the better***. 越多越好。

──────────────────────

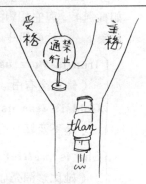

1. 比較級＋than　這是比較級中最普通的
   用法，但是 than 後面仍要用主格，不可
   用受格，如實例 1. 不可寫成

   　　He is taller than *me*. （誤）

   注意　有時 than 後亦可用受格，但其意
   　義不同＜參照 p.145＞。

2. the ＋比較級＋of（the two）　由於比較級後面省略 one，而 one 又
   受到 of～片語的修飾限定，故前面要加 the，如實例 2.，再看下例：

   　　Gold is ***the*** heavier ***of the two***. （黃金是這兩者中較重的。）

   　　John is ***the*** more diligent ***of the two***.

   　　（約翰是這兩人中較勤奮的。）

【問】請改正下列句子的錯誤：	【答】
1. John is much brighter than us.	1. *us → we*
2. Jane is older of the two.	2. *older → the older*

3. **否定字＋比較級＋than**　這是以比較級來表示最高級的用法，如實例 3. 可改成：

Fred is the bravest boy.（弗萊德是最勇敢的男孩。）

再看下例：

Nothing is *more* precious *than* time.（沒有比時間更寶貴的。）

＝ Time is *the most precious* thing.（時間是最寶貴的。）

4. **less ＋原級＋than**　這是「劣等比較」，表示「不及」，含否定的意味，如實例 4. ；與它相對的，就是「優等比較」——比較級＋than

Iron is *more useful than* gold.
（鐵比金有用。）〔優等比較〕

Gold is *less* useful *than* iron.
（金不及鐵有用。）〔劣等比較〕

She is *prettier than* Jane.
（她比珍漂亮。）〔優等比較〕

Jane is *less* pretty *than* she.
（珍不及她漂亮。）〔劣等比較〕

5. **the ＋比較級，the ＋比較級**　有「越～，越～」的意思，如實例 5. ，再看其他的例子：

The more you ask, *the less* you will get.

（你要求的越多，所得的就越少。）

The sooner, *the better*.（越快越好。）

【問】請改正下列句子的錯誤：	【答】
1. Jane is less cleverer than Tom.	1. *cleverer → clever*
2. Nobody is rich than he.	2. *rich → richer*

研究 比較級的其他用法：

1. 比較級＋ **and** ＋比較級（越來越～）

   The ice became ***thinner and thinner***. （冰越來越薄。）

   His attitude toward his wife grew ***more and more*** indifferent.
   （他對他太太的態度越來越冷淡。）

2. **more** ＋原級(A)＋ **than** ＋原級(B)（與其
   說 B，不如說 A）比較同一人（物）的不
   同性質或狀態時，不論形容詞是單音節或
   多音節，一律用 more ～ than… 。

   This plan is ***more*** clever ***than***
   practical.

   （與其說這計畫實際，不如說它
   巧妙。）

   I am ***more*** timid ***than*** cautious.

   （與其說我謹慎，不如說我膽小。）

3. **no more than**（＝only）只；僅；**no less than**（＝as many as，
   as much as）多達

   He has ***no more than*** a hundred dollars. （他只有一百元。）

   He has ***no less than*** a hundred dollars. （他的錢多達一百元。）

   事實上，兩句都是有一百元，只是表示上的心境不同，前者覺得過少，
   後者則覺得過多。

4. **not more than**（＝at most）至多；**not less than**（＝at least）
   至少

   He has ***not more than*** a hundred dollars.

   （他最多也不過有一百元。）

   He has ***not less than*** a hundred dollars.

   （他至少也有一百元。）

5. **superior to**（優於），**inferior to**（劣於），**senior to**（年長於），
   junior to（年幼於）

   這些是從拉丁文轉變來的比較形容詞，後面不能再接 than，而須接 to
   後，再加上受格。

   > Mary is **superior to** me.（瑪麗比我好。）
   > = Mary is better than I.

   > Tom is **inferior to** her in Chinese.
   > = Tom is worse than she in Chinese.
   > （湯姆的中文比她差。）

   > I am **senior to** him.（我的年紀比他大。）
   > = I am older than he.

   > Jim is three years **junior to** her.（吉姆比她小三歲。）

6. **much（even, far, by far）**＋比較級

   修飾比較級的副詞，不用 very，而是用 much, even,（by）far 等字。

   Man is **very** lazy by nature.（人天性是很懶惰的。）〔原級〕

   Mathematics turned out to be **much more** interesting than
   geography.（數學變得比地理有趣得多。）〔比較級〕

   Tom is **much** taller than John.
   （湯姆比約翰高多了。）

【問】請在空格中填入 very 或 much：	【答】
1. She is＿＿more beautiful than her sister.	1. much
2. She is＿＿angry with me.	2. very

〔5〕最高級的用法

≪實例≫

1. He is **the** youngest **of** us **all**. 他是我們中最年輕的。

2. He is **the** cleverest boy **in** our class.
   他是我們班上最聰明的男孩。

3. **The** wisest man cannot know everything.
   即使最聰明的人也未必知道每一件事。

4. The river is **deepest** below the bridge.
   橋下的河水非常深。

5. A **most** strange thing happened. 發生一件非常奇怪的事。

---

1 **the ＋最高級＋of；the ＋最高級＋in**

最高級後面的 of 片語，表示「在～之中」；接 in 片語，表示「在某場所」，同時注意最高級前面一定要加 the。

He is **the** greatest **of** all musi-
cians.

（他是所有音樂家中最偉大的。）

He is one of **the** most famous
poets **in** this country.

（他是這國家裏最有名的詩人之一。）

He is the youngest of us.

2 **最高級可表示even**（即使～也）**的意思**

如實例 3.。再看下面的例子：

The richest man in the world can not buy everything he
wants.（即使是世界上最有錢的人，也不能買到他所要的一切東西。）

The keenest eye will sometimes overlook a small mistake.

（即使是最銳利的眼睛，有時也會漏看一個小錯誤。）

*He is the cleverest
boy in our class.*

3. **表示「very＋原級」的最高級**　此時最高級前面不用加 the，如實例 4.。此句可改爲：

The river is *very deep* below the bridge.

再看下例：

He is *happiest* when he is alone. （他在獨處時非常快樂。）

＝He is *very happy* when he is alone.

4. **most 等於 very 時**　如實例 5.，此時 most 前也不加 the，同時後面也要用原級，下面各句中的 most 都是 very 的意思：

His face expressed a *most* (＝*very*) deep dejection.

（他臉上顯出非常沮喪的樣子。）

They are all *most* (＝*very*) beautiful girls.

（她們都是非常漂亮的小姐。）

注意　實例 3.、4. 中的最高級，由於沒有明確地和其他人、物相比，故稱爲**絕對最高級**。

研究　最高級也可用原級和比較級表示，而且不影響它原來的意思：

Taipei is *the largest* city *in* Taiwan.

（台北是台灣最大的城市。）〔最高級〕

Taipei is *larger than any other* city *in* Taiwan.

（台北比台灣任何其他城市都大。）〔比較級〕

No other city *in* Taiwan is *so large as* Taipei.

（在台灣沒有別的城市比台北還大。）〔原級〕

【問】請改正下列句子的錯誤：	【答】
1. Tom is the tallest in us.	1. *in → of*
2. He is one of greatest artists in China.	2. *greatest → the greatest*

練 習 題

I. 指出下列句中的形容詞，並說明其用法：

【例】 I saw a red fish. 【答】 red（修飾語）

1. Mr. Smith has grown old.

2. Dogs are more faithful to man than cats.

3. Please show me bigger ones.

4. My father is a very heavy smoker.

5. Everybody says that she is inferior to her sister.

II. 寫出正確的形容詞形式：

1. Henry was the _____（tall）of the two.

2. Mother looks _____（happy）than before.

3. The Mississippi is the _____（long）river in the U.S.A.

4. I don't know a _____（good）golfer than he.

5. The longer, the _____（bad）.

III. 配合題：（從(a)～(f)中選出斜體字部分的冠詞用法和 1.～5. 之冠詞用法相同者）

1. He goes to the barber's twice *a* month.

2. *An* owl can see in the dark.

3. They are all of *an* age.

4. She was *the* only pupil that could solve the problem.

5. His salary is paid by *the* week.

(a) Honesty is *the* best policy.　(b) He writes home once *a* month.

(c) *A* cow is a useful animal.　(d) What *a* good teacher he is !

(e) Sugar is sold by *the* pound.

(f) Birds of *a* feather flock together.

IV. 在下列句中的空格內，填入 many, much, few 或 little：

1. Only a _____ people could see the reason why the writer had left his work unfinished.

2. _____ a young man tried to win the race.

3. There isn't _____ water left for the citizens.

4. There was not _____ hope of his success.

5. As he had _____ money then, he could not buy the car.

V. 用英文寫出下列各題的讀法：

1. 1968 年 _____

2. 10 月 5 日 _____

3. 上午 6 時 17 分 _____

4. $\frac{3}{8}$ _____

5. 32 + 42 = 74 _____

解　答

I. 1. old（主詞補語）　2. faithful（主詞補語）　3. bigger（修飾語）　4. heavy（修飾語）　5. inferior（主詞補語）

II. 1. taller　2. happier　3. longest　4. better　5. worse

III. 1. (b)　2. (c)　3. (f)　4. (a)　5. (e)

IV. 1. few　2. Many　3. much　4. much　5. little

V. 1. nineteen sixty-eight　2.（the）fifth of October（英式）；October（the）fifth（美式）　3. seventeen past six in the morning（*or* six seventeen a.m.）　4. three-eighths
5. Thirty-two and forty-two is seventy-four.

第五章 副 詞

❶ 副詞的性質。

❷ 副詞的種類。

❸ 注意 already，yet，ago 和 before 的用法。

❹ 關係副詞與關係代名詞的關係。

① 副詞的性質和種類

〔1〕 副詞的性質

副詞的主要功用是用以修飾動詞、形容詞或其他副詞的字，也可修飾片語、子句甚至整個句子，用來表示時間、地方、程度、狀態、原因等。例如：

He runs *fast*. （他跑得快。）

fast 用來修飾 runs，表示他跑的「狀態」。

She is *very* beautiful. （她非常漂亮。）

very 用來修飾 beautiful，表示漂亮的「程度」。

〔2〕**副詞的種類**

―《實例》―――――――――――――――――――――

1. He went to bed *very early*. 他很早就上床睡覺了。

2. *Where* do you live？你住在那裏？

3. This is the town *where* he was born.
   這就是他出生的城鎮。

―――――――――――――――――――――――――

1. **簡單副詞**　純粹用來修飾其他的字或詞、句的副詞。如實例 1. early
修飾 went，而 very 又修飾 early。下面的黑體字也是屬於簡單副詞：

That is *quite* right.（完全正確。）〔修飾 right〕

Even a child knows that.（即使是小孩也知道那件事。）
〔修飾 child〕

Happily he did not die.（幸好他沒死。）〔修飾 he did not die〕

研究　簡單副詞的形成，大多是在形容詞字尾加 - ly，其規則如下：

1. 直接加 - ly，如：

beautiful（美麗的）―――→beautiful*ly*

slow（慢的）　　　―――→slow*ly*

2. 字尾是 - y 時：

(1)「子音＋y」，先將 y 改成 i，再加 - ly，如：

happy（快樂的）―――→happ*ily*

dry（乾的）　　―――→dr*ily*

(2)「母音＋y」，直接加 - ly，如：

gay（快樂的）　―――→gay*ly*

3. 字尾是 - e 時：

   (1)字尾是 -ue，-le，先去 e，再加 - ly 或 -y，如：

      true（眞實的）   ⟶ tru*ly*

      simple（簡單的）⟶ simp*ly*

   (2)字尾不是 -ue，-le，則保留 - e，直接加 - ly，如：

      immediate（立刻的）⟶ immediate*ly*

4. 字尾是 - ll 時，只加 - y，如：

   full（充滿的）⟶ full*y*

5. 字尾是 - ic 時，加 - ally，如：

   automatic（自動的）⟶ automatic*ally*

   例外： public（公開的）⟶ public*ly*

2. **疑問副詞**   實例 2.的 where（何處）是疑問副詞，其他還有when（何時），why（爲何），how（如何）皆屬此類：

   When will you come？（你何時來？）

   Why are you so angry？（你爲何如此生氣？）

   How old are you？（你幾歲了？）

3. **關係副詞**   是兼有連接詞作用的副詞，如實例 3.的 where（表地方），還有when（表時間），why（表原因），how（表手段或方法）三個字。

【問】	【答】
1. 疑問副詞有那些？	1. where，when，why，how 四個。
2. 關係副詞有何作用？	2. 兼有連接詞和副詞兩種作用。

② 簡單副詞

〔1〕 簡單副詞的種類

《實例》

1. It has *already* struck eleven. 時鐘已經敲了十一下。

2. There is no water *here*. 這裡沒有水。

3. Thank you *very much* for your kindness.
   非常謝謝你的好意。

4. He has *often* been to Taipei. 他常去台北。

5. She speaks English *well*. 她的英語說得好。

6. I think, *therefore* I am. 我思故我在。

7. Have you seen the picture? —— *Yes*, I have.
   你已經看過這張圖畫嗎？是的，我看過。

1 **時間副詞**　表示動詞的動作、狀態發生的時間。除了實例 1.的 already
外，還有下列的副詞：

He died three years *ago*. （他死於三年前。）

He has *just* finished his homework.
　（他剛剛做完家庭作業。）

Old people get up *early* in the morning. （老年人早上起得早。）

I have heard nothing of him *lately*.
　（我最近沒有聽到他的消息。）

2 **場所副詞**　表示動詞的動作、狀態發生的地點。實例 2.的 here 即屬此
類（句首 there 的用法在 p.137 ）。

Is your father *in*? （你的父親在家嗎？）

He came *home* very late. （他很晚回家。）

3. **程度副詞**　表示程度，除了修飾動詞外，還修飾形容詞和副詞。最具代表性的是 very 和 much，還有下列的副詞：

> You are *quite* right.（你的確是對的。）
> I can *hardly* believe it.（我幾乎不能相信它。）
> They are *equally* clever.（他們同樣聰明。）

4. **頻率副詞**　表示動作發生的頻率，除了實例 4.的 often 外，還有下列的副詞，這些副詞通常放在所修飾的字之前：

> I *usually* go to school on foot.（我通常走路上學。）
> He *seldom* goes to the movies.（他不常看電影。）
> I *never* saw him again.（我未曾再見到他。）〔never 也是否定副詞〕

5. **狀態或方法副詞**　表示動詞的動作或狀態是「如何」發生的。實例 5.的 well，是指說英語的方式。下例的黑體字也具有相同的作用：

> He walks *quickly*.（他走得快。）
> She is singing *merrily*.（她正愉快地唱著歌。）
> The little boy behaved *badly*.（這小孩行為惡劣。）

6. **表示原因、理由、結果、反義等的副詞**　這類副詞是連接前後意義恰好相反或相互對比的字組，有「因此」或「但是」的意思，由於作用和連接詞相似，也可稱為**副詞性連接詞** <參照 p.331>。除了 therefore 外，還有 accordingly（於是），consequently（因此），still（但是），nevertheless（儘管如此）。

> He has lots of money, (*and*) *still* he wants more.
> （他雖然有很多錢，但是還想要更多的錢。）
> I overslept, (*and*) *consequently* I was late.
> （我睡過頭了，所以遲到了。）

7. **肯定或否定副詞**　這類副詞除了 yes，no 之外，還有 certainly（的確），surely（確實），never（決不）等。

> This is *certainly* unnatural.（這個的確不自然。）
> I shall *never* do what he wants.（我決不照他的希望去做。）

〔2〕簡單副詞應注意的用法

─≪實例≫─────────────────────

1. Have they gone home *yet*? — Yes, they have *already* gone home. 他們回家了嗎？是的，他們已經回家了。

2. Ned is *still* in bed; he has not awoke *yet*.
   奈德仍在床上，他還沒醒來。

3. Mary is young but Edith is *still* younger.
   瑪麗很年輕，但伊狄斯更年輕。

4. The patient died three days *ago*. The doctor said that he had fallen ill two weeks *before*.
   那個病人在三天前死了。醫生說他兩星期前就已經生病了。

5. Has anyone *ever* made such a great mistake? — No, *never*.
   有任何人曾經犯下這麼大的錯誤嗎？不，從未有人犯過。

6. I met Mr. Taylor *just now*, and we have *just* come here together.
   我剛才遇到泰勒先生，而且我們剛剛一起來這裡。

7. *There* are about one billion people in China.
   中國大約有十億人口。

8. Of course he is a *very* promising young man, but there are a lot of men who are *much* more promising.
   當然他是個很有前途的年輕人，但是，還有很多人更有前途。

9. I know the man *a little*, but I *little* know his relations.
   我多少有一點認識那個人，但是，我根本不認識他的親戚。

10. Didn't you sleep well last night? — *Yes*, I did.
    　　　　　　　　　　　　　　　— *No*, I didn't.
    你昨晚沒有睡好嗎？—不，我睡得很好。
    　　　　　　　　　—是的，我沒睡好。

1 **already , yet , still**

(1) already 用在肯定句，作「已經」解。

yet 用在否定句作「還」解；用在疑問句作「已經」解。

The moon has *already* risen.

（月亮已經升起。）

Has the moon risen *yet* ?

（月亮已經升起了嗎？）

He has not *yet* come.

（他還沒有來。）

注意 already 用在疑問句和否定句中，則表示驚訝。

Is he back *already* ?（他這麼早就回來了嗎？）

注意 肯定句中用 yet 時，有傾注某種感情的含意，如：

You will succeed *yet*.〔你仍有成功的希望（不要死心）。〕

(2) still 放在動詞前或後，表動作與狀態的持續，作「仍然」解；若與比較級連用，則作「更」，「愈」解。

The canary is *still* alive.（金絲雀仍活著。）

That's *still* better〔better *still*〕.（那就更好。）

【問】請在空格內填入 already、yet 或 still：	【答】
1. He has _____ seen that film.	1. already
2. We have not finished that _____.	2. yet
3. Has she got up _____ ?	3. yet
4. He _____ stood there.	4. still

2. **ago , before**　ago 和簡單過去式連用，有「在～之前」的意思；before 常和過去完成式連用，有「從過去某時到～之前」的意思。

He went to Europe three years *ago*. （他三年前去了歐洲。）

She had left Taipei three days *before*. （她三天前離開台北。）

He said that he had received the letter a week *before*.

（他說他在一星期前接到這封信。）

注意　since 可代替 ago，before 這兩個字。before 和現在完成式的動詞連用，表示「從前；以前」：

I have not seen such a big snake *before*.

（我以前沒有看過這麼大的蛇。）

【問】請在空格內填入 ago 或 before：	【答】
1. My grandmother died seven years _____.	1. ago
2. I said that my grandfather had died seven years _____.	2. before

---

3. **ever , once , never**

(1) ever 用於肯定句，有「始終」的意思；用於疑問句、否定句、條件句，則有「曾經；一旦」的意思。

He works as hard as *ever*. （他始終努力工作。）

They lived happily together *ever* afterwards.

（他們從那之後，一起生活得很快樂。）

Has she *ever* been nice to us？（她曾經對我們好嗎？）

If you should *ever* come this way, please drop in on us.

（你若是到這裡來，請順道來看我們。）

(2) once　用於肯定句,有「曾經;從前」的意思;置於句末,作「一次」解。

> There was *once* a giant.（從前有一個巨人。）
>
> I have been there *once*.（我到過那兒一次。）

(3) never　是 ever 的否定字,有「從來沒有;未曾」的意思。

> We have *never* heard such a thing.
>
> （我從未聽過這樣的事。）

4. just now, just, now

(1) just now　與**過去式**連用,表示「剛剛」。

> I saw him *just now* in the steet.
>
> （我剛剛在街上看到他。）

(2) just　與**現在完成式**連用,有「剛剛」的意思。

> The train has *just* gone through a tunnel.
>
> （火車剛剛通過隧道。）

(3) now　與**現在進行式**連用,作「現在」解。

> I am studying *now*.（我現在正在唸書。）

【問】請在空格中填入 just 或 just now :	【答】
1. He has＿＿＿arrived here.	1. just
2. The train started＿＿＿.	2. just now

---

5. **there + is〔are〕…**（有…）　此種用法的 there 不可譯成「那裡」,be 動詞後的名詞才是主詞,如實例 7.。再看他例:<→ p.370>

> *There is* a sheep in the park.（公園裏有隻羊。）
>
> *There are* many chairs in the room.
>
> （房間裏有許多把椅子。）

<u>注意</u>　若 there 放在句尾，仍譯作「那裡」，請比較下面的例子：

We shall soon be ***there***.（不久我們就會在那裡。）

There is a book.（有一本書。）

There are many students *there*.

（有許多學生在那裡。）〔句尾的 there 才可譯成「那裡」〕

<u>注意</u>　here 也可用於上述句型，但表示「在這裡」的意思，如：

Here is a book.（這裡有一本書。）

6. **very, much**　都是加強語氣的副詞。其修飾的對象如下：

very ＋ { 1. 原級的形容詞和副詞。
　　　　 2. 現在分詞。

much ＋ { 1. 最高級與比較級的形容詞和副詞。
　　　　　 2. 過去分詞。

It is ***very*** fine today.（今天天氣很好。）

This novel is ***very*** interesting.（這本小說非常有趣。）

The patient is ***much*** better today than yesterday.

（病人今天的健康情形比昨天好很多。）

I am ***much*** pleased with his remark.

（我非常滿意他的評論。）

注意 tired（疲倦的）, learned（有學問的）, 爲純粹形容詞, 用 very 修飾, 不用 much, 如：

You must be ***very*** tired.（你一定很累了。）

此外, very 不能用來單獨修飾動詞, 要與 much 連用, 如：

Thank you ***very much***.（非常謝謝你。）

【問】請在空格中填入 very 或 much：	【答】
1. This magazine is＿＿more interesting than that one.	1. much
2. Robert is a＿＿bright boy.	2. very

7. **little, a little** 可作表程度的副詞, 其區別與作形容詞時是一樣的, little 是「很少；幾乎不」, 修飾動詞作「一點 也不」解；a little 則是「一些」, 表肯定。

I like him ***little***.

（我一點也不喜歡他。）

I ***little*** thought that it was you.

（我想不到那就是你。）

They see each other very ***little***.

（他們彼此很少見面。）

He is ***a little*** better this morning.

（他今天早上好了一些。）

Sleep ***a little***.（睡一會兒。）

A little more sugar, please.（請多加一點糖。）

8. **yes , no**　在回答問句時，yes 表示肯定，no 表示否定。

Do you know him？（你認識他嗎？）

$\begin{cases} \textit{Yes}, \text{ I do. （是的，我認識。）} \\ \textit{No}, \text{ I don't. （不，我不認識。）} \end{cases}$

Don't you know him？（你不認識他嗎？）

$\begin{cases} \textit{Yes}, \text{ I do. （不，我認識。）} \\ \textit{No}, \text{ I don't. （是的，我不認識。）} \end{cases}$

【問】請在空格中填入 no 或 yes：	【答】
1. Doesn't she look young for her age ? —— _____ , she does.	1. Yes
2. Were they surprised at it ? —— _____ , they were not.	2. No

〔3〕 簡單副詞的位置

┌─《實例》─────────────────────

1. He is **very** angry with you. 他對你非常生氣。

2. (a) I met him **here**. 我在這裡遇見他。

(b) **Yesterday** my aunt died. 昨天我叔母死了。

(c) She has **often** been to the States. 他經常到美國去。

(d) They study English **diligently**. 他們勤勉地學習英文。

3. **Happily** he escaped the accident. 幸好他逃過那次意外。

└──────────────────────────

1. **副詞＋形容詞（副詞）**　副詞修飾形容詞、副詞時，通常放在他們前面，如實例 1. 。只有 enough 作副詞時，放在被修飾字詞的後面，如：

He is old **enough** to go to school.

（他大得可以上學了。）

2. 修飾動詞的副詞

(1) 地方副詞通常放在句尾，如實例 2.(a)；但也有放在句首，以加強語氣，如：

> ***There*** I can not agree with you.
>
> （關於這點，我不能同意你。）

(2) 表示時間的副詞，通常放在句首或句末，如實例 2.(b)，再看下例：

> Her father went to America ***last night***.
>
> （她父親昨晚去美國了。）

(3) 頻率副詞的位置，放在 be 動詞或助動詞之後，一般動詞之前，如實例 2.(c)。再看下例：

> He *is **always*** complaining of his having no children.
>
> （他經常抱怨自己沒有小孩。）
>
> He ***often*** *stayed* at home all day.
>
> （他經常整天留在家中。）

(4) 表方法、狀態的副詞，通常放在動詞的後面，有受詞時，則放在受詞之後，如實例 2.(d)。再看下例：

> His curiosity *was satisfied* ***quite easily***.
>
> （他的好奇心很容易滿足。）
>
> He finished *his work **patiently***.
>
> （他有耐心地完成了他的工作。）

3. 修飾全句的副詞 一般情形，副詞置於一般動詞之前，或 be 動詞之後，如：

> He ***slowly*** *began* to realize the fact.
>
> （他慢慢地開始明白事實了。）

為加強副詞的意思時，也可將它置於句首，如實例 3.。

比較下面兩句，由於副詞位置不同，意義也不一樣：

> *Happily* he did not die. （幸好他沒有死。）
>
> He did not die *happily*. （他死得並不快樂。）

另外，修飾全句的副詞，也可以改成下列的形式：

He *wisely* did it himself. （他聰明地自己做那件事。）

= *It* was *wise* of him *that* he did it himself.

Certainly you are in the wrong. （當然，你是錯的。）

= *It* is *certain that* you are in the wrong.

He did not die happily.

Happily he did not die.

研究　修飾動詞和全句的副詞，其位置，我們以圖來表示：

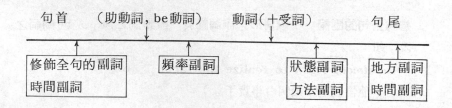

句首	（助動詞，be動詞）	動詞（＋受詞）	句尾
修飾全句的副詞 時間副詞	頻率副詞	狀態副詞 方法副詞	地方副詞 時間副詞

注意　否定的副詞，為表示強調而放在句首時，主詞助動詞的位置要
互調，如：

I have ***never*** seen it before.（我以前從未看過它。）

→ ***Never*** have I seen it before.

【問】下面括弧中的副詞，應放在句中那個位置？	【答】
1. He is old to know that.（enough）	1. old 後面
2. I have been to Taipei.（often）	2. have 後面
3. I'm going to meet them this evening.（here）	3. them 後面

〔4〕**副詞的比較**

副詞和形容詞一樣，有比較的變化，分為
規則和不規則。其規則變化與形容詞一樣，
字尾加上 -er（比較級），-est（最高
級）。

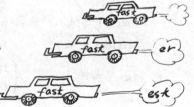

──《**實例**》────────────────────

1. fast（快速地）— faster — fastest

2. definitely（明確地）— more definitely — most defi-
nitely

3. well（很好地）— better — best

1. **加 -er, -est**　單音節的字尾加 -er 成比較級，加 -est 成最高級，如實例 1. 和下面的例子：

〔原級〕	〔比較級〕	〔最高級〕
soon（很快地）	sooner	soonest
long（長久地）	longer	longest
loud（高聲地）	louder	loudest

2. **加 more, most**　大多數兩音節以上的副詞及字尾爲 -ly 的副詞，在前面加 more 形成比較級，加 most 形成最高級，如實例 2. 及下面的例子：

slowly（慢地）	more slowly	most slowly
easily（容易地）	more easily	most easily
seldom（不常地）	more seldom	most seldom

3. **不規則變化**

well（好）	better	best
ill（惡地）	worse	worst
much（多地）	more	most
little（少地）	less	least
far（遠地）	farther further	farthest〔距離〕 furthest〔程度〕
late（遲地）	later	latest〔時間〕 last〔順序〕

【問】 下列副詞的比較級和最高級各是什麼？

1. well
2. happily
3. late

【答】

1. better, best
2. more happily, most happily
3. later, {latest / last}

〔5〕副詞比較的用法

≪實例≫

1. John can run *as fast as* Tom. 約翰跑得和湯姆一樣快。

2. John can run *faster than* Tom. 約翰跑得比湯姆快。

3. John can run *fastest* in our class.
   約翰在我們班是跑得最快的人。

4. *The more* you know him, *the better* you will like him.
   你了解他越多，你就越喜歡他。

1. **as**＋原級副詞＋**as**（一樣）　如實例1.。
   若表示否定時，則在前面加 not，如：

   John can ***not*** run *as fast as* Tom.
   （約翰不能跑得像湯姆一樣快。）

2. 比較級副級＋**than**（較…）　如實例2.，
   再看下例：

   I like you *better than* him.
   （我喜歡你勝於我喜歡他。）

   He acts *more wisely than* you.（他表現得比你明智。）

研究　連接詞 than 後面通常接主格，但也有如上例接受格的，比較下面兩句：

1. I like you better *than he* (*likes you*).（我比他更喜歡你。）

2. I like you better *than* (*I like*) *him.*（我喜歡你勝於我喜歡他。）

上面兩句，由於主格和受格的不同，意義也就不一樣。尤其名詞的主格和受詞，在形態上並無差別，必須看前後句子的關係來判斷，如下例：

　　I like John better *than* Tom.

$\begin{cases} = \text{I like John better } \textbf{\textit{than}} \text{ Tom (likes John).〔 Tom是主格〕} \\ = \text{I like John better } \textbf{\textit{than}} \text{ (I like) Tom.〔 Tom是受格〕} \end{cases}$

3. **最高級副詞**　如實例 3. 。通常形容詞的最高級，前面要加 the；但是副詞的最高級，不用加 the。比較下面兩例：

He is ***the earliest*** riser in the family.

（他是家中最早起床的人。）〔最高級形容詞〕

He rises ***earliest*** in the family.

（他是家中最早起床的。）〔最高級副詞〕

【問】下面各句的斜體字，各是副詞或形容詞？	【答】
1. He works *hardest* in my class.	1. 副詞
2. He is the *hardest* worker in my class.	2. 形容詞

4. **the ＋比較級…，the ＋比較級（越…越）**　如實例 4. 。此外，**all the ＋比較級**，作「**更…**」解；**none the ＋比較級**，作「**並不…，一點也不…**」解，如下面例子：

I like him ***all the better*** for his faults.

（因爲他的缺點，我更喜歡他。）

I like him ***none the less*** for his faults.

（雖然他有缺點，但是我仍然喜歡他。）

③ 疑問副詞

〔1〕 疑問副詞的種類

疑問副詞只有 when（何時），where（何地），why（爲何），how（如何），分別用以詢問時間、場所、原因、方法，其位置與疑問代名詞一樣，放在句首。

≪實例≫

1. **When** are you going to leave for America？
   你何時動身去美國？

2. **Where** do you live？ 你住在那裡？

3. **Why** don't you join me in a walk？
   你爲何不和我一起散步？

4. (a) **How** did he get into the room？ 他如何進入房間的？

   (b) **How** old are you？ 你幾歲了？

---

1. **when** 表時間的疑問副詞，如實例 1.，回答時也必須回答時間，如：
   When did he come home？（他何時回家的？）
   At nine o'clock.（九點鐘。）

   注意 用 when 詢問過去的動作時間，**要用過去式，不可用現在完成式**，如下面的例子：
   〔誤〕 When *has* he *gone* to Europe？
   〔正〕 When **did** he **go** to Europe？（他何時去歐洲的？）

2. **where** 表地方的疑問副詞，如實例 2.，其回答也必有場所地點，如：
   Where did you buy your camera？
   （你的照相機在那裡買的？）
   I bought it **at the department store**.
   （我在百貨公司買的。）

3. **why**　　表原因的疑問副詞，如實例 3.，通常以 because 引導的子句來回答，如：

> **Why** didn't you come to school yesterday？
>
> （你昨天爲何沒來上學？）
>
> （ *I didn't go to school yesterday* ）**Because** I was sick.
>
> 〔（我昨天沒來上學）因爲我生病了。〕

注意　　有時 why 可用 what … for？來代替，如下面的例子：

> **Why** did they make a wooden horse？
>
> ＝**What** did they make a wooden horse *for*？
>
> （他們爲什麼要做一個木馬？）

4. **how**　　表方法、狀態的疑問副詞，如實例 4. (a) 是詢問方法。當 how 與形容詞或副詞連用時，可以構成疑問句，如實例 4. (b) 的 How old 是問年齡，其他例子如下：

> How long　（問多長，多久）
>
> How soon　（問多快）
>
> How often　（問次數）
>
> How far　　（問多遠）

注意　　how＋形容詞（或副詞），也可用在感嘆句中，表示「多麼～」的意思，如：

> **How dirty** the house is！（這房子多髒啊！）
>
> **How fast** he runs！（他跑得多快啊！）

【問】請在空格內填入適當的疑問副詞：	【答】
1. ＿＿＿＿will your father leave for Hongkong？	1. When
2. ＿＿＿＿ is she so angry with us？	2. Why

④ 關係副詞

〔1〕 **關係副詞**

關係副詞兼有副詞和連接詞兩種作用，和關係代名詞一樣，也有先行詞。

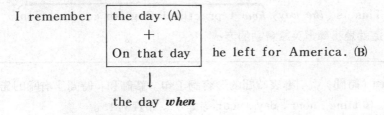

I remember *the day* **when** he left for America.
（ 我記得他啟程前往美國的那一天。）

上句中的 the day 是 when 的先行詞。這句是由下面的(A)(B)兩句，以關係副詞 when 連起來的句子：

I remember　$\boxed{\begin{array}{c}\text{the day.}(A)\\ +\\ \text{On that day}\end{array}}$　he left for America. (B)

$\downarrow$

the day **when**

> 注意　上面的(A)(B)兩句也可以用「介系詞＋關係代名詞」來代替關係副詞 <參照 p.151> 。

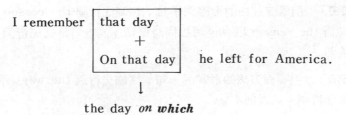

I remember　$\boxed{\begin{array}{c}\text{that day}\\ +\\ \text{On that day}\end{array}}$　he left for America.

$\downarrow$

the day *on* **which**

> 注意　關係副詞和疑問副詞很容易混淆，分辨的原則是：關係副詞所引導的是**形容詞子句**；疑問副詞所引導的是**名詞子句**。

The year ***when*** I was born is 1965. （我出生之年是1965年。）
　　　　關係副詞

He asked me ***when*** I was born. （ 他問我何時出生。）
　　　　　　疑問副詞

〔2〕**關係副詞的種類**

┌─《**實例**》─────────────────────────┐

1. I remember *the day **when*** I first met her.
   我記得我第一次遇到她的那一天。

2. This is *the town **where*** he was born. 這就是他出生的市鎮。

3. Do you know *the reason **why*** he came so late?
   你知道他爲什麼來得這麼晚的理由嗎？

4. This is (*the way*) ***how*** I practised English conversation.
   這就是我練習英語會話的方法。

└─────────────────────────────────┘

1. **when（時間）** 引導表時間的形容詞子句，修飾和「時間」有關的先行詞（像 time , hour , day , year 等等）。如實例 1. 。

2. **where（地方）** 引導表地方的形容詞子句，修飾和「地方」有關的先行詞（像 place , room , town 等等）。如實例 2. 。

3. **why（理由）** 引導表理由的形容詞子句，修飾先行詞 the reason 。如實例 3. 。而 the reason 和 why 可以同時保留；或者省略其先行詞，形成名詞子句。

4. **how（方法）** 引導表方法的形容詞子句，修飾先行詞 the way 。不過，通常省略先行詞。如實例 4. 。

關於關係副詞的用法，再分別舉例如下：

   That was *the hour **when*** he arrived here.（那是他到達這裏的時間。）

   That is *the place **where*** we buried him.（那是我們埋葬他的地方。）

   I cannot see *the reason **why*** he refused to see me.
   （我不明白他爲什麼拒絕見我。）

   This is ***how*** he solved the problem.（這是他解決問題的方法。）

研究

1. 關係副詞的先行詞常被省略，形成名詞子句：

   That was *when* he arrived here.

   That is *where* we buried him.

   I cannot see *why* he refused to see me.

2. how 可以用 the way 或 the way in which 代替。

   This is *the way* (*in which*) I have learned English so quickly.
   （這是我學英文這麼快的方法。）

3. 關係副詞可改成「介系詞＋關係代名詞」，如實例 1.～ 4. 的句子，可變成下面的形式：

   I remember the day *on which* I first met her.

   This is the town *in which* he was born.

   Do you know the reason *for which* he came so late?

   This is the way *in which* I practised English conversation.

【問】請在空格內填入適當的關係副詞：	【答】
1. No one can tell the reason _____ he suddenly left us.	1. why
2. Well do I remember the night _____ my father came home seriously wounded.	2. when

〔3〕限定用法和補述用法

關係副詞 where 和 when 可用於限定用法和補述用法，why 和 how 則沒有補述用法。補述用法的關係副詞，前面通常有逗點。

┌─《實例》─────────────────────────────────────┐
│   │
│ 1. This is the station *where* you have to change trains. │
│   這就是你必須換火車的車站。   │
│   │
│ 2. He went to a theatre, *where* he had his wallet stolen. │
│   他到戲院去，在那裡他的錢包被偸了。   │
│   │
└──┘

1 **限定用法**　實例 1. 的 where 引導形容詞子句，修飾 station，說明「什麼車站」。前面所敍述過的關係副詞，都是這種用法。

　　注意　關係副詞所引導的子句修飾它前面的名詞，所以是形容詞子句。

2 **補述用法**　實例 2. 的 where 是補述用法。通常補述用法的關係副詞，可以改成「連接詞＋副詞」，如實例 2. 可改爲：

　　He went to a theatre, *and there* he had his wallet stolen.

　┌ Please come at 7, *when* I shall be free.
　│ (= Please come at 7, *for then* I shall be free.)
　└ 　（請在七點來，因爲那時候我有空。）

　┌ He stayed there till Saturday, *when* he started for Keelung.
　│ (= He stayed there till Saturday, *and then* he started for
　│ Keelung.)
　└ 　（他在那裡住到星期六，隨卽動身前往基隆。）

┌─────────────────────────────┬──────────────┐
│【問】請指出下列句中的關係副詞是   │【答】   │
│　　　限定用法，還是補述用法：   │   │
│   │   │
│ 1. Please wait till Friday, when │ 1. 補述用法 │
│   I shall tell you everything. │   │
│   │   │
│ 2. She wept bitterly at the   │ 2. 限定用法 │
│   graveyard **where** her hus- │   │
│   band was buried.   │   │
└─────────────────────────────┴──────────────┘

〔4〕複合關係副詞

when，where 和 how 三個關係副詞字尾各加 -ever，就成為複合關係副
詞。複合關係副詞＝先行詞＋關係副詞，故不需先行詞。

≪實例≫

1. The dog follows its master *wherever* he goes.
   主人到哪裡，那隻狗都跟到哪裡。〔加強語氣〕

2. Come and see me *whenever* you like.
   在你喜歡的任何時間，都可以來看我。〔加強語氣〕

3. *Wherever* you may go, you cannot succeed without effort.
   無論你去那裡，沒有努力是無法成功的。〔表讓步〕

4. *However* rich he may be, he cannot buy everything.
   無論他多麼有錢，他並不能買到一切。〔表讓步〕

複合關係副詞因為本身即包含了先行詞，所以它所引導的子句是副詞子句，
修飾句中的動詞。將實例 1. 和 2. 改成下列的
形式，即可明白是**加強語氣的用法**。

The dog follows its master *to any
place where* he goes.

Come and see me *at any time when*
you like.

實例 3. 和 4. 的複合關係副詞都有「 無論～ 」
的意思，**引導副詞子句表示讓步**。此時的
wherever，whenever，however，可以分
別改成 no matter where ，no matter
when ，no matter how 。

*The dog follows
its master to any
place where he goes.*

Whenever (=*No matter when*) you go, you will find him at desk.

（無論你什麼時候去，你都會發現他坐在書桌前。）

Wherever (=*No matter where*) he may be, I will find him out.

（無論他在那裏，我都會找到他。）

However (=*No matter how*) hard the task may be, we must do it.

（無論工作多麼困難，我們都必須做。）

注意　複合關係副詞 **whenever** 和 **wherever** 有**加强語氣和表讓步兩種用法**，**however** 則只作表讓步的用法。

　　whenever ：① 加强語氣

$$\begin{cases} = \text{at any time when} \\ \quad（在任何時候…） \\ = \text{every time when} \\ \quad（在每個時候…） \end{cases}$$

　　　　　　② 表讓步

　　　　　　　 = no matter when （無論什麼時候…）

　　wherever ：① 加强語氣

$$\begin{cases} = \text{in(at) any place where} \\ \quad（在任何地方…） \\ = \text{to everywhere} \\ \quad（每個地方…） \end{cases}$$

　　　　　　② 表讓步

　　　　　　　 = no matter where （無論什麼地方…）

　　however 表讓步 = no matter how （無論如何…）

練 習 題

Ⅰ. 從(a)～(f)中選出適當的答案填入空格內：

1. Thirty years_____, three men from Texas were traveling westward.

2. My brother was not back_____, so I left the door unlocked.

3. They told us that the professor had died a few years_____.

4. This has_____been tried time and time again by men who wished for peace.

5. Be assured, Mother, your son is old_____to know that.

(a) much　(b) enough　(c) ago　(d) yet　(e) before　(f) already

Ⅱ. 在括弧中選出用法正確的副詞：

1. The (much, many, more) I wanted to see her, the (little, few, less) I took interest in my study.

2. It was a (very, enough, much) amazing story.

3. They are (very, enough, much) more civilized than we.

4. You look sleepy. I think you slept (little, much, more) last night.

5. " Do you mind opening the window ? " — " (Yes, No), not at all. "

Ⅲ. 寫出適當的副詞形式：

1. Your father will live_____(long) than the average person.

2. Everybody likes him all the_____(well) for his faults.

3. Please speak a little_____(slowly), or I am afraid I can't follow you.

4. This morning I got up_____(early) in my family, and went to the backyard.

5. After her husband died, she looked_____(little) happy than before.

Ⅳ. 填入適當的疑問副詞：

1. ＿＿＿＿＿did you know that ?

2. ＿＿＿＿＿don't you come and have a talk with me ?

3. ＿＿＿＿＿do you think they are going to find jobs ?

4. ＿＿＿＿＿many times have I not warned you ?

5. ＿＿＿＿＿in the world are Mr. and Mrs. Brown going to find their permanent dwelling place ?

Ⅴ. 將下列各組的兩個句子以適當的關係副詞連接起來：

1. { That was the street.
     He met the girl there.

   ＿＿＿＿＿＿＿＿＿＿＿＿＿＿＿＿＿＿＿

2. { None of my family knew the time.
     The stranger got out of our house then.

   ＿＿＿＿＿＿＿＿＿＿＿＿＿＿＿＿＿＿＿

3. { That was the reason.
     Therefore the queen looked so depressed.

   ＿＿＿＿＿＿＿＿＿＿＿＿＿＿＿＿＿＿＿

解　　答

Ⅰ. 1. (c)　2. (d)　3. (e)　4. (f)　5. (b)

Ⅱ. 1. more ; less　2. very　3. much　4. little　5. No

Ⅲ. 1. longer　2. better　3. more slowly　4. earliest　5. less

Ⅳ. 1. When *or* How　2. Why　3. How　4. How　5. Where

Ⅴ. 1. That was the street where he met the girl.

   2. None of my family knew the time when the stranger got out of our house.

   3. That was the reason why the queen looked so depressed.

第六章　動詞時式・語態・語法

❶ 動詞有本（主要）動詞和助動詞，限定動詞和非限定動詞，不及物動詞和及物動詞等三大分類。

❷ 動詞的變化有規則和不規則兩種，請特別注意不規則變化的字。

❸ 時式的形式和用法。

❹ 被動語態的形式和用法。

❺ 假設法和直說法時式的差異。

Discussion

① 動詞的性質

　　動詞如 run（跑），live（住），shine（照耀）等，是表示動作或狀態的詞類。雖然它的內容很複雜，但是，「征服動詞即能征服英文文法」，值得好好下功夫學習。

② 動詞的種類

〔1〕 本動詞和助動詞

動詞大體上分爲本動詞和助動詞，本動詞在句子中可以獨立表達意思；助動詞則須和本動詞並用來表達意思。

─《實例》─

1. He **runs** very fast. 他跑得很快。
2. He **can run** very fast. 他能夠跑得很快。

實例 1.的 runs 是本動詞，可以獨立表達意思。實例 2.的 can 是助動詞，如果沒有後面的本動詞 run，就不能獨立表達意思。助動詞除了 can 之外，還有 will，shall，must，may，ought(to)，used(to)等 <參照 p. 220>。

注意 依文法結合成的動詞群，則以其中的最後一個動詞爲本動詞，其餘在本動詞之前的那（些）動詞，則歸爲助動詞：

I <u>am</u> <u>writing</u> it. （我正在寫它。）
　助動詞　本動詞

I <u>have</u> <u>been</u> <u>waiting</u> for half an hour. （我一直等了半小時。）
　助動詞　助動詞　本動詞

A house <u>is</u> <u>being</u> <u>built</u> by them. （一間房子正在被他們建造。）
　　　　助動詞　助動詞　本動詞

〔2〕 限定動詞和非限定動詞

因主詞的人稱和數，及動詞本身的時式或語態的不同，而變化的動詞，稱爲「限定動詞」；形式固定，不作變化的動詞，則稱做「非限定動詞」。

≪**實例**≫

1. He *is* very kind. 他非常親切。

2. We *were* tired. 我們疲倦了。

3. She can *sing* very well. 她能夠唱得很好。

4. They could *read* very well. 他們能夠讀得很好。

實例 1. 和 2. 的動詞，因主詞的人稱和數，及動詞時式或語態的改變，而有變化，所以是限定動詞。實例 1. 的主詞若改爲 you，動詞就要改成 are；實例 2. 的時式若改爲現在式，動詞 were 就要改成 are。

實例 3. 的 sing 和實例 4. 的 read，則不受主詞和動詞的影響，仍用原來的形式。至於非限定動詞則有原式（如實例 3. 和 4.）、不定詞、分詞和動名詞四種 ＜後三者請參照 p. 241＞。

〔3〕**及物動詞和不及物動詞**

動詞後接有受詞者，稱爲「及物動詞」；沒有受詞者，稱爲「不及物動詞」。

≪**實例**≫

1. He *smokes cigarettes*, but not *cigars*. 他抽香煙，但是不抽雪茄。

2. He *smokes* too much. 他抽得太多了。

實例 1. 的 smokes 有受詞 a cigarette，所以是及物動詞；實例 2. 的 smokes 沒有受詞，所以是不及物動詞。再比較下面三句：

She <u>looks</u> <u>pale</u>.（她看來臉色蒼白。）
　　 不及物動詞　補語

She <u>looked</u> <u>at me</u>.（她注視我。）
　　 不及物動詞　副詞片語

She <u>looked</u> <u>me</u> <u>in the face</u>.（她直視著我。）
　　 及物動詞　受詞　副詞片語

> 注意 在英文字典中，及物動詞用 *vt.*（Transitive Verb）來表示；
> 不及物動詞用 *vi.*（Intransitive Verb）來表示。

③ 動詞的變化

〔1〕 前 言

動詞有三種主要形態，即原形（Root），過去式（Past）和過去分詞（Past Participle），這三種形態的變化，稱為動詞的變化（Conjugation of Verbs）。

動詞的變化有規則和不規則兩種，前者稱為規則動詞，後者稱為不規則動詞。

以上所述，是不及物動詞和及物動詞的共通點。

〔2〕 規則動詞

是在原形字尾加上 -(e)d，作過去式和過去分詞用的動詞。要注意加 - ed 之後的拼字和發音。

《實例》

1. talk（說話）— talked — talked
2. like（喜歡）— liked — liked
3. try（嘗試）— tried — tried
4. drop（滴落）— dropped — dropped
5. admit（允許）— admitted — admitted
---

1. 原形加 -ed，如實例 1. 的 talk 和下例。（大部分的動詞屬於這種）

〔原形〕	〔過去式〕	〔過去分詞〕
look（看）	looked	looked〔lʊkt〕
wait（等待）	waited	waited〔'wetɪd〕
want（要）	wanted	wanted〔'wɑntɪd〕
ask（問）	asked	asked〔æskt〕
end（結束）	ended	ended〔'ɛndɪd〕

2. 原形字尾為 e，只加 -d，如實例 2. 的 like 和下例（e 通常不發音）：

hope（希望）	hoped	hoped〔hopt〕
love（愛）	loved	loved〔lʌvd〕
die（死）	died	died〔daɪd〕
welcome（歡迎）	welcomed	welcomed〔'wɛlkəmd〕

3. 原形字尾為「子音字母＋y」，將 y 改成 i，再加 -ed，如實例 3. 的 try 和下例：

cry（哭）	cried	cried〔kraɪd〕
dry（弄乾）	dried	dried〔draɪd〕
study（讀書）	studied	studied〔'stʌdɪd〕

但是字尾為「母音字母＋y」時，則直接加 -ed。

play（玩）	played	played〔pled〕
stay（停留）	stayed	stayed〔sted〕
obey（服從）	obeyed	obeyed〔ə'bed〕

4. 原形字尾爲「一個短母音字母＋一個子音字母」的單音節動詞，須重複子音字母，再加 -ed（如實例 4. 的 drop）：

stop（停止）　　　stop*ped*　　　　stop*ped*〔stɑpt〕

plan（計畫）　　　plan*ned*　　　　plan*ned*〔plænd〕

rob（搶）　　　　ro*bbed*　　　　　ro*bbed*〔rɑbd〕

pat（輕拍）　　　pat*ted*　　　　　pat*ted*〔ˈpætɪd〕

上述的短母音，是指 /æ/, /ɛ/, /ɪ/, /ʌ/, /ɑ/, /ʊ/。此外，「一個母音字母＋兩個子音字母」時，只要直接加 -ed 即可：

call（叫）　　　　called　　　　　called〔kɔld〕

walk（走路）　　walked　　　　　〔wɔkt〕

【問】請寫出下列字的動詞變化：　　　【答】

1. love

2. try

3. step

1. love-loved-loved

2. try-tried-tried

3. step-stepped-stepped

---

5. 原形字尾爲「一個母音字母＋一個子音字母」的雙音節動詞，重音又在後面的音節，要重複子音字母，再加 -ed（如實例 5. 的 admit）：

omit〔ə'mɪt〕（省略）	omit*ted*	omit*ted*〔ə'mɪtɪd〕
permit〔pɚ'mɪt〕（允許）	permit*ted*	permit*ted*〔pɚ'mɪtɪd〕
occur〔ə'kɝ〕（發生）	occur*red*	occur*red*〔ə'kɝd〕

但是，重音在前面的音節時，則直接加 -ed：

limit〔'lɪmɪt〕（限制）	limited	limited〔'lɪmɪtɪd〕
differ〔'dɪfɚ〕（不同）	differed	differed〔'dɪfɚd〕
visit〔'vɪzɪt〕（訪問）	visited	visited〔'vɪzɪtɪd〕
offer〔'ɑfɚ〕（提供）	offered	offered〔'ɑfɚd〕

6. 原形字尾為 c，而發音為 /k/ 時，則加字母 k，再加 -ed（如果 c 之後直接加 -ed 的話，c 會改發 /s/ 的音，因此，為求原音不變，必須另外加個 k。）

picnic〔'pɪknɪk〕（野餐）	picnicked	picnicked〔'pɪknɪkt〕
traffic〔'træfɪk〕（交易）	trafficked	trafficked〔'træfɪkt〕

|研究|　**-ed 的發音：**

1. 字尾為 /t/ 和 /d/ 的發音時，-ed 發 /ɪd/。

wait〔wet〕（等候）	waited〔'wetɪd〕
act〔ækt〕（行動）	acted〔'æktɪd〕
add〔æd〕（加）	added〔'ædɪd〕
mind〔maɪnd〕（注意）	minded〔'maɪndɪd〕

2. 字尾為無聲子音 /f/，/k/，/p/，/s/，/ʃ/，/tʃ/ 時，-ed 發 /t/。

ask〔æsk〕（問）	asked〔æskt〕
wish〔wɪʃ〕（希望）	wished〔wɪʃt〕
watch〔wɑtʃ〕（看）	watched〔wɑtʃt〕
jump〔dʒʌmp〕（跳）	jumped〔dʒʌmpt〕

3. 字尾為有聲子音 /b/，/g/，/l/，/m/，/n/，/ŋ/，/z/，/v/，/ð/，/dʒ/，或母音時，-ed 發 /d/。

love〔lʌv〕（愛）— loved〔lʌvd〕

beg〔bɛg〕（乞求）— begged〔bɛgd〕

call〔kɔl〕（叫）— called〔kɔld〕

roam〔rom〕（漫遊）— roamed〔romd〕

stay〔ste〕（停留）— stayed〔sted〕

4. 以過去分詞作形容詞用的字，其 -ed 發 /ɪd/。

learned〔'lɜnɪd〕有學問的

aged〔'edʒɪd〕年老的

naked〔'nekɪd〕赤裸的

〔3〕 不規則動詞

不規則動詞的變化，沒有一定的規則，這類字並不多，必須熟記。（註：A-A-A型是指原形、過去式和過去分詞都是相同的變化，餘類推。）

《實例》

1. cut（切）— cut — cut

2. bend（彎曲）— bent — bent

3. come（來）— came — come

4. begin（開始）— began — begun

---

1 A-A-A型（如實例 1.）

〔原形〕	〔過去式〕	〔過去分詞〕
cost 花費	cost	cost
cast 拋；投	cast	cast
hit 打	hit	hit
hurt 傷害	hurt	hurt
put 放置	put	put
shut 關	shut	shut
spread 展開	spread	spread
shed 流出	shed	shed

注意 這類字的字尾通常是 -t 或 -d。另外，請特別注意 read 的動詞
變化的發音：

read〔rid〕 read〔rɛd〕 read〔rɛd〕

2 A-B-B型（如實例 2.）

bring 帶來	brought	brought
buy 買	bought	bought
think 想	thought	thought
seek 尋找	sought	sought
catch 捕捉	caught	caught
teach 教	taught	taught
say〔se〕說	said〔sɛd〕	said
lay 放置	laid	laid
pay 付款	paid	paid
sell 賣	sold	sold
tell 告訴	told	told
feel 感覺	felt	felt
keep 保持	kept	kept
sleep 睡	slept	slept
smell 嗅	smelt	smelt
spell 拼字	spelt	spelt
build 建造	built	built
lend 借（出）	lent	lent
send 送	sent	sent
spend 花費	spent	spent
feed 餵養	fed	fed
meet 遇見	met	met
lead 領導	led	led
shoot 射擊	shot	shot

dig 掘	dug	dug
stick 黏附	stuck	stuck
strike 打	struck	struck
fling 拋	flung	flung
deal 交易	dealt	dealt
mean 意指	meant	meant
have 有	had	had
find 發現	found	found
forget 忘記	forgot	forgot, forgotten
get 得到	got	got, gotten
sit 坐	sat	sat
stand 站	stood	stood
understand 了解	understood	understood
win 獲勝	won	won
hear 聽	heard	heard
leave 離開;留置	left	left

3. A-B-A 型（如實例 3.）

come 來	came	come
become 變成	became	become
overcome 征服	overcame	overcome
run 跑	ran	run

注意 welcome（歡迎）是一規則動詞：

welcome	welcomed	welcomed

【問】請寫出下列字的動詞變化：	【答】
1. hit	1. hit - hit - hit
2. catch	2. catch - caught - caught
3. run	3. run - ran - run

4. A - B - C 型（如實例 **4.**）

be(am, are, is) 是	was, were	been
drink 喝	drank	drunk
ring（鈴）響	rang	rung
sing 唱	sang	sung
sink 沈下	sank	sunk
spring 跳躍	sprang	sprung
swim 游泳	swam	swum
drive 駕駛	drove	driven
ride 騎	rode	ridden
rise 升起	rose	risen
write 寫	wrote	written
break 打破	broke	broken
choose 選擇	chose	chosen
freeze 凍	froze	frozen
speak 說話	spoke	spoken
steal 偷	stole	stolen
bite 咬	bit	bitten, bit
hide 躲藏	hid	hidden, hid
bear 生	bore	born
tear 撕	tore	torn
wear 穿	wore	worn
take 拿	took	taken
shake 搖；振動	shook	shaken
know 知道	knew	known
grow 成長	grew	grown
throw 拋	threw	thrown
draw 畫；拖	drew	drawn

do 做	did	done
go 去	went	gone
give 給	gave	given
eat 吃	ate	eaten
fall 落下	fell	fallen
lie 躺；臥	lay	lain
see 看	saw	seen
show 展示	showed	shown

【問】	【答】
1. 請寫出 be 的動詞變化：	1. be（am, are, is）— was（were）— been
2. 請寫出 have 的動詞變化：	2. have（have, has）— had — had

注意　動詞變化容易混淆字：

- lie（躺下；位於）〔不及物動詞〕— lay — lain
- lie（說謊）〔不及物動詞〕— lied — lied
- lay（放置；產卵）〔及物動詞〕— laid — laid

- bind（綁；束縛）— bound — bound
- bound（跳；彈回）— bounded — bounded

- shine（照耀）〔不及物動詞〕— shone — shone
- shine（擦亮）〔及物動詞〕— shined — shined

- bid（出價；叫牌）〔及物或不及物動詞〕— bid — bid
- bid（命令）〔及物動詞〕— bade — bidden

$$\begin{cases} \text{fall （落下）— fell — fallen} \\ \text{fell （砍伐）— felled — felled} \end{cases}$$

$$\begin{cases} \text{see （看）— saw — seen} \\ \text{saw （鋸）— sawed — sawn（sawed）} \end{cases}$$

$$\begin{cases} \text{wind〔waɪnd〕（纏繞）— wound〔waʊnd〕— wound} \\ \text{wound〔wund〕（受傷）— wounded — wounded} \end{cases}$$

$$\begin{cases} \text{find （發現）— found — found} \\ \text{found （建立）— founded — founded} \end{cases}$$

$$\begin{cases} \text{hang （懸掛）— hung — hung} \\ \text{hang （上吊）— hanged — hanged} \end{cases}$$

【問】請寫出下列字的動詞變化：	【答】
1. lie（躺；臥）	1. lie‐lay‐laid
2. find	2. find‐found‐found

注意 助動詞除 be, do 外，只有現在式和過去式，沒有過去分詞，請留心其拼字和發音：

現在式	過去式
can（能夠）	could〔kʊd〕
may（或許）	might〔maɪt〕
must（必須）	——
shall（將）	should〔ʃʊd〕
will（將）	would〔wʊd〕
ought（應該）	——

〔4〕第三人稱單數現在式動詞的變化

≪實例≫

1. kick（踢;踢）— kicks
2. bring（帶來）— brings
3. teach（教）— teaches
4. fly（飛）— flies
5. do（做）— does

1. 原形字尾為無聲子音，加 - s /s/，如實例1.和下面例子：

    speak（說話）— speaks〔spiks〕

    hope（希望）— hopes〔hops〕

2. 原形字尾為有聲子音，加 - s /z/，如實例2.和下面例子：

    buy（買）— buys〔baɪz〕

    drive（駕駛）— drives〔draɪvz〕

    pay（付款）— pays〔pez〕

    say（說）— says〔sɛz〕（請特別注意此字的發音）

3. 原形字尾發音為 /s/ , /z/ , /ʃ/ , /tʃ/ , /dʒ/，加 - es /ɪz/，如實例3.和下例：

    catch（捕捉）— catches〔'kætʃɪz〕

    wash（洗）— washes〔'waʃɪz〕

    pass（通過）— passes〔'pæsɪz , 'pɑsɪz〕

    use（使用）— uses〔'juzɪz〕

    change（改變）— changes〔'tʃendʒɪz〕

注意 動詞加 - (e)s 之後，字尾的發音和名詞複數字尾 - (e)s 的發音大致相同＜參照 p.25 ＞。

4. 原形字尾為「子音字母＋y」時，把 y 改成 i，再加 - es /z/，如實例4.和下例：

    try（嘗試）— tr*ies*〔traɪz〕

但是，原形字尾爲「母音字母＋y」時，則直接加 -s /z/ 。

  play（遊玩）— plays〔plez〕

  buy（買）— buys〔baɪz〕

5. go 和 do，加 -es /z/ ：

  go（去）— goes〔goz〕

  do（做）— does〔dʌz〕（注意發音）

注意 be 動詞和 have 動詞的第三人稱單數現在式各爲 is 和 has 。

【問】請寫出下列動詞的第三人稱單數現在式：	【答】
1. carry	1. carries
2. do	2. does
3. wash	3. washes

〔5〕 -ing 形的構成

≪實例≫

1. write（書寫）— writing 2. hit（打）— hitting

3. admit（許可）— admitting 4. die（死）— dying

動詞的現在分詞和動名詞的形成，是在動詞原形的字尾加 -ing 。

1. 字尾爲不發音的 -e ，去 -e 再加 -ing（如實例 1. ）：

  come（來）   com*ing*

  hope（希望）   hop*ing*

但是，字尾 -e 有發音，或字尾爲 -ee, -oe, -ye 時，加 -ing 時不可去掉 e 。

  be（是）— being   flee（逃）— fleeing

  hoe（鋤）— hoeing   dye（染）— dyeing

2. 原形字尾爲「短母音＋單子音」的單音節的字，須重複子音字母，再加 -ing（如實例 2.）：

stop （停止）	stop*ping*
hop （跳躍）	hop*ping*
get （得到）	get*ting*
cut （切）	cut*ting*

3. 原形字尾爲「短母音＋單子音」的雙音節字，重音又在後面的音節，也要重複子音字母，再加 -ing（如實例 3.）：

permit〔pɚ'mɪt〕（允許）	permit*ting*
occur〔ə'kɝ〕（發生）	occur*ring*
refer〔rɪ'fɝ〕（參考）	refer*ring*

但是，重音在前面音節的字，則直接加 -ing。

differ〔'dɪfɚ〕（相異）	differing
suffer〔'sʌfɚ〕（蒙受）	suffering
visit〔'vɪzɪt〕（訪問）	visiting

4. 原形字尾爲 -ie 的字，把 -ie 改成 -y，再加 -ing（如實例 4.）：

lie （躺臥；說謊）	l*ying*
tie （綁；捆）	*tying*

【問】請寫出下列動詞的 -ing 形：	【答】
1. die	**1**. dying
2. set	**2**. setting
3. omit	**3**. omitting
4. cry	**4**. crying
5. play	**5**. playing
6. hope	**6**. hoping
7. see	**7**. seeing

④ 動詞的時式

〔1〕 時式的定義

用以表示「時間關係」的各種動詞形式，稱爲時式（Tenses）。

〔2〕 時式的種類

≪實例≫

1. He *calls* on me every Sunday.
   他每個星期天都來拜訪我。

2. The accident *happened* three weeks ago.
   這件意外在三星期前發生。

3. I *will tell* you about it some other day.
   改天我會告訴你那件事。

---

1. 現在式　實例 1. 的 calls 是現在式（關於字尾的 s 請看→ p.170）。下例亦同：

I *keep* a diary.（我寫日記。）

We *are* free this evening.（我們今晚有空。）

My watch *does* not keep good time.（我的手錶不準。）

2. 過去式　實例 2. 的 happened 是過去式。下例亦同：

The doctor *came* too late.（醫生來得太晚了。）

There *were* more cherry-trees in this park than now.
（這個公園以前有更多的櫻桃樹。）

She never *complained* of her misfortune.
（她從不抱怨自己的不幸。）

3. 未來式　實例 3. 的「will（shall）＋動詞原形」表示未來式。再看他例：

No one *will deny* the fact.（沒有人會否認那個事實。）

I *shall be* back before dark.（我會在天黑以前回來。）

I'm sure this medicine *will brace* you up.

（我確信這藥可使你的精神振作起來。）

研究 將上述的三個時式和進行式（「be 動詞＋V-ing」）、完成式（「have 動詞＋過去分詞」）配合在一起，構成十二種時式，便能清楚地表示複雜的時間關係。

1. 現　在　式　　I write.
2. 過　去　式　　I wrote.
3. 未　來　式　　I shall write.
4. 現 在 進 行 式　I am writing.
5. 過 去 進 行 式　I was writing.
6. 未 來 進 行 式　I shall be writing.
7. 現 在 完 成 式　I have written.
8. 過 去 完 成 式　I had written.
9. 未 來 完 成 式　I shall have written.
10. 現在完成進行式　I have been writing.
11. 過去完成進行式　I had been writing.
12. 未來完成進行式　I shall have been writing.

〔3〕簡單現在式的用法

《實例》

1. He *has* many friends. 他有很多朋友。

2. We Chinese *live* on rice. 我們中國人以米爲主食。

3. Two and two *makes* four. 二加二等於四。

1. 表現在的動作、狀態　如實例 1.，表示現在時間的動作或狀態。

His hair **is** white.（他的頭髮是白的。）

There **are** three doves on the roof.（屋頂上有三隻鴿子。）

2. 表現在的習慣、職業　如實例 2.，表示平常重複的習慣。不僅指「現在」的習慣，還可以表示繼續（經過）數年的習慣。

3. 表永久不變的事實　如實例 3.，表示「真理」，過去、現在、未來都不會改變。

Blood **is** thicker than water.

（血濃於水。）〔諺語〕

Water **is** heavier than oil.

（水比油重。）

The sun **rises** in the east.

（太陽從東方升起。）

注意

1. go（去），come（來），start（開始），leave（離開），等表示「出發」「開始」「來往」的**來去動詞**，可用現在式代替未來式：

He **starts** for Hong Kong tonight.（他今晚去香港。）

She **comes** home next week.（她下星期回家。）

2. 表**時間或條件**的**副詞子句**，其未來的動作要用現在式表示。

If it **rains** tomorrow, I will stay at home.

（如果明天下雨，我就留在家裡。）

【問】請問下列的現在式屬於何種用法？	【答】
1. The earth *is* round.	1. 永久不變的事實
2. He *goes* to France next week.	2. 未來的動作
3. How *are* you today？	3. 現在的狀態

〔4〕簡單過去式的用法

─≪實例≫─────────────

1. I *met* her yesterday. 我昨天遇到她。

2. He *rose* early when he was a boy.
   當他是個孩子的時候，他起得很早。

3. I never *felt* so miserable. 我從沒感到如此痛苦。

4. What have you done after you *left* school?
   你離開學校後做了些什麼？

─────────────────────

1. **表過去的動作、狀態**　如實例 1.，表示在過去時間所做的動作或狀態。常伴有 yesterday, last year, a week ago 等表過去時間的副詞（片語）。再看下面例子：

> She *fell* in love with a handsome American last summer.
> （她去年夏天和一個英俊的美國人戀愛了。）
> She *was* seriously ill when I called on her.
> （我去看她時，她正生重病。）

2. **表過去的習慣**　如實例 2. 即表過去的習慣。常與時間副詞（片語）如 every day, seldom, usually 等連用。再看下面例子：

> She *gave* a party at least once a month.
> （她過去至少一個月開一次舞會。）
> The actor often *played* Hamlet.
> （這位演員過去經常扮演哈姆雷特的角色。）

注意　「**used to ＋原形動詞**」和「**would ＋原形動詞**」也可表示過去的習慣：

> He *used to sit* up till late.（他以前經常熬夜到很晚。）
> I *would* often *go* there by bicycle.
> （我以前常騎自行車去那裡。）

3. 表過去的經驗 如實例 3.即表示過去的經驗。常與 ever，never，once 連用。此外，可用現在完成式代替過去式，來表示過去的經驗。比較下面兩組句子：

> ***Did*** you *ever* hear of such an event？（你聽過這樣的事嗎？）
>
> 〔***Have*** you ever ***heard*** of such an event？〕
>
> I ***was once*** in Miss Clark's class.
>
> （我曾在克拉克小姐的班上上過課。）
>
> 〔 I ***have*** once ***been*** in Miss Clark's class〕

4. 代替過去完成式 如實例4.，after 或 before 已經表明了時間的先後，所以可用過去式代替過去完成式。「had ＋過去分詞」是一種笨重的、嚴肅的用法，尤其在會話上，多用過去式代替。

> He said nothing *before* he ***saw*** Mr. Smith.
>
> （看到史密斯先生之前，他什麼話也沒說。）

【問】下列的過去式屬於何種用法？	【答】
1. I never *saw* a kangaroo.	1. 過去的經驗
2. They often *played* baseball after school.	2. 過去的習慣

〔5〕簡單未來式的用法

未來式採用「will，shall＋原形動詞」，分為表示「將會～」的**單純未來**（無意志未來），和表示「願意、決心～」的**意志未來**兩種。由表示意義的不同，來決定用 will 還是 shall。下表是疑問句和肯定句中，will 和 shall 的用法（w表will，s表shall）：

〔肯定句〕

人 稱	單純未來	意志未來
1	s	w
2	w	s
3	w	s

〔疑問句〕

人 稱	單純未來	意志未來
1	s	s
2	s	w
3	w	s

≪實例≫

1. (a) I *shall* be sixteen years old next year.

   明年我就要十六歲了。

   (b) How old *shall* you be next birthday？

   你明年生日幾歲了？

2. (a) I *will* do so by all means.

   無論如何我都要這樣做。

   (b) *Will* you introduce me to Mr. Lee？

   介紹我跟李先生認識好嗎？

---

1. **單純未來** 如實例 1.的 (a)，(b)。這兩個例子都不表意志，僅表示未來將發生的事，所以都用 shall（請參照上表）。實例 1.(a) 和「我」的意志無關，而是指明年將十六歲。實例 1.(b) 和「你」的意志無關，而是指將達到的年齡。再看下面例子：

   You *will* feel better soon.（你很快就會覺得舒服些。）

   It *will* keep fine a few more days.（好天氣將會持續數天。）

   Shall we get there on time？（我們會準時到達那裡吧？）

   Will they ever get used to the work？

   （他們將會習慣這工作吧？）

研究 美語中，表示單純未來，通常用 **will**，即用 I（we）will ～？代替
I（we）shall ～；用 Will I ～？代替 Shall I ～？；用 Will you ～？
代替 Shall you ～？

【問】請在空格內填入 will 或 shall：	【答】
1. We＿＿＿arrive in Tokyo on time.	1. shall
2. Bob and Tom＿＿＿be fifteen next year.	2. will
3. Your son＿＿＿be a great man.	3. will

2. **意志未來** 如實例 2.的(a)，(b)。要特別注意是「誰」的意志。**敘述句**
表示**說話者**（I, we）的意志，**疑問句** 表示**聽話者**（you）的意志。
實例 2.(a) 的主詞是 I（我），表示說話者的意志，指「我願意～」。實
例 2.(b) 的主詞是 you，因爲是疑問句，所以表示聽話者的意志。再注
意下面的句子：

　　You *shall* hear from me within a week.

　　（在一星期內我會給你消息。）

　　He *shall* have this camera.（我將給他這架相機。）

在這兩句中，說話者（I）的意志，被穩藏起來了，可以改寫成

　　I *will* let you hear from me within a week.

　　I *will* give him this camera.

　　（或 I will let him have this camera.）

由上例可知，第二人稱和第三人稱的肯定句用 shall，是指「說話者的
意志」，但是被隱藏起來了。

另外，實例 2.(b) 的 will you ～？和它的否定形 won't you ～？都可表
「請求」、「邀請」或「勸誘」，如下例：

Will you hold this a moment？（請你握住這個一會兒好嗎？）

Won't you have a cup of tea？（你要不要喝杯茶？）

總而言之，Will you～？是詢問聽話者的意志。

注意 下面是在第一人稱和第三人稱的疑問句中，把聽話者（you）的意志隱藏起來的例子：

> **Shall** I open the door for you？（要我為你開門嗎？）
> ＝Do you want me to open the door for you？

> **Shall** he be arrested？（你要我逮捕他嗎？）
> ＝Do you want me to arrest him？

再比較下列句子：

> **Will** she come here？（她會來這裡嗎？）〔單純未來〕

> **Shall** she come here？（要讓她來這裡嗎？）〔意志未來〕
> ＝Do you want me to make her come here？

研究 You will, he will 等第二人稱、第三人稱的 will，表示單純未來。但是，在以 if 為首的子句中，will 可表主詞的意願：

If you will help me, I shall be much obliged.

（如果你願意幫助我，我會很感激的。）

【問】	【答】
1. 把下列句子改成以「I」起首的句子：	1.
(1) He shall do it.	(1) I will make him do it.
(2) You shall die if you don't obey me.	(2) I will make you die（或 I will kill you）if you don't obey me.
2. 請在空格內填入 will 或 shall：	2.
(1) ＿＿＿＿I go for you？	(1) Shall〔聽話者的意志隱藏起來〕
(2) ＿＿＿＿you do me a favor？	(2) Will

〔6〕 進行式的用法

進行式是「be＋V-ing（現在分詞）」，表示在某一點時間上，一個動作或狀態的持續進行。

≪實例≫

1. She *is writing* a letter now. 她現在正在寫信。

2. She *was writing* a letter then. 她那時正在寫信。

3. She *will be writing* a letter when you come home this evening. 當你今天晚上回家時，她將正在寫信。

---

1 現在進行式：「am（are, is）＋現在分詞」

現在進行式表示現在正在進行的動作、狀態。如實例 1.表示「她現在正在寫信」的這個動作。再看下例：

What *is* he *doing* upstairs？（他在樓上做什麼？）

He *is crying*.（他正在哭。）

比較下面兩句：

He is sleeping now.

① He *sleeps* eight hours a day.
（他一天睡八小時。）〔現在式〕

② He *is sleeping* now.
（他現在正在睡覺。）〔現在進行式〕

①表示現在的習慣＜參照 p.175＞，而他現在不一定在睡覺。②則表示他現在正在睡覺。

研究 現在進行式可代替未來式：

1. **go**, **come**, **leave** 等表「出發、到達、來去」的動詞，用在進行式時，表最近的未來即將發生的動作，常與表未來之時間副詞連用。

He *is leaving* for France *next week*.（他下星期將到法國去。）

〔比較：He will leave for France next week.〕

2. **be going to** ＋**原形動詞**，表不久的將來（含有意志）。

　　I *am going to* meet my friend tomorrow.

　　（我明天將和我的朋友見面。）

　　It *is going to* rain before long.（不久將下雨。）

　　注意　　be going to 也可用 **be about to** 代替：

　　He *is about to*（＝*is going to*）die.（他快要死了。）

2. **過去進行式：「was（were）＋現在分詞」**

過去進行式表示過去某時候正在進行的動作或狀態。

　　Jane *was listening* to the radio when I entered her room.

　　（當我進入珍的房間時，她正在聽收音機。）

　　It *was raining* very hard at that time.

　　（那時雨下得很大。）

3. **未來進行式：「will（shall）be＋現在分詞」**

未來進行式表示未來某點或某段時間將要進行的動作或狀態。

　　I *shall be waiting* for you at the station about ten

　　tomorrow.（我明天十點左右會在車站等你。）

　　He *will be working* when we come back.

　　（當我們回來時他會在工作。）

　　研究　**沒有進行式的動詞：**

在動詞中不能用在進行式的有 like（喜歡），know（認識），resemble

（像），belong（屬於）等，這些動詞均表示心理情感的狀態，或長時間

繼續的狀態。

　　I *like* fish.（我喜歡魚。）

　　I *know* him personally.（我本人認識他。）

　　This estate *belongs* to his grandfather.（這份地產屬於他祖父。）

　　I *see* a figure in the yard.（我看見一個人影在院子裡。）

　　I *think* him capable of the task.（我認爲他有能力做這工作。）

注意 沒有進行式的動詞，用在進行式時，動詞本身的意思有點改變，而且意思接近於**動作**，不再表示狀態。

I *am thinking* of them now. （我正在思考那些事。）

The students of that high school *were seeing* the sights of Paris. （那所高中學校的學生正在遊覽巴黎。）

【問】 請將下列句中的動詞改成進 行式：	【答】
1. (1) I read the Reader's Digest.	**1.** (1) I am reading the Reader's Digest.
(2) She draws a picture.	(2) She is drawing a picture.
(3) They smoke cigarettes.	(3) They are smoking cigarettes.
2. (1) Betty cleaned her room.	**2.** (1) Betty was cleaning her room.
(2) His sisters prepared the dinner.	(2) His sisters were preparing the dinner.
(3) Mr. Bright will conduct the orchestra.	(3) Mr. Bright will be conducting the orchestra.

〔7〕 **完成式的用法**

完成式是「 **have ＋過去分詞**」，表示從過去繼續到現在已完成的動作、狀態，或過去某時動作、狀態的經驗和結果。完成式又分為**現在完成式**、**過去完成式**、**未來完成式**三種。此外，完成式和進行式並用，即是**完成進行式**（ **have ＋ been ＋現在分詞**）。

《實例》

1. I *have been* to Europe several times.
   我去過歐洲好幾次了。
2. He *had* already *gone* home when I went back to the office.
   當我回到辦公室時，他已經回家了。
3. It *will have been raining* for a week tomorrow.
   到明天，雨就下一星期了。

1 現在完成式：

(1) **表過去某時到現在的經驗**　如實例1.，常和 ever（曾經），never
（未曾），before（以前），in one's life（在～一生當中），once
（一度），several times（幾次）等副詞連用。

　　Have you ever *been* there?（你去過那裡嗎?）

　　He *has* never *spoken* ill of others.
　　（他從來沒有說過別人的壞話。）

研究　現在完成式在用法上的注意事項：

1. 不與表過去確定時間的副詞連用，像 ago, then, yesterday, last
week…等，而要用過去式：

　　〔誤〕I *have seen* him yesterday.（現在完成式）

　　〔正〕I *saw* him yesterday.（過去式）

2. 不與疑問副詞 when 連用：

〔誤〕 *When have* you *come*？

〔正〕 **When did** you come？（你何時來的？）

(2) **表過去繼續到現在的動作或狀態** 常用 for，since 所引導的副詞表持續的期間；或與 How long（多久）連用。不過此用法大多用**現在完成進行式**。

It **has been raining** *since* yesterday.

（雨自昨天一直下著。）〔現在仍在下〕

We **have known** him *for* many years.（我們認識他許多年了。）

How many years **have** you **been learning** English？

（你學英文有幾年了？）〔現在仍在學〕

He **has been dead** *for* three years.（他已經死了三年。）

注意 用現在完成式表「**繼續**」的概念時，只能用含有繼續意義的動詞，**不可用「一時性」的動詞**。

〔誤〕 He *has died* for three years.

〔正〕
- He *died* three years ago.
- He **has been dead** for three years.
- It is three years since he *died*.
- Three years have passed since he *died*.

〔誤〕 He *has arrived* for two hours.

〔正〕
- He *arrived* two hours ago.（他兩小時以前到的。）
- It's two hours since he *arrived*.
- It has been two hours since he *arrived*.

(3) **表現在剛完成的動作、狀態** 常和副詞 already（已經）〔肯定句〕，yet（已經）〔否定句〕，just（剛剛），not yet（尚未）…等連用 ＜參照 p. 134＞。

I **have** just **read** the book.（我剛剛看完這本書。）

Has the bell *rung* yet？（鈴聲已經響了嗎？）

No, it *has* not *rung* yet.（不，還沒有響。）

⑷ **表過去動作、狀態的結果**　表示過去發生的動作，其結果影響到現在，或其狀態繼續到現在。譬如 She has gone to France.「她去法國了。」這是過去動作的結果，「她現在仍在法國。」，其狀態繼續到現在。比較下列三句：

① He *has gone* to Tainan.〔 So he is in Tainan now.〕
（他去了台南，現在仍在那裡。）→表示結果影響到現在。

② He *has been* to Tainan.〔 But he is here now.〕
（他去過台南，但現在在這裡。）→表示過去的經驗。

③ He *went* to Tainan.
（他去台南了。）→是簡單地敘述過去的事，沒有說出他是否仍在台南，或從台南回來。

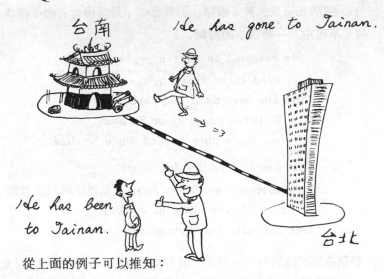

從上面的例子可以推知：

have gone：只用以表示動作的完成，表示「已經到…去了」，只可用於第三人稱。

have been：表示經驗，即「曾經去過～」。

注意 表時間或條件的副詞子句，常用現在完成式代替未來完成式。

這和現在式代替未來式的用法相似 <參照 p.175 >：

I will go out when I *have finished* my homework.

（當我做完了家庭作業，我會出去。）

【問】 下列兩句有何不同？	【答】
1. They have been to that city.	1. 他們去過那個城市。〔經驗〕
2. They have gone to that city.	2. 他們已經到那個城市去。〔結果〕

2 過去完成式

(1) 表過去某時的經驗

We *had* never *seen* our new teacher till then.

（到那時為止，我們還沒看過新老師。）

(2) 表過去某時之前的繼續狀態或動作　表狀態時，用過去完成式；表行為的繼續，則用過去完成進行式「had ＋ been ＋現在分詞」

He *had been* ill for a week when he was sent to the hospital.（當他被送進醫院時，已經病了一星期。）

She *had been learning* English for five years when she received a letter from an Englishman.

（在她接到一封英國人的信時，她已經學了五年的英文。）

(3) 表過去某時之前已完成的動作或狀態

The wounded man *had been dead* before the ambulance came.（在救護車來之前，這傷者已經死了。）

He *had* hardly *got* up when the telephone rang.

（他剛起床，電話就響了。）

研究 hardly ～ when (before), scarcely ～ when (before), 或 **no sooner** ～ **than** 均是「剛～就」< →p. 337 > , **要和過去完成式連用** :

Scarcely *had* I *opened* the cage when the bird flew out.
（ 我剛打開籠子，鳥就飛出去了。）

I *had* no sooner *fallen* asleep when I was awakened by the sound. （ 我剛睡着，就被那聲音吵醒了。）

(4) **表示過去兩個不同時間發生的動作、狀態** 先發生的用**過去完成式**；後發生的用**簡單過去式**。例如：

He *lost* a fountain-pen which he *had bought* the day before. （ 他遺失了前天所買的鋼筆。）〔 買鋼筆比遺失鋼筆要早發生，所以用過去完成式 〕

下例亦同：

She *combed* her hair after she *had washed* her face and hands. （ 她洗過臉和手後，梳頭髮。）

研究 兩個過去的動作，用 and (then) 或 but 連接，按照動作發生的順序表達時，兩者都用過去式，表示過去連續的動作：

She *washed* her face and hands, *and then* she *combed* her hair.

【問】 下列句子的過去完成式表示什麼用法？	【答】
1. When I arrived at the airport, the plane *had* already *taken off*.	1. 表過去某時之前先發生的動作或狀態
2. The boy *had* never *seen* his own father before.	2. 表過去某時的經驗

3. **未來完成式:「will (shall) + have + 過去分詞」**

  (1) 表未來某時將有的經驗

　　　You *will have lost* four lighters, if you lose this one.

　　　（如果你掉了這一個,你就掉了四個打火機。）

　　　He is going to England next month ; he *will have been*
　　　there three times.

　　　（他下個月將去英國,他將到那裏三次了。）

  (2) 表未來某時動作或狀態的繼續

　　　She *will have been* ill in bed for a week tomorrow.

　　　（到明天她就臥病在床達一個星期了。）

　　表示動作的繼續,通常用**未來完成進行式**(「**will (shall) + have
+ been + 現在分詞**」)。

　　　I *shall have been learning* English for five years next
　　　month.

　　　（到了下個月,我學英文就達五年了。）

  (3) 表未來某時動作或狀態的完成

　　　They *will have left* for Hawaii before you come.

　　　（你來以前,他們將已經前往夏威夷了。）

【問】 下列句子的未來完成式表示什麼用法?	【答】
1. If I see her again, *I shall have seen* her three times.	**1.** 表未來某時將有的經驗
2. The lesson *will have been* over before she comes in.	**2.** 表未來某時動作或狀態的完成

5 語 態

〔1〕語態的種類：語態分爲**主動語態**和**被動語態**兩種。

A cat kills a rat. （貓殺死老鼠。）〔主動〕

A rat is killed by a cat. （老鼠被貓殺死。）〔被動〕

被動語態形式爲「**be 動詞＋及物動詞的過去分詞**」

注意　「 be動詞＋不及物動詞的過去分詞」，不是被動語態，而是**完**
成式的一種用法：

He *is gone*. （他走了。）

（比較：He has gone.）〔現在不在這裡〕

Spring *is come*. （春天來了。）

（比較：Spring has come.）〔現在是春天〕

下圖是主動語態和被動語態的差異：

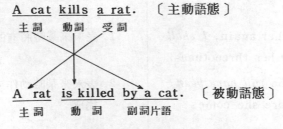

<u>A</u> <u>cat</u> <u>kills</u> <u>a rat</u>. 〔主動語態〕
　主詞　　動詞　　受詞

<u>A rat</u> <u>is killed</u> <u>by a cat</u>. 〔被動語態〕
　主詞　　　動詞　　　副詞片語

主動語態的主詞 a cat，改爲被動時，放在介系詞 by 的後面，與 by
形成副詞片語；主動句的受詞 a rat，在被動句中，作主詞用。

〔2〕 被動語態的時式

《實例》

1. {
She *cleans* the rooms every morning.
她每天早上打掃房間。
The rooms *are cleaned* by her every morning.
房間每天早上被她打掃。
}

2. {
Columbus *discovered* America. 哥倫布發現了美洲。
America *was discovered* by Columbus.
美洲為哥倫布所發現。
}

3. {
She *will scold* me. 她將會責罵我。
I *shall be scolded* by her. 我將會被她責罵。
}

4. {
George *is cutting* a cherry-tree with a hatchet.
喬治正用斧頭砍一棵櫻桃樹。
A cherry-tree *is being cut* by George with a hatchet.
一棵櫻桃樹正被喬治用斧頭砍。
}

5. {
Few scholars *have recognized* its importance.
很少學者承認它的重要性。
Its importance *has been recognized* by few scholars.
它的重要性被很少的學者承認。
}

1. **現在式的被動語態**　如實例 1.，主動句的動詞是現在式，所以被動語態的 be 動詞用現在式（am, are, is）。實例 1. 被動句的主詞是**複數**，所以用 are；如果主詞是單數（the room），當然用 is。

2. **過去式的被動語態**　如實例 2.，主動句的動詞是過去式，所以被動句的 be 動詞用過去式；又主詞是單數，所以用 was。

3. **未來式的被動語態**　如實例 3.，主動句用 will，表示單純未來，所以被動句也一樣用單純未來的形式。若主詞是 I，則要用 shall，不可用 will 來表示單純未來。總而言之，被動句的助動詞，是依照主動句的助動詞來使用，如下例：

$\Big\{$ Your parents *will punish* you.（你父母會懲罰你。）〔單純未來〕
You *will be punished* by your parents.（你會被父母懲罰。）

$\Big\{$ You *must do* it.（你必須做它。）
It *must be done*（*by you*）.（它必須由你來做。）

4. **進行式的被動語態**　如實例 4.。

進行式

A cherry-tree is *being* cut by George with a hatchet.

被動語態

如上圖所示，being 的 -ing 部分，和前面的 is 一起表示進行式（be ＋ ～ing）；being 的 be- 部分，和後面的 cut 一起表示被動語態，將這兩部分組合在一起，即是**進行式的被動語態**。

5. **完成式的被動語態**　如實例 5.，主動句的 has recognized 是現在完成式，所以被動句的現在完成式即為「has been ＋過去分詞」，再看下面的例子：

$\Big\{$ He *had* already *mastered* French and German before he left for Europe.（他在去歐洲之前，已經精通法文和德文了。）
French and German *had* already *been mastered* by him before he left for Europe.

（在去歐洲之前，法文和德文已經被他精通了。）

未來完成式的被動語態：

> By June the writer *will have written* another novel.
>
> （六月以前，這位作家將寫完另一本小說。）
>
> By June another novel *will have been written* by the writer.
>
> （六月以前，另一本小說將被這位作家寫完。）

注意 被動語態裡，沒有未來進行式，和三種完成進行式，因為 **be**，

being, **been** 這三個字中，**任何兩個字都不可以用在一起**。

【問】請將下列的主動句改爲被動句：	【答】
1. (1) You can read that book.	**1.** (1) That book can be read by you.
(2) She is making a doll for her child.	(2) A doll is being made by her for her child.
2. (1) Anne has learnt dressmaking.	**2.** (1) Dressmaking has been learnt by Anne.
(2) The maid will have cleaned the bedroom.	(2) The bedroom will have been cleaned by the maid.

〔3〕 重要的被動語態

┌─《實例》─────────────────────

1. ｛ My uncle gave *me this watch*. 我舅舅給我這隻手錶。
     This watch was given *me* by my uncle.
     這隻手錶被我舅舅給我。
     I was given *this watch* by my uncle.
     我被我舅舅給了這隻手錶。

2. ｛ His car *ran over* a child. 他的車壓過一個小孩。
     A child *was run over* by his car. 一個小孩被他的車子壓過。

1. 授與動詞的被動語態

完全及物動詞中，需要兩個受詞者，稱爲**授與動詞** < →p. 371 >。授與動詞的主動句，改爲被動句時，可以直接受詞作主詞，或以間接受詞作主詞。如實例 1.的第一句有間接受詞 me，和直接受詞 this watch。第二句是以直接受詞作主詞，改成被動句，間接受詞me 則按原形保留下來；第三句是以間接受詞（me）作主詞（改爲 I），而直接受詞 this watch 則不動。

> 注意 授與動詞改成被動語態時，剩下來放在後面的受詞，稱爲**保留受詞**。

give 以外的授與動詞的被動語態，情形均相同：

They will show *her the new building.*

（他們將展示給她看那棟新的建築。）

The new building will be shown *her* by them.

（那棟新的建築將由他們展示給她看。）

She will be shown *the new building* by them.

（她將看到他們所展示的那棟新建築。）

【問】請將下面的主動句改成兩個被動句的形式：	【答】
The girl showed me the way to the station.	1. I was shown the way to the station by the girl. 2. The way to the station was shown me by the girl.

2. **不及物動詞＋介系詞** 的被動語態

不及物動詞沒有被動語態，但「不及物動詞＋介系詞」所形成的動詞片語，則具有及物動詞的作用，這時可以有被動語態。如實例 **2.** 的 ran 是不及物動詞，ran over 則具有及物動詞的作用；這種情形改為被動句時，over 不可省略。

〔誤〕 The child *was run* by the car.

下例的介系詞亦不可省：

{ They *laughed at* his folly. （他們嘲笑他的愚蠢。）
His folly *was laughed at* (*by them*). （他的愚蠢被他們嘲笑。）

{ We *sent for* the doctor. （我們請醫生來。）
The doctor *was sent for* (*by us*). （醫生被我們請來。）

此外，還有 look after（照顧），put off（延期），speak to（談到）等動詞片語，均可以作及物動詞用。

研究

1. 及物動詞和不及物動詞的差異，在於及物動詞**有受詞**（授與動詞有兩個受詞）；不及物動詞**沒有受詞**。

2. 「**不及物動詞＋介系詞**」所形成的動詞片語，後面須接受詞，因此「動詞＋介詞」，可視為一個整體，作及物動詞用。

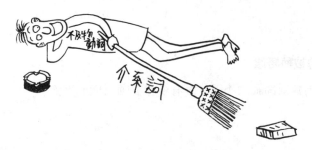

3. 像 take care of（照顧）這種「及物動詞＋受詞＋介系詞」的動詞片語中，take 的受詞是 care，但是 take care 不夠完全，必須加上介系詞 of，才能再接另一個受詞。如下例：

> You must *take care of* the boy.
> （你必須照顧這個男孩。）
> The boy must *be taken care of*（ by you）.
> （這個男孩必須被你照顧。）

　　其他類似的動詞片語有 catch sight of（看見），find fault with（挑剔），keep an eye on（留意）等。

【問】請將下列句子改成被動句：	【答】
1. The thief was looking for something in my room.	1. Something was being looked for in my room by the thief.
2. I took care of that.	2. That was taken care of by me.

〔4〕 疑問句的被動語態

　　疑問句依其有無疑問詞的不同，而有多種被動語態的形式。

─《實例》─

1. { ***Does*** a cat ***kill*** a rat？貓殺老鼠嗎？
   { ***Is*** a rat ***killed*** by a cat？老鼠被貓殺嗎？

2. { Who ***invented*** the phonograph？誰發明了留聲機？
   { By whom ***was*** the phonograph ***invented***？
   留聲機被誰發明的？

3. { Which ***did*** she ***choose***？她選了哪一個？
   { Which ***was chosen*** by her？哪一個被她選中了？

1 一般疑問句　如實例 1.，這種沒有疑問詞的疑問句，就稱爲一般疑問句。其被動語態是「**be 動詞＋主詞＋過去分詞**」，再看下例：

{ ***Did*** the writer ***write*** a novel？（那位作家寫小說嗎？）
{ ***Was*** a novel ***written*** by the writer？（小說被那位作家寫嗎？）

研究　do, does, did 以外的助動詞像 can, must, have 等字，在被動句時，用「**助動詞＋主詞＋**be(been)**＋過去分詞**」的型式：

{ ***Must*** we ***do*** that？（我們必須做那事嗎？）
{ ***Must*** that ***be done*** by us？（那事必須由我們做嗎？）

{ ***Has*** Jane ***painted*** many pictures？（珍畫了許多畫嗎？）
{ ***Have many pictures been painted*** by Jane？（許多畫被珍所畫嗎？）

進行式疑問句的被動語態如下：

{ ***Are*** they ***building*** a house？（他們正在蓋房子嗎？）
{ ***Is*** a house ***being built*** by them？（房子正由他們建造嗎？）

【問】請將下列句子改成被動句：	【答】
1. Did they scold their children？	1. Were their children scolded by them？
2. What did he say？	2. What was said by him？

2. 特殊疑問句

(1) 如實例 2. ，這種以疑問代名詞作主詞的疑問句，稱為「特殊疑問句」。
其被動語態是「**By whom（which, what）＋ be 動詞＋主詞＋過去
分詞**」。再看下例：

> What *made* her unhappy？（什麼使她不快樂？）
> By what *was* she *made* unhappy？
> 　（她由於什麼而變得不快樂？）

(2) 如實例 3. ，主動句的 Which 是受詞，改成被動句時，此受詞要作被
動句的主詞，所以這種被動語態是「**疑問詞（即主詞）＋ be 動詞＋
過去分詞**」。再看下例：

> Whom *did* he *love*？（他愛誰？）
> Who *was loved* by him？（誰被他愛？）

> Whom *did* he *love*？
> Who *was loved* by him？

〔5〕 祈使句的被動語態

──≪實例≫──────────────────────────

　1. {
> *Do* it at once. 立刻做它。
> *Let* it *be done* at once.

　2. {
> *Don't waste* your time. 別浪費你的時間。
> *Don't let* your time *be wasted*.

──────────────────────────────────

> 肯定祈使句的被動語態：「**Let ＋受詞＋ be 動詞＋過去分詞**」
> 否定祈使句的被動語態：「**Don't ＋let ＋受詞＋ be 動詞＋過去分詞**」

如實例 1. 和 2. 。但是，以 let 為首的祈使句，改成被動語態時，仍要用
let，如下面的例子：

$\begin{cases}\text{Let him } \textit{bring} \text{ an Italian dictionary.} \\ \text{（讓他帶一本義大利文字典來。）} \\ \textit{Let} \text{ an Italian dictionary } \textit{be brought} \text{ by him.} \\ \text{（讓一本義大利文字典由他帶來。）}\end{cases}$

$\begin{cases}\text{Let her } \textit{play} \text{ the piano.（讓她彈鋼琴。）} \\ \textit{Let} \text{ the piano } \textit{be played} \text{ by her.（讓鋼琴被她彈。）}\end{cases}$

【問】請將下列句子改成被動句：	【答】
1. Bring me a cup of tea.	1. Let a cup of tea be brought me.
2. Don't make a noise.	2. Don't let a noise be made.

〔6〕 **by～的省略**

下列被動句中的「by＋人（主動句的主詞）」通常可以省略。

─《實例》────────────

1. $\begin{cases}\textit{They} \text{ speak English in Australia.} \\ \text{他們在澳洲說英文。} \\ \text{English is spoken in Australia (} \textit{by them} \text{).} \\ \text{在澳洲英文被他們說。}\end{cases}$

2. He was killed in the battle. 他戰死沙場。

3. We have given him a lot of money. But no more *shall be given* (*by us*).
我們已經給他很多錢了，不過不再給了。

1. **行為者很籠統時** 如實例 1.的 They，並沒說明指的是「誰」，只籠統地指他們，改成被動句時，沒必要把他們說出來。下例亦同：

> *They* say that thirteen is an unlucky number.
> （ 據說十三是不吉利的數 。）
> It is said that thirteen is an unlucky number.

> *They* sell sugar at that shop. （ 那家商店賣糖 。）
> Sugar is sold at that shop.

2. 不知道誰是行為者時 如實例 2. ，不知道殺他的人是誰 ，所以無法用被動語態表示出 by～ 。下例亦同 ：

He was killed in a traffic accident.

He was killed in a traffic accident.

（ 他死於交通事故中 。）

3. 由前後句子可清楚看出誰是行為者時

如實例 3. ，由前後關係 ，可清楚知道誰是行為者 ，所以沒有必要特別說出來 。再看下例 ：

He suggested that the meeting should be postponed, but that suggestion was rejected.

（ 他建議將會議延期 ，但是那個建議被拒絕了 。）

〔7〕 代替 by 的字

─《 實例 》─────────

1. She was surprised *at* the news.
   那件新聞使她感到驚訝 。

2. The man is known *to* us all.
   那人衆所皆知 。

3. His desk is covered *with* dust.
   他的桌子蓋滿灰塵 。

被動語態的行爲者前常用 by，但由於動詞的不同，也有用其他介系詞的。
除了實例的３個例子外，還有：

> be made of～「以～製作」〔主用於成品仍保留材料原來的性質形狀〕
>
> be made from～「以～製作」〔主用於成品不保留材料原來的性質
> 形狀〕
>
> be pleased with～「喜歡～」

This desk is made *of* wood. （ 這張桌子是木製的 。）

Wine is made *from* grapes. （ 葡萄酒是由葡萄做的 。）

The child was pleased *with* the toy. （ 那孩子喜歡那件玩具 。）

研究 **be known by～** 是「由～來區分、辨別」的意思，by「藉著」
表示區分、辨別的標準，此 know 和「認識」的意思不太相同。比較下列
兩句：

A man is known *by* the company he keeps.

（ 觀其友，知其人 。──近朱者赤 。）〔諺〕

He is known *to* everybody. （ 他被大家所認識 。──大家都認識他 。）

注意 如實例 1.的 be surprised 一樣，下面的情形，習慣上用被動語
態表示主動含意：

She was satisfied *with* her husband. （她對她的丈夫感到滿意 。）

I am ashamed *of* my indolence. （我爲我的怠惰感到慚愧 。）

He was born *of* good family. （ 他出身在一個好家庭 。）

He is engaged *in* writing a novel. （ 他正從事於寫小說 。）

I was drenched *with* rain. （ 我被雨淋濕了 。）

【問】請在空格內塡入適當的介系詞：	【答】
1. The poet is hardly known ────us.	1. to
2. Butter is made────milk.	2. from

〔8〕 表行為和表狀態的被動語態

≪實例≫

1.
 (a) The door *is shut* at three. 門三點被關 。
 (b) The door *is* already *shut*. 門已經關了 。

2.
 (a) The girl *is dressed* by his mother.
 那女孩被他母親穿好衣服 。
 (b) The girl *is dressed* in white.
 那女孩穿著白色衣服 。

實例 1.的 (a)「門三點被關」表行為，(b)「門已關了」表狀態；實例 2.的 (a)「那女孩被她母親穿好衣服 。」表行為，(b)「那女孩穿著白色衣服 。」表狀態 。再比較下面兩句：

 She *was married* last year. (她去年結婚了 。)〔行為〕
 She *was* already *married*. (她已經結婚了 。)〔狀態〕

注意 表示行為的 be 動詞 ，可以用 get (完成～)來代替：
 She *got married* last year. (她去年結婚了 。)

【問】下列句子有何差異 ？	【答】
1. The money was already paid.	1.「 錢已經付了 。」(狀態)
2. The money was paid regularly once a month.	2.「 錢一個月付一次 。」(行為)

⑥ 假設法

〔1〕語法

語法就是**表達思想的方法**，可分爲三種。一爲「**直說法**」，用以敍述事實或詢問事情；二爲「**祈使法**」，用以表達命令、請求、希望、禁止、禱告、勸告等；三爲「**假設法**」，用以表達願望、假設、目的、想像等非事實的觀念。

$$語法 \begin{cases} 直 說 法 —— 敍述事實或詢問 \\ 祈 使 法 —— 命令、請求、希望、禁止、禱告、勸告 \\ 假 設 法 —— 願望、假設、目的、想像 \end{cases}$$

〔2〕祈使法

祈使法是用祈使句來表達說話者的命令、請求、希望、禁止等。

≪實例≫

1. *Come* in. 進來。

2. *Don't be* foolish. 別傻了。

3. *Let* me *help* you. 讓我幫你忙。

實例 1.是普通的祈使句。實例 2.是表禁止的否定祈使句。實例 3.用 let～，是對第一人稱、第三人稱的間接命令句。再看下例：

Let him pay the bill. （讓他付帳。）

Let us play cards. （我們玩牌吧。）

注意 Let us～常寫成 Let's～，表勸誘或提議。不過較嚴肅的表達法仍用 Let us：

Let's listen to him. （聽聽他怎麼說吧！）

此外，Let us 常不包含聽話者在內，Let's 則包含聽話者在內。

〔3〕 假設法的判別

假設法是表示不可能發生的事，或與事實相反的假設，時式和表事實或常理的直說法不一樣。

≪實例≫

1. I **will** employ him if he **gives** up drinking. 〔直說法〕
   如果他戒酒，我就雇用他。

2. If he **were** a little more sensible, we **could** trust him.
   如果他再明智一點，我們就能信賴他。〔假設法〕

3. If your father **had** not **overworked** himself, he **could have lived** longer. 〔假設法〕
   如果你父親不工作過度的話，他可能會活得久些。

4. If his parents **should** be opposed to the match, what **would** she do? 〔假設法〕
   如果他的父母反對這件婚事，她怎麼辦？

---

1. **條件子句可表直說法，也可表假設法**　直說法的條件句是以事實或普遍的情況爲條件，說話者心中並未存「與事實相反」之意，比較下列句子：

> If it **is** true, he **will** get angry. 〔直說法〕
> （ 如果這是眞的，他將會生氣。——事實上還不知眞假）
> If it **were** true, he **would** get angry. 〔假設法〕
> （ 假如這是眞的，他將會生氣。——事實上這不是眞的）

> If it **rains** tomorrow, I shall not go. 〔直說法〕
> （ 如果明天下雨，我就不去了。——事實上還不確定）
> If it **should** rain tomorrow, I **should** not go. 〔假設法〕
> （ 萬一明天下雨了，我就不去了。——事實上明天不太可能下雨）

注意　should, would, could, might 是判斷假設法的基本根據，在假設法的主要子句中絕大部分都有這幾個助動詞。

研究

1. 在 **suggest**（建議）, **demand**（要求）, **desire**（渴望）, **insist**（堅持）
   等表慾望的動詞之後的 that 子句, 常用假設法「(should)＋V」。

   I *demanded* that he (*should*) *be* punished.（我要求懲罰他。）

   He *insisted* that he (*should*) *pay* the money.（他堅持要付錢。）

2. 表示「祈願」的假設法：

   God bless you !（上帝保佑你！）

   Long live the King !（國王萬歲！）

   不過, 現代英文通常加 may, 即

   May God bless you !   May the King live long !

   注意　表「祈願」的假設法要用原形動詞。比較下列二句：

   ｛ God *bless* you !（願上帝保佑你！）〔 bless 是假設法〕
   ｛ God *blesses* you.（上帝保佑著你。）〔 blesses 是直說法現在式〕

2. **與現在事實相反的假設**　如實例 2.即是。無論是什麼人稱或單、複數,
   be 動詞一律用 **were**。再看下例：

   If I *were* you, I would not miss the chance.

   （如果我是你, 我就不會錯過這個機會。）

   而 be 動詞以外的動詞, 要用**過去式**：

   If I *knew* his address, I could write to him.

   （如果我知道他的地址, 就可以寫信給他。）

   與現在事實相反的假設, 其公式如下：

連接詞	條　件　子　句	主　要　子　句
If	①**過去式**（或 were ） ②**過去式助動詞＋原形動詞**	should, would could, might ｝＋原形動詞

If he *were* reliable, I *would* not *dismiss* him.

（如果他是可信賴的，我就不會解雇他。）

If he *stopped* drinking, he *might* soon *get* well again.

（如果他戒酒，他可以很快再好起來。）

注意　通常口語中**用 was 代替 were**。如下例：

If he *was* rich, he could travel all over the world.

（如果他有錢，就能環遊世界。）

用 I wish～，是表示現在不可能實現的願望。

I wish he *were* here. （但願他在這裡。）

〔此句意即 I am sorry he is not here.〕

I wish I *could* swim. （但願我能游泳。）

〔意即 I am sorry I cannot swim.〕

研究　與現在事實相反的假設，可改用現在式直說法敍述它的事實。如：

If I *had* money, I *could* buy that piano.

(As I *have no* money, I *cannot* buy that piano.)

If he *were* reliable, I *would* not dismiss him.

(As he *is not* reliable, I *will* dismiss him.)

【問】

1. 請在空格內塡入適當的動詞：

　(1) If he＿＿＿not so lazy, I would employ him.

　(2) If he really＿＿＿(try), he could easily win the prize.

2. 請用直說法改寫下列的假設法：

　(1) If Jane were a bit more tenderhearted, she would help me.

　(2) If he were wiser, he would not say that.

【答】

1.

　(1) were

　(2) tried

2.

　(1) As she is not very tenderhearted, she will not help me.

　(2) As he is not so wise, he will say that.

3. 與過去事實相反的假設（指對過去的假設）

如實例 3. ，即是過去的假設。其公式為：

連接詞	條 件 子 句	主　　要　　子　　句
If	had＋過去分詞	should, would could, might ⟩ ＋ have＋過去分詞

If it **had** not **rained** so hard yesterday, the garden party would have been held.

（如果昨天沒有下那麼大的雨，園遊會就可以舉行了。）

The tragedy **would** not **have happened** if the driver **had** not **been drunk**. （如果司機不醉酒，悲劇就不會發生了。）

Even if she **had wanted** to buy a piano, she **could** not **have done** so. （即使她想買鋼琴，也不能這麼做。）

If the doctor **had come** a little sooner, his mother **would have been saved**. （如果醫生早一點來，她的母親就有救了。）

|研究|

1. 依句意，如果主要子句是對現在的假設，則要用與現在事實相反的假設，即「would（should, could, might）＋原形動詞」。

　　If he had not told me, I **should** still **believe** her now.

　　　（如果他沒有告訴我，我到現在還相信她。）

此句的主要子句，因為是對現在的假設，所以不能用 *should have believed* ，要用 should believe.

2. 對過去的假設如放在 I wish～ 的後面，則表示過去不能實現的願望。

　　I wish I **had been** present at the meeting !

　　　（但願我出席了那個會議！）

　　I wish I **had known** it beforehand.

　　　（但願我事先知道那件事。）

3. 與過去事實相反的假設法，可用直說法的過去式，來表示它的事實：

> If the doctor **had come** a little sooner, his mother **would have been** saved.
>
> As the doctor **did** *not* come a little sooner, his mother **was** *not* saved.

> I wish I **had been** present at the meeting.
>
> I am sorry I **was** *not* present at the meeting.

【問】 請用直說法寫出下列假設法的事實：	【答】
1. I wish I had met her a week ago.	1. I am sorry I did not meet her a week ago.
2. If she had told me about that beforehand, I should not have made such a mistake.	2. As she did not tell me about that beforehand, I made such a mistake.

4. 與未來事實相反的假設（指對未來的假設）

對未來的假設，是表示某事不可能在未來實現。其公式有二：

(1)

連接詞	條件子句	主　　要　　子　　句
If	① 過去式 （和p.205公式相同） ② were to＋原形	should, would could, might ｝ ＋原形動詞

(2)

連接詞	條件子句	主　　要　　子　　句
If	should＋原形動詞 （做「萬一」解，表可能性極小）	① 祈使句 ② shall（will，can，may）＋原形動詞 ③ should, would could, might ｝ ＋原形動詞

(1.) If you *were* happy, you'd *make* others happy.

　　（如果你快樂，你也會使別人快樂。）

　　〔事實上，你不快樂，所以你也不可能使別人快樂。〕

　　If your father *knew* this, he *would be* angry.

　　（如果你父親知道了，他會生氣的。）

　　〔事實上，你父親不知道，所以他不會生氣。〕

　　If the sun *were to* rise in the west, I *would lend* you the money.

　　（如果太陽從西邊出來，我就借錢給你。）

　　〔意謂 " 我不可能借錢給你。"〕

　　If you *were to* see her, what *would* you *say* to her?

　　（如果你去看她，你要對她說什麼？）〔事實上，你不會去看她。〕

(2) If I *should* fail this time again, I *would*〔*or will*〕*give* up the plan.

　　（萬一這次再失敗，我就放棄那個計畫。）

　　〔事實上，我這次很可能不會失敗，但是，萬一失敗的話，我就要放棄計畫了。〕

　　If she *should* come, *tell* her to wait.

　　（萬一她來的話，告訴她等著。）

　　〔事實上，我認為她不會來，但是，萬一她來了，要告訴她等著。〕

〔4〕假設法應注意之用法：

─《實例》─────────────────────

1. **But for** your help（＝**If it were not for** your help），I *could* not succeed. 若不是你的幫助，我不會成功。

2. **Were it** possible, I would do so. 如果可能的話，我會這樣做。

3. The boy speaks **as if** he **knew** everything.
   這男孩說話的樣子就好像他知道每件事似的。

4. He is, **as it were**, a walking dictionary.
   他好像是一本活字典。

5. **Unless** he were too old, he would be employed.
   除非他太老了，否則他會被僱用。

6. Correct errors, **if**（*there are*）**any**. 如果有錯，要改正。

7. If only I **could** see her again（, I **should** be very happy）!
   我要能再見到她，該多好！

─────────────────────────────

1 「**如果不是～**」　如實例1.的 but for～, 和 without～, if it were not for～（＝if it had not been for～）：

　But for（＝If it **had** not **been** for）his wife's advice and encouragement, he **would have been** unable to invent the machine.

　（如果不是他太太的忠告和鼓勵的話，他就不能發明那個機器。）

　Without（＝If it were not for）water, we **could** not live a day in the desert.

　（如果沒有水，我們在沙漠中一天也無法生存。）

　注意　有 but for～, without～ 的句子，是由主要子句的時式來判斷條件子句的時式。

2. **省略 if**　假設法中，可以用「動詞＋主詞」的順序，來代替 if（如實例 2.）：

　　Were I you,（＝*If I were you*）I would not do so.

　　　（如果我是你，我不會這麼做。）

　　Had you been there（＝*If you had been* there），things would have been different.（如果你在那裡，情況就不同了。）

　　Were it not for your advice（＝*If* it *were not for* your help）I *should* be totally at a loss what to do.

　　　（如果不是你的忠告，我會完全不知道該怎麼辦。）

　　Had it not been for your help（＝*If it had not been for* your help），I *should not have* succeeded.

　　　（如果不是你的幫助，我不會成功。）

3. 「**好像～**」　如實例 3.的 as if～，和 as though～：

　　He looks *as if* he *were* ill.

　　　（他看起來好像生病了。）

　　　〔與現在事實相反的假設〕

　　He looks *as if* he *had been* ill.

　　　（他看起來好像生過病。）

　　　〔與過去事實相反的假設〕

研究　as if 比 as though 更口語化，且在與現在事實相反的假設中，說話者認為事實就用 was 代替 were。

　　He looks *as if* he *was* ill.

4. 「**好像；可謂**」　如實例 4.的 as it were（＝so to speak）

　　This car is, *as it were*, a ship without a rudder.

　　　（這汽車好比是沒有舵的船。）

5. **相當於 if 的連接詞**　除了 if 以外，還有很多連接詞也可引導條件子句，用於假設法或直說法。

> unless, suppose(*that*), supposing(*that*), provided(*that*), providing(*that*), if only, only if, in case(*that*), as〔so〕long as, on condition(*that*)

(1) **unless**（＝if～not）「除非」

> *Unless* he *were* too old, he *would* be employed.〔假設法〕
> （＝*If* he were *not* too old, he would be employed.）
> （除非他太老了，否則他會被僱用。——事實上他太老了，因此沒有被僱用）
>
> *Unless* he *is* too old, he *will* be employed.〔直說法〕
> （除非他太老了，否則他會被僱用。——事實上不知道他是否太老了）

(2) **suppose**(*that*)，**supposing**(*that*)「假如；如果」

> *Supposing*〔*Suppose*〕(＝If) she *were* here, what *would* you say to her?〔假設法〕
> （假如她在這裡，你會對她怎麼說？——事實上她不在這裡）
>
> *Supposing*〔*Suppose*〕(＝If) she *is* here, what *will* you say to her?〔直說法〕
> （如果她在這裡，你會對她怎麼說？——事實上不知道她在不在這裡）

(3) **as**〔**so**〕**long as**「只要」

> *So long as* it *should be* fine tomorrow, we will go out on a picnic.〔假設法〕
> （只要明天天氣好，我們就去野餐。——事實上不太可能好天氣）
>
> *So long as* it *is* fine tomorrow, we will go out on a picnic.〔直說法〕
> （只要明天天氣好，我們就要去野餐。——不確定明天天氣會不會好）

(4) **in case** (*that*) (= if) 「假如；如果」

> **In case** (= If) she **should come**, tell her to wait. 〔假設法〕
>
> （萬一她來了，叫她等著。──事實上她來的可能性很小）
>
> **In case** (= If) she **comes**, tell her to wait. 〔直說法〕
>
> （如果她來了，叫她等著。──不確定她會不會來）

注意 「 in case of ＋名詞」也可以表條件：

> **In case of** fire, call 119.
>
> （萬一發生火警，撥一一九。）

研究 if 子句可由不定詞、名詞、介詞、分詞等來代替。

To hear him talk, you **would** think he is a very important person.
(= If you were to hear him talk, you would think he is a very
important person.)

> （聽他講話，你會認為他是個非常重要的人。）〔不定詞片語〕

A good boy would not do such a thing.
(= **If** you were a good boy, you would not do such a thing.)

> （一個好孩子不會做這種事。）〔名詞片語〕

But for you, I **should** lose my way.
(= **If** it were not for you, I should lose my way.)

> （如果不是你，我就迷路了。）〔介詞片語〕

Failing this, what **would** you do ?
(= **If** you failed this, what would you do ?)

> （如果失敗，你要怎麼辦？）〔分詞片語〕

6. **條件子句的部分省略**　if 子句在句意明確時，常可省略主詞和動詞
（→ p.404）。如實例 6.和下例：

> **If** (*it were*) **so**, I should be unable to see her again.
>
> （如果是這樣的話，我就不能再看到她了。）
>
> She is proud, **if** (*she is*) **not haughty**. （她如果不是傲慢，就是驕傲。）

7. 主要子句的省略　表願望的假設法常省略部分或全部主要子句，如實例 7.和下面的例子：

 If he were here(, *it would be a great help for me*)!

  （如果他在這裡就好了！）

 (*You say so*,) As if you did not know!

  （好像你不知道似的！）

|研究|　假設法句子中的兩個子句，若有一個是「**敘述事實**」，**就用直說法**，另一子句表示「**與事實相反的假設**」時，**就用假設法**：

 If he *was* ill, he *should have gone* to see the doctor.

  （如果他生病了，就該去看醫生。）

〔 條件子句was ill，是因為說話者不知道他生病了沒，所以是直說法，不含假設之意；但是他並沒有去看醫生，所以主要子句用假設法。〕

練 習 題

I. 寫出下列動詞的過去式和過去分詞：

1. try　　　2. lie（躺；臥）　　3. break　　4. seek
5. lay　　　6. split　　　　7. hang　　8. begin
9. drive　　10. wear

II. 說明下列各題現在式（斜體字部分）的用法：

1. Time *flies* like an arrow.

2. He *teaches* chemistry and physics.

3. The train *starts* at 2 : 30 p.m.

4. I will ask his opinion when I *see* him next time.

5. She *has* light brown hair.

III. 寫出括弧內動詞的過去式，並說明其用法：

1. Mother＿＿＿＿（say）to me, " Get up early tomorrow morning. "

2. His grandfather＿＿＿＿（sit）up till late every night.

3. Paul never＿＿＿＿（see）his aunt in Austria.

4. Miss Wu often＿＿＿＿（come）to see us.

IV. 填入 shall 或 will 使句意完整：

1. We＿＿＿＿be seventeen next year.

2. When＿＿＿＿I arrive in Taipei ?

3. You＿＿＿＿have to regret soon.

4. ＿＿＿＿you please come again ?

5. She＿＿＿＿have this camera if she wants it.

V. 將下列句中的動詞（斜體字部分）改爲適當的進行式形式：

1. Many people *look* at the picture.

2. They *skated* on the frozen pond.

3. We *have learned* English for five years.

4. Miss Lin *will read* the magazine.

5. My brother *had written* his composition when I came home.

VI. 說明下列句中劃線部分完成式的用法：

1. You <u>have heard</u> of Li Po, haven't you?

2. Please come as soon as you <u>have finished</u> dinner.

3. By the time you get back I <u>shall have looked</u> over all of these letters.

4. It <u>has been blowing</u> very hard since last night.

5. I <u>have lost</u> all my property.

VII. 將下列各句改爲被動語態：

1. Mr. Wang signed the bond.

2. The Prime Minister is giving an address in the Diet.

3. He spent much of his time in playing in the woods.

4. The cooling of the vapor would not produce the clouds.

5. One might have heard a pin drop.

6. Chinese manners and customs interest us foreigners.

7. What made you so desperate?

8. You will never meet with such an amiable person.

9. She gave each of us a pound.

10. Bring the witness here at once.

Ⅷ. 將下列各句改爲主動語態：

1. Great care should be taken of the children in punishing them.

2. By whom were these poems written ?

3. The defect has been pointed out by a few engineers.

4. Let nobody be permitted to enter my room.

Ⅸ. 將下列直說法的句子改爲假設法：

1. As you do not do as I tell you, you will not win the match.

2. As I did not lose my spectacles, I was able to read.

3. I am sorry I did not take my umbrella with me.

4. As she cannot get across that river, she is not safe.

5. I am sorry we cannot live for ever.

Ⅹ. 將下列各句翻譯成中文：

1. If I *were to* ask you whether dust is of any use, you would reply that it is of no use at all, but is only a nuisance.

2. If *it had not been for* my teacher's kind advice, I should have left school halfway through.

3. I feel *as if* I were in my own house.

4. I will pardon him *provided* he admits his fault.

5. As I am so hungry, I *could* eat a horse.

解　　答

I. 1. tried — tried　2. lay — lain　3. broke — broken
4. sought — sought　5. laid — laid　6. split — split
7. hung — hung（吊死 hanged — hanged）　8. began — begun
9. drove — driven　10. wore — worn

II. 1. 表永久不變的事實 。　2. 表現在的職業 。　3. 代替未來式 。
4. 表時間的副詞子句，以現在式代替未來式 。
5. 表現在的狀態 。

III. 1. said（指過去的動作）　2. sat（指過去的習慣）
3. saw（指過去的經驗）　4. came（指過去的習慣）

IV. 1. shall　2. shall　3. will　4. Will　5. shall

V. 1. are looking　2. were skating　3. have been learning
4. will be reading　5. had been writing

VI. 1. 表過去某時到現在的經驗　2. 表時間的副詞子句，以現在完
成式代替未來完成式　3. 表未來某時動作的完成　4. 表過去
繼續到現在的動作　5. 表過去動作狀態的結果

VII. 1. The bond was signed by Mr. Wang.
2. An address is being given in the Diet by the Prime
Minister.
3. Much of his time was spent in playing in the woods
（by him）.
4. The clouds would not be produced by the cooling of
the vapor.
5. A pin might be heard to drop.

6. We foreigners are interested in Chinese manners and customs.

7. By what were you made so desperate ?

8. Such an amiable person will never be met with (by you).

9. Each of us were given a pound by her.

10. Let the witness be brought at once.

VIII. 1. You should take great care of the children in punishing them.

2. Who wrote these poems ?

3. A few engineers have pointed out the defect.

4. Permit nobody to enter my room.

IX. 1. If you did as I tell you, you would win the match.

2. If I had lost my spectacles, I would have been unable to read.

3. I wish I had taken my umbrella with me.

4. If she could get across that river, she would be safe.

5. I wish we could live for ever.

X. 1. 如果我問你灰塵是否有任何的用處，你會回答它一點用處也沒有，而只是個令人討厭的東西。

2. 如果不是因爲我老師好心的忠告，我早就中途退學了。

3. 我覺得好像在自己的家裡一樣。

4. 假如他承認他的錯，我會原諒他。

5. 因爲我肚子太餓了，我可以吃下一匹馬。

第七章　助動詞・動狀詞

❶ 助動詞的種類和用法。

❷ 注意助動詞在疑問句和否定句時，和普通動詞的差異。

❸ 動狀詞（不定詞、分詞、動名詞）的性質。

❹ 動狀詞具有名詞、形容詞、副詞的作用。

☐ 助動詞

〔1〕 助動詞的定義

協助本動詞形成動詞片語，而表示時式、語氣、語態、疑問、否定等的動詞，就稱爲**助動詞**。所以助動詞通常不單獨使用，而和主動詞一起使用。

〔2〕 be 動詞和 have 動詞的用法

≪實例≫

1. Milk *is made* into butter and cheese.
   牛奶可製成奶油和乾酪。

2. We *have had* much snow this year. 今年下了許多雪。

---

1. **be 動詞**　be 動詞和現在分詞構成進行式，和及物動詞的過去分詞構成被動語態 <參照 p.174，p.190>，如實例 1. 和下面例子：

Who *is singing* in the next room?

（誰正在隔壁的房間唱歌？）〔進行式〕

America *was discovered* by Columbus.

（美洲是由哥倫布發現的。）〔被動語態〕

2 **have 動詞**　have 動詞和本動詞一起構成完成式＜參照 p.174＞。

　　I *have asked* you three times for a glass of water.

　　（我向你要一杯水已經要了三次了。）

　　Have you *learned* the Perfect Tense before？

　　（你以前學過完成式嗎？）

研究　be 動詞和 have 動詞也可以作本動詞用，如下例：

God *is*.（神存在。）

God *is* almighty.（神是萬能的。）

We *had* a lot of trouble finding your house.

　　（我們找你家找得好辛苦。）

　I *have* not any time.（我沒有時間。）

Have you a match？（你有火柴嗎？）

注意　作本動詞的 have 和普通動詞一樣，也可和 do（does, did）構成否定句和疑問句：

　　I *did* not *have* supper last night.（我昨天晚上沒有吃晚飯。）

　　Did you *have* a pleasant time？（你玩得愉快嗎？）

【問】下列的 be 動詞和 have 動詞，是助動詞或本動詞？	【答】
1. They *were* in the garden.	1. 本動詞
2. They *had* often been there.	2. 助動詞

〔3〕 **do（does，did）的用法**

≪**實例**≫

1. *Did* you read yesterday's Times？
   你讀過昨天的時代週刊嗎？

2. The trams *don't* run after midnight.
   電車午夜以後停開。

3. I *did* ask her to believe me, but she wouldn't listen.
   我的確要求她相信我，但是她不聽。

4. Well *do* I remember the event.
   那件事我記得很清楚。

5. She speaks English better than I *do*（＝speak）.
   她英文說得比我好。

---

1. **形成疑問句**　如實例 1. 和下例：

   When *did* you get acquainted with that politician？

   （你什麼時候結識那位政治家的？）

2. **形成否定句**　如實例 2. 和下例：

   Don't pronounce the 'h' in 'honest'.

   （honest 的 h 不發音。）

3. **加強語氣**（放在動詞前）　如實例 3. 和下例：

   Do take off your overcoat.（一定要脫掉外套。）

4. **用於倒裝句**　以副詞（片語）起首的句子，為了強調此副詞（片語），
   在副詞後倒裝成「 **do＋主詞＋動詞原形**」。如實例 4. 和下例：

   He never laughed from the bottom of his heart.

   → Never *did* he laugh from the bottom of his heart.

   （他從未真誠地笑過。）

5. **作代動詞** 爲了避免重覆前面使用過的動詞，而用 do 代替，這種 do 即稱做**代動詞**（Pro-Verb）。

> Did you meet her last night？ — Yes, I *did*（＝met）.
>
> （你昨晚遇到她了嗎？──是的，遇到了。）
>
> I like coffee very much. — So *do*（＝like）I.
>
> （我很喜歡咖啡。──我也是。）

注意 **so＋助動詞（或 be 動詞）＋代名詞（或名詞）**，作「也」解，所以 So do I. 爲「我也是」；但 **so＋代名詞＋助動詞或 be 動詞**，則表贊同，如下例：

> You like coffee very much. — So I *do*.
>
> （你很喜歡咖啡。──的確。）
>
> She sings beautifully. — So she *does*.
>
> （她歌唱得很好。──的確。）

So do～ 的否定是 **Neither do**～ 或 **Nor do**～，如下例：

> I don't break my promise. — Neither *do* I.
>
> （我不會食言。──我也不會。）

研究 在否定句和疑問句中，只有普通動詞，才加助動詞 do；若已有 be 動詞或其他助動詞則不能用 do。如下例：

1. He *is* an artist.（他是個畫家。）

   → *Is* he an artist？〔疑問句〕

   〔誤〕*Does* he *be* an artist？

   → He is *not* an artist.〔否定句〕

   〔誤〕He *does* not *be* an artist.

2. You can speak English.（你會說英語。）

   → Can you speak English？〔疑問句〕

   〔誤〕*Do* you can speak English？

   → You can not speak English.〔否定句〕

   〔誤〕You *do* not can speak English.

3. He *never* saw such an animal. (他從沒見過這樣的動物 。)

→ Did he *ever* see such an animal ？〔疑問句不可用 never〕

never 本身即否定 , 故句子本身即否定句 , 不可再用 not 形成否定 。

【問】下列句中的 do 是什麼用法？	【答】
1. He *did* care for fame.	1. 加强動詞語氣 。
2. Never *did* I dream of becoming a millionaire.	2. 用於倒裝句 。
3. Kitty skates better than Dora *does*.	3. 作代動詞 。

〔4〕 **語態助動詞**

助動詞如 can, may, must, will, shall, need 等 , 具有影響句意的功用者 , 稱爲「語態助動詞」 。

He *speaks* English. (他說英文 。)

He *can* speak English. (他能說英文 。)
　　　　 原形

語態助動詞的特徵如下：

1. **沒有原形**　不接在其他助動詞的後面 。

2. **沒有分詞形式**　不能接在 be 動詞 , have 動詞的後面 , 形成進行式 、 完成式和被動語態 。

3. **卽使用在第三人稱 、 單數 、 現在式 , 也不加 -s , -es**

〔比較〕 { He swims. (他游泳 。)

He can swim. (他會游泳 。)

4. **在否定句 、 疑問句 、 倒裝句中不用 do**

5. **和 not 並用時多用縮寫**　如 can't, won't, mustn't 等 <參照 p.380> 。

〔5〕 **can, could 的用法**

《實例》
---

1. The airplane *can* fly more than twenty-four hours.
   這架飛機能飛行二十四小時以上。

2. *Can* I come in? — Yes, you *can*.
   我能進來嗎?——是的,可以。

3. *Can* that be true? 那會是眞的嗎?

4. You *can* show me your report. 給我看你的報告。

5. *Can* you give me a cigarette? 你能給我一根煙嗎?

---

1. 表能力　如實例 1.和下例:

She *can* play tennis.（她會打網球。）

I *could* not understand what she said.（我不能了解她說的話。）

注意　can 的未來式和完成式以 **be able to** 代替:

He *will be able to* master English in several years.

（幾年之內他將能精通英文。）

No one *has been able to* give a correct answer to that
question.（沒人能對那問題提出正確的回答。）

2. 表許可（can = may; can't = must not）　如實例 2.和下例:

Can I ask you a question?（我可以問你一個問題嗎?）

You *cannot* swim in this pond.（你不可以在這個池裡游泳。）

注意　may 也可以表「許可」,但比 can 更正式,更禮貌;否定形
may not 也比 can not 客氣。

3. 表懷疑、可能　指現在用「can（not）＋原形」;指過去用「can
（not）＋ have ＋過去分詞」。如實例 3.和下例:

Where *can* I have left my umbrella？（我究竟把傘丟在哪裏？）

He *cannot* be rich.（他不可能富有。）

4. 表輕微的命令　如實例4.和下例：

You *can* bring me a cup of tea.（帶杯茶來。）

5. 表客氣的請求　如實例5.和下例：

Can you help us？（你能幫助我們嗎？）

Could you tell her so？（你能這樣轉告她嗎？）

注意　用 could 比用 can 客氣。

研究　含 can 的重要慣用語：

1. cannot but ＋原形動詞＝cannot help＋動名詞「不得不～」

<→p.269>

I *could not help laughing*〔*could not but laugh*〕when I heard the news.（當我聽到那消息時，禁不住要大笑。）

2. cannot ～ too「怎麼～也不為過」

We *cannot* praise him *too* much.（我們怎麼稱讚他也不為過。）

【問】	【答】
1. 下列句中的 can 是什麼用法？	1.
(1) You *can* have this book.	(1) 表許可
(2) *Can* he be a doctor？	(2) 表懷疑
2. 比較下面兩句的意思：	2.
(1) He cannot be ill.	(1) 他不可能在生病。〔對現在的懷疑〕
(2) He cannot have been ill.	(2) 他不可能生過病。〔對過去的懷疑〕

〔6〕 may, might 的用法

─《實例》────────────────

1. ***May*** I have this cake？ 我可以吃這塊蛋糕嗎？

2. He ***may*** succeed, or he ***may*** fail. 他可能成功，也可能失敗。

3. You ***may*** call him a great man.
   你大可稱他是個了不起的人。

4. ***May*** you succeed！ 祝你成功！

5. He went home early so that he ***might*** watch his favorite television program.
   他提早回家，以便看他最喜愛的電視節目。

6. However tired you ***may*** be, you must brush your teeth.
   不論你有多累，都必須刷牙。

───────────────────────

1. **表許可**　如實例 1. 和下面的例子：

You ***may*** go back now.（ 你現在可以回去了。）

May I call on you tomorrow？ — Yes, you ***may***.
（ 明天我可以去拜訪你嗎？——是的，你可以。）

May I go fishing next Sunday？ — No, you ***must not***.
（ 下星期天我可以去釣魚嗎？——不，你不可以。）

注意

1. may的否定形可用 **must not**，語氣較普通；也可以用 **may not**，語氣較客氣；或 **can not**，語氣較堅決：

   May I go to the movies？（ 我可以去看電影嗎？）
   —— No, you ***may not***〔***can not***〕.（ 不，你不可以。）

2. 如果用 **might** 代替 may，是更客氣的說法：

   Might I ask your name？（ 我可以請問你的大名嗎？）

2. **表推測** 「 may ＋原形」表對現在或未來的推測；「 may ＋ have ＋過去分詞」表對過去的推測。如實例2.和下例：

He *may* come here this evening. （他今晚或許會來。）

It *may* not rain for a day or two. （這一、兩天可能不會下雨。）

She *may have been* a beauty in her day.

（她年輕的時候可能是個美人。）

研究 用 might 表示對現在（或未來）的推測，指實現的可能性小。

He *might* succeed in the entrance examination.

（或許他入學考試能及格。）

3. **表客觀條件的容許，作「大可；儘可」解** 如實例3.和下面例子：

We *may* say that he is a fair man.

（我們大可說他是個光明正大的人。）

You *may* be quite certain of that.

（你大可十分確定那事。）

4. **表祈願：「 May ＋主詞＋動詞…」** 如實例4.和下面的例子：

May God help us ! （願上帝幫助我們！）

Long *may* you live ! （祝你長壽！）

（＝ *May* you live long ! 的加强語氣）

5. **用於表目的的副詞子句中** 如實例5.和下例：

We eat (*so*) that we (*may*) live. （我們為了活而吃。）

Write to him at once (*so*) *that* he (*may*) know in time.

（為了讓他及時知道，請立刻寫信給他。）

I hurried *in order that* I *might* come home before supper.

（我急著要在晚飯前回家。）

注意 此句型中的 may〔might〕，可以用 can〔could〕，will〔would〕代替。

6. 用於表讓步的副詞子句中　　如實例 6. 和下面例子：

However tired you *may* be, you must do your duty.

（不論你多麼疲倦，也必須盡你的義務。）

Whoever *may* còme, tell him I am out.

（不論誰來，告訴他我出去了。）

【研究】　**may 的慣用語：**

1. **may well** ＋原形動詞「大可～；儘可～」

They *may well* be proud of their son.

（他們大可以他們的兒子為榮。）

2. **may as well** ＋原形動詞「最好～」（＝ had better ＋原形動詞）

You *may as well*（＝had better）go to bed at once.

（你最好立刻睡覺。）

【問】下列句中的 may 是什麼用法？	【答】
1. You *may* be surprised at this.	1. 表推測
2. Any one *may* come to our party.	2. 表許可
3. We *may* say so.	3. 表客觀條件的容許
4. Whatever *may* happen, I shall not be disappointed.	4. 表讓步副詞子句的 may
5. *May* God save the King!	5. 表祈願
6. He is working hard so that he *may* pass the examination.	6. 表目的副詞子句的 may

〔7〕 must 的用法

─≪實例≫─────────────

1. Every one of us *must* do his best.

   我們每個人都要盡力而爲。

2. You *must* not speak ill of him behind his back.

   你不可在別人背後說他壞話。

3. They *must* have led a very hard life.

   他們一定過著非常艱苦的生活。

──────────────────────

1. **表義務或應該**　如實例 1.和下例：

   We *must* be careful not to make a mistake.

   （我們必須小心不要犯錯。）

   One *must* sow before one can reap.

   （收穫之前必須先播種。──有耕耘才有收穫。）

   must 沒有過去式和原形，所以在過去式和未來式中，必須用 **have to** 來代替：

   They *had to* pay the debt.（他們必須還債。）

   She will *have to* apologize for that.（她將必須爲那件事道歉。）

   注意　回答 must 疑問句的答句中，肯定用 must（有必要），否定用 need not（沒有必要）。

   A: Must I rewrite the report？（我得重寫報告嗎？）

   B: Yes, you **must**.（你有必要重寫。）

   No, you **need not**.（你沒有必要重寫。）

2. **表禁止**　如實例 2.和下面例子：

   You *must not* come till I call you.

   （在我叫你以前，你不可以來。）

May I use your desk? — No, you *must not*.

（我能用你的桌子嗎？——不可以。）

注意 must not 的反義是 may，又 must ＝ have to。但 must not ≠
do not have to。

3. **表肯定的推測** $\begin{cases} \text{must ＋原形 —— 對現在的推測} \\ \text{must ＋ have ＋過去分詞 —— 對過去的推測} \\ \text{must be ＋現在分詞 —— 對未來或現在正在的推測} \end{cases}$

如實例 3. 和下面例子：

You *must be* tired.（你一定是疲倦了。）〔現在〕

She *must have been astonished*.（她一定感到驚愕。）〔過去〕

According to the weather report, it *must be raining*
tomorrow.（根據氣象，明天一定下雨。）

【問】下面的 must 是什麼用法？	【答】
1. You *must* have had a very good time.	1. 表推測
2. Man *must* die once.	2. 表應該

---

〔8〕 **ought to** 的用法

≪實例≫

1. You *ought to* consult your father.
   你應該和你父親商量。

2. Such a man *ought to* make a fortune.
   這樣的人應該發財。

1. 表義務 如實例 1.和下面例子：

Something ***ought to*** be done for these poor orphans.

（應該為這些可憐的孤兒做些事。）

You ***ought not to*** give up the attempt in despair.

（你不應該絕望地放棄這個嘗試。）

注意

{
ought to＋have＋**過去分詞** 表「過去該做而未做的事」
ought not to＋have＋**過去分詞** 表「過去不該做而做的事」
}

He ***ought to have consulted*** a doctor.

（他應該去看醫生。）

We have done many things which we ***ought not to have done***.

（我們做了許多不該做的事。）

2. 表應該 如實例 2.和下面例子：

Such a bright boy as he ***ought to*** pass the examination.

（像他這麼聰明的男孩，應該能通過考試。）

He ***ought to*** arrive here by ten. （他應該在十點以前到達這裡。）

ought not to have done

【問】 下列句中的ought to是什麼用法？	【答】
1. She *ought to* have arrived in New York by now.	1. 表應該
2. No one *ought to* betray his friends.	2. 表義務

〔9〕 used to 的用法

─《實例》─────────────────────

1. The dog *used to* sleep in the kennel.
   那隻狗過去習慣睡在狗屋裏。

2. *Used* he *to* say so？他以前常這樣說嗎？

─────────────────────────────

1. **used to ＋原形動詞：表過去（規律）的習慣，或某時期的狀態，但現今已不存在了** 如實例 1. 和下例：

   The professor *used to* sit up far into the night for study.
   （那位教授過去經常研讀到很晚。）〔過去的習慣〕

   There *used to* be a big tree in our garden.
   （我們的花園中曾有一棵大樹。）〔過去的狀態〕

2. **used 可直接形成疑問句、否定句** 如實例 2. 和下例：

   Used he *to* practice swimming after school？— No, he usedn't.
   （他過去放學後常練習游泳嗎？——不，他不常。）

   注意 美語中，used 也可和普通動詞一樣，用助動詞 did 形成否定句和疑問句：

   She *did not use* to get up early.（她不常早起。）

   Did he *use to* brush his teeth three times a day？
   （他以前一天刷三次牙嗎？）

〔10〕 need, dare 的用法

─《實例》─────────────────────

1. You *need* not take the medicine. 你不需要吃藥。

2. I *dare* not speak to him. 我不敢跟他說話。

─────────────────────────────

1. **need 的用法**　　need 作助動詞時，只用於疑問句和否定句中。如實例 1. 和下例：

　　Why *need* you hurry？（你為什麼必須快點？）

　　You *need* not worry about that.（你不需要擔心。）

> 注意
>
> 　1. 「 **need ＋ have ＋過去分詞** 」表示「過去不必做而已做的事」：
>
> 　　　She *need not have agreed* to his request.
> 　　　（她原本不必答應他的要求。）
>
> 　2. 下列句中的 need 不是助動詞，而是本動詞：
>
> 　　　He *needs* to go.（他必須去。）〔肯定句〕
>
> 　　　He does not *need* to go.（他不須要去。）〔否定句〕
>
> 　　　Does he *need* to go？（他必須去嗎？）〔疑問句〕
>
> 　need 作本動詞時，用法與一般動詞大致相同。第三人稱單數現在式要加 s；且後面接不定詞。在疑問句、否定句中，則加 do(does, did)。

【問】下列句中的 need 是助動詞或本動詞？	【答】
1. Do we *need* to go to the hospital tomorrow？	1. 本動詞
2. You *need* not go to the hospital on Sunday.	2. 助動詞

2. **dare 的用法**　　dare 有助動詞和本動詞雙重的性質

　(1) **用於否定句作「不敢」解**　　如實例 2. 是助動詞的用法，再看下面 dare 當本動詞的例子：

　　　He doesn't *dare* to climb that tree.

　　　（他不敢爬上那棵樹。）

⑵ 用於疑問句表「有勇氣與否」

Dare he do that？（他敢做那個嗎？）〔助動詞〕

Does he *dare* to do that？（同上）〔本動詞〕

注意

1. How dare you（ he …）？ 不是眞正疑問句，而是對主詞所做的事表示「憤怒、譴責」之意。dare 在此是助動詞。

How *dare* you come here again？（你怎敢再到這裡？）

2. dare 當做助動詞之過去式爲 dared；當做本動詞，則依規則動詞的變化：

He *dared* not tell the truth.（他不敢說實話。）

He *dared* to do what he knew was right.

（他敢做他認爲是對的事。）

3. I dare say（或 I daresay）是「我以爲；我想」（ perhaps）的意思。

I daresay he will come later.（我想他會晚一點來。）

研究 下表是上述助動詞肯定及否定的關係：

肯　　　定	否　　　定
can（能～）	**can not**（不能～）
may（可以～）	**must not**（不可以～）
may（可能～）	**may not**（不可能～）
must（必須～）	**need not**（不必～）
must（一定～）	**can not**（不可能～）
have to（必須～）	**do not have to**（不必～）

〔11〕 will 的特別用法

≪實例≫

1. She *will* be thirteen now? 她現在可能是十三歲吧?

2. People *will* talk. 人言可畏。

3. He *will* often come here to have a chat with me.
   他常來這裡和我閒聊。

4. You *will* please do so. 請這麼做。

5. This match *will* not catch.
   這根火柴就是點不著。

---

1. 表對現在的推測 　如實例 1.和下面的例子:

He *will* be downstairs now. (他現在可能在樓下。)

You *will* be Mr. Smith? (你是史密斯先生吧?)

2. 表習性、傾向 　如實例 2.和以下的例子:

Accidents *'will* happen. (意外事件常常發生。)

Children *'will* be curious. (小孩總是很好奇。)

3. 表現在的習慣 　如實例 3.和下例:

She *will* sit for hours before the fire.

(她常在火爐前坐上好幾小時。)

children 'will be curious.

4. 表輕微的命令 如實例 4.和下例：

You *will* bring me a cup of tea, Mrs. Hunter.

（漢特太太，請給我拿杯茶來。）

5. 表否定的意志 如實例 5.和下例：

This door *will* not open.（這扇門就是打不開。）

【問】下列句中的 will 是什麼用法?	【答】
1. Women *will* be obstinate.	**1.** 表習性
2. It *will* be raining outdoors.	**2.** 表現在的推測
3. This camera *will* not work.	**3.** 表否定的意志

﹝12﹞ would 的特別用法

≪實例≫

1. She *would* often wear a blue hat. 她以前常常戴頂藍帽子。

2. I *would* rather not go. 我寧願不去。

3. The dog *would* eat nothing. 這狗就是不吃東西。

4. *Would* you take us for a walk? 你要帶我們去散步嗎？

1. 表過去的習慣 如實例 1.和下面的例子：

Jones *would* often come and play cards with me.

（約翰以前常來和我玩撲克牌。）

注意　would 和 **used to** 意思相同，would 表「過去不規則的習慣」，used to 則為「過去較規則的習慣」，且 would 較主觀，used to 較客觀，過去和現在習慣對比時，要用 used to。如 I am not what I *used to* be.（今日的我與往昔的我不同。）

2. **表主詞的意志**　實例2.的 would rather 作「寧願」解。再看下面的例子：

> Do what you ***would*** (＝*wish to*).
>
> （做你想做的。）

3. **表過去的否定意志**　如實例3.和下例：

> He ***would*** not listen to me.
>
> （他就是不聽我的話。）

4. **表謙恭的請求**　如實例4.和下例：

> ***Would*** you please show me the way to the station？
>
> （請你告訴我到車站的路好嗎？）

【問】下列句中的 would 是什麼用法？	【答】
1. *Would* you mind opening the window？	1. 表謙恭的請求
2. We *would* often play bowling.	2. 表過去的習慣
3. The window *would* not open.	3. 表過去的否定意志

〔13〕　shall 的特別用法

≪實例≫

1. I ***shall*** never leave you alone. 我絕不把你一人留下。

2. This society ***shall*** be called E.S.S.
   這個團體可稱為 E.S.S. 。

1. **強調第一人稱主詞的意志**　如實例1.。再看下面的例子：

> I ***shall*** never forgive him. （我絕不原諒他。）
>
> I ***shall*** remember your kindness all my life.
>
> （我會終生記得你的仁慈。）

2 **用於法令、規章中**　無論主詞人稱如何，一律用 shall。如實例 **2.** 和下例：

Freedom of thought *shall* not be violated.

（思想自由是不容侵犯的。）

〔14〕 should 的特別用法

≪實例≫

1. You *should* be more careful of money.
   你應該對錢更謹慎。
2. They *should* arrive by two o'clock, I think.
   我想他們應該在兩點以前到達。
3. It was proposed that we *should* act at once.
   有人提議我們立刻行動。
4. I *should* like to try it again. 我願再試一次。

---

1. **表義務，應該**　如實例 **1.** 和下面的例子：

One *should* (= *ought to*) obey one's parents.

（人應該聽從父母的話。）

You *should* not be lightly dressed in such weather.

（你不應該在這種天氣穿薄的衣服。）

注意　「 should ＋ have ＋ **過去分詞** 」表示過去該做而未做的事 <→p. 232>：

You *should have trusted* a man like him.

（你原本應該信任像他這樣的人。）

2. **表合理的推論，或說話者的感覺**　如實例 **2.** 是表示「合理的推論」。再看以下的例子：

A man of his character *should* be called our leader.

（一個像他這樣人格的人，當然可以稱為我們的領導者。）〔合理的推論〕

It was natural that you *should* think so.

（你這樣想是自然的。）〔說話者的感覺〕

I am surprised that he *should* be ignorant of that.

（我很驚訝他竟然不知道那件事。）〔說話者的感覺〕

3. **用於「慾望動詞」後的 that 子句中，表「應該」，而 should可以省略**
如實例 3.。其句型如下：

$$S_1 + 慾望動詞 \begin{cases} \text{suggest（建議）} \\ \text{ask（請求）} \\ \text{demand（要求）} \\ \text{decide（決定）} \\ \text{propose（提議）} \\ \vdots \end{cases} + that + S_2(+should) + 原形動詞$$

再看下面的例子：

I demand that you(*should*) pay the check right away.

（我要求你馬上付這支票。）

It was decided that the boy(*should*) be sent to France.

（決定將這孩子送到法國去。）

4. **謙恭的說法**

I *should like to* see your little sister.

（我願意見你妹妹。）

I *should* think so. （我該這麼想。）

注意　should like to（我願意～）常用 **would like to** 代替（尤其在美國）。

研究　should 的其他用法如下：

1. **強調懷疑**

Why *should* I know？（為什麼我該知道？）
Where *should* I go？（我該去哪裡好呢？）

2. **lest ～ should** 「以免～；惟恐～」

They walked very carefully *lest* they *should* fall into the water. （他們走路很小心，以免掉進水裡。）

【問】 下列句中的 shall 和 should 是什麼用法？	【答】
1. I *shall* not forget your cruelty.	1. 強調第一人稱主詞的意志
2. It is strange that he *should* not be here.	2. 表說話者的感覺

② 動狀詞

　動狀詞有**不定詞、分詞、動名詞**等，都是非限定動詞（→ p.383），具有動詞的性質，可以有受詞、補語，也有完成式和被動語態，或是被副詞（片語）修飾；同時也有名詞、形容詞或副詞的作用：

I like *playing golf*. （我喜歡打高爾夫球。）〔有受詞〕

She seems *to have been* a beauty.

　（她似乎曾是個美人。）〔有補語、完成式〕

I have heard of the thief *having been arrested*.

　（我聽到小偷已經被捕了。）〔完成式、被動語態〕

1. 不定詞

〔1〕 不定詞的種類

不定詞分爲**有 to 的不定詞**與**無 to 的不定詞**(原形動詞)兩種 。

〔2〕 不定詞的形式

時　　式 ＼ 語　態	主　動　語　態	被　動　語　態
簡　單　式	to ＋原形動詞	to be ＋過去分詞
進　行　式	to be ＋現在分詞	
完　成　式	to have ＋過去分詞	to have been ＋過去分詞
完成進行式	to have been ＋現在分詞	

否定形態： not　to　＋原形動詞 ; never　to　＋原形動詞

【問】 請寫出題目要求的 to make 的 形式：	【答】
1. 完成式	1. to have made
2. 進行式	2. to be making
3. 否定的完成進行式	3. not to have been making
4. 否定的被動簡單式	4. not to be made

〔3〕 有 to 的不定詞 (片語) 的用法

《實例》

1. *To know oneself* is not easy. 要了解自己並不容易 。

2. There is no time *to lose*. 沒時間可浪費了 。

3. I went to the airport *to see my friend off*.
   我到機場去給我朋友送行 。

1. **當名詞**

不定詞作名詞時，當句子的主詞、受詞或補語

(1) **作主詞**

> *To know oneself* is not easy. （實例 1.）
>
> *To persuade her* is impossible. （要說服她是不可能的。）

To know oneself is not easy.

| 研究 | 也可用形式主詞 it，造成 It … to ～ 的句型，此時後面的不定詞（

片語），才是真主詞＜參照 p.47 ＞。如：

> *It* is not easy *to know oneself.*
>
> *It* is impossible *to persuade her.*

【問】用形式主詞 it，改寫下列句子：	【答】
1. To go to his native town was his first wish.	1. It was his first wish to go to his native town.
2. Not to keep one's promise is wrong.	2. It is wrong not to keep one's promise.

(2) **作受詞**

> The prince promised me *to come back again.*
>
> （王子答應我會再回來。）
>
> Everyone wanted *to know the truth.* （大家都想知道事實。）

注意 也有用形式受詞 it 的情形＜參照 p. 47 ＞, 如下列：

I found *it* difficult *to refuse his offer*.

（我發現要拒絕他的提議是困難的。）

【問】下列的不定詞和不定詞片語是 什麼用法？	【答】
1. *To err* is human.	1. 句子的主詞
2. Don't forget *to call me at 7 tomorrow morning*.	2. 動詞 forget 的受詞

(3) 作補語

His last wish was *to die in bed*.

（他最後的願望是能夠善終。）〔主詞補語〕

We all know her *to be a good-natured woman*.

（我們都知道她是個好脾氣的女人。）〔受詞補語〕

I asked him *not to speak so fast*.

（我要求他不要說那麼快。）〔受詞補語〕

注意 **疑問詞＋不定詞＝名詞片語**。如下例：

No one knew *how to open the box*.

（沒有人知道如何打開盒子。）

I don't know *where to go*.（我不知道去哪裡好。）

The question is *when to do it*.（問題是什麼時候去做它。）

2. 當形容詞

不定詞作形容詞時，放在所修飾的（代）名詞後面，如實例 **2**。另外，也可以作補語用。

(1) 作（代）名詞的修飾語

This is a very quiet place *to live in.*

（這是一個非常安靜的居住地方。）

She was the last *to come.* （她是最後來的人。）

Give me something hot *to drink.* （給我熱的飲料喝。）

研究 被修飾的（代）名詞和不定詞（片語）之間，有下列的關係：

1.（代）名詞作不定詞（片語）意義上的主詞

He was *the first* *to come.*

（他是最先來的人。）

There was *nothing to be seen.*

（什麼東西都看不見。）

The duke had *no friends to*
support him.

（那公爵沒有朋友援助他。）

2.（代）名詞作不定詞（片語）意義上的受詞

Lend me *some books to read.*

（請借我一些書看。）

I have *no more to tell you.* （我再也沒有什麼要告訴你。）

3.（代）名詞作不定詞（片語）中介系詞的受詞

Eliza had *no relatives* to rely *on.*

（伊莉莎沒有可依靠的親戚。）

We have *no house* to live *in.* （我們沒有房子住。）

⑵ **作補語**

形容詞用法的不定詞（片語），接在 be 動詞或 seem, appear 等動詞的後面時，作補語用。尤其 " be ＋ to ～ " 是表「預定」、「義務」、「可能」、「命運」等意思，請看下面的例子：

Laura *is to arrive* here at seven.

（羅拉七點到達這裡。）〔預定〕

You *are* *to* *do* *it*. （你該這麼做。）〔義務〕

Stars *are* *to* *be* *seen* at night.

（在晚上可以看得見星星。）〔可能〕

He *was* not *to* *see* his native place again.

（他命中註定再也見不到他的故鄉。）〔命運〕

【問】 下面的 be to～是什麼用法？	【答】
1. You *are to come and wait*.	1. 義務
2. Nothing *was to be seen* in the dark.	2. 可能

3. **當副詞**

副詞用法的不定詞（片語），修飾動詞、形容詞、副詞，表示**目的、原因、理由、結果、條件**等：

(1) **表目的**

They stood up *to see better*.

（他們為了看得更清楚而站了起來。）

To please his wife he bought her an expensive jewel.

（為了取悅他太太，他買給她昂貴的珠寶。）

研究 用 **in order to～**，**so as to～** 的形式，可使「目的」的意義更顯著。

He got up early *in order to*〔*so as to*〕be in time for the train. （他早起為了能及時趕上火車。）

(2) **表原因、理由**

He was sorry *to hear of your disappointment*.

（聽到你的失望，他感到抱歉。）

My friend was delighted *to meet you*.

（我的朋友很高興認識你。）

(3) **表結果**

Today most people will live *to be* over seventy.

（今天大部分的人都會活到七十歲以上。）

He worked hard *only to fail* in the examination.

（他雖然很努力，考試還是失敗了。）

〔 only to…，表「令人失望的結果」〕

He worked so hard as *to have* his own house.

（他工作如此努力，以致於有了自己的房子。）

He worked so hard as to have his own house.

研究 so as to…表「目的」，而 **so…as to** 表「結果」，比較下面兩句：

He left home early *so as to catch* the first train.

（他一早就從家裡出來，為了趕上第一班火車。）〔目的〕

He left home *so* early *as to catch* the first train.

（他因為很早從家裡出來，而趕上第一班火車。）〔結果〕

【問】下列句中的副詞性不定詞片語表示什麼作用？	【答】
1. Few people live *to be ninety*.	1. 表結果
2. He went over to America *to study physics*.	2. 表目的
3. She was apparently shocked *to hear of it*.	3. 表原因

(4) 表條件

I should be crazy *to suppose so*.

(= If I suppose so, I should be crazy.)

（如果這樣想，我會瘋了。）

(5) 表限制

You are now old *enough to know* the truth.

（你年紀大得可以了解眞相。）

My father is now *too* old *to work*.

（我父親現在年紀大得不能工作了。）

4. 不定詞（片語）的獨立用法

這是副詞用法之一，從句中獨立出來，修飾全句，此不定詞稱爲「獨立不定詞」。但只限於慣用語。

To tell you the truth, he is not trustworthy.（坦白說，他不可靠。）

Needless to say, man's life is the most precious thing of all.

（不用說，人的生命是最寶貴的。）

其他的獨立不定詞片語如下：

to be sure （的確）

to be frank（*with you*）（老實說）

so to speak （可以說是）

not to speak of （更不用說）

to make matters worse （更糟的是）

(*It is*) glad to say （說來很高興）

(*It is*) strange to say （說也奇怪）

[4] 無 to 的不定詞（片語）的用法

≪實例≫

1. I *have* never *seen* her *smile*. 我從沒看過她笑。

2. *Let* me *know* your address. 告訴我你的住址。

3. You *had better sleep* again. 你最好再睡一覺。

1. **作感官動詞的受詞補語**　如實例 1.。see, hear, feel 等感官動詞，後面接原形不定詞（片語）。再看下例：

> We *heard* the boy *cry*.（我們聽到那男孩哭。）
>
> She *felt* the tears *flow* down her cheeks.
>
> 　（她感覺眼淚從臉頰上流下來。）

研究　這種句子的被動語態，不定詞的 to，不可省略：

We heard the boy *cry* → The boy was heard *to cry*（*by us*）.

2. **作使役動詞的受詞補語**　如實例 2.。表「使；讓」的 let, make, have, bid 等使役動詞，後面接原形不定詞（片語），作受詞補語。再看下例：

> *Let* him *come here*.（讓他來這裡。）
>
> This *made* her *weep bitterly*.（這使得她痛哭。）
>
> We *had* him *write the letter*.（我們叫他寫信。）

研究

1. 在被動語態中，使役動詞後面的 to 不可省略：

> This made her *weep* bitterly.
>
> → She was made *to weep* bitterly by this.

2. 使役動詞除 let, make, have, bid 四個字後接原形不定詞外，其他如 force, get, cause, compel 等，其後仍接有 to 的不定詞：

> They *forced* me *to tell them the location*.
>
> 　（他們強迫我告訴他們地點。）
>
> I *got* the redcap *to carry my luggage*.（我叫腳伕替我搬運行李。）

3. **慣用語**

> I think I *had better go* home now.（我想我現在最好回家。）
>
> 〔had better ＋原形不定詞，作「最好～」解〕
>
> I *could not but laugh*.（我禁不住笑起來。）
>
> 〔cannot but ＋原形不定詞，作「不得不～」解〕

I *would rather* not *go*. （我寧願不去。）

〔would rather＋原形不定詞，作「寧願～」解〕

A girl of her age *does nothing but laugh*.

（像她這種年齡的女孩只是會笑。）

〔do nothing but＋原形不定詞，作「只是～」解〕

【問】請改正下面句子的錯誤：	【答】
1. A stranger was seen enter the gate.	1. *enter → to enter*
2. I made the old shoemaker to mend my shoes.	2. *to mend → mend*

〔5〕 不定詞的時式

不定詞的**簡單式**，大都表示與主要動詞同時間的動作或狀態；**完成式**表示發生在主要動詞之前的動作或狀態：

──《實例》──

1. She seems *to be* ill. 她似乎生病了。

2. She seemed *to be* ill. 她過去似乎生病了。

3. She seems *to have been* ill. 她似乎生過病。

4. She seemed *to have been* ill. 她過去似乎生過病。

1. **簡單式**　簡單式不定詞，表示與主要動詞同時發生的動作、狀態。如實例 1. 的 to be ill，表示她現在生病；實例 2. 則表示過去生病。

2. **完成式**　完成式不定詞，表示發生在主要動詞之前的動作或狀態。如實例 3. 有「她似乎生過病」的意思，「似乎」是現在的時刻，「生病」是比現在要早發生的事；實例 4.「她過去似乎生過病」，「似乎」是過去的某時，「生病」是比過去某時要早發生的事。

She seems to have been a beauty.

研究　hoped, meant, intended, expected, wished 等過去式動詞，後面接完成式不定詞（片語）時，表示過去沒有實現的計畫、顧望或期待。

He meant to ***have gone*** abroad.（他本打算出國。）〔實際上沒有出國〕
〔比較〕He meant to ***go*** abroad.
　　（他打算出國。——實際上，出國與否並不清楚）

I hoped to ***have finished*** it by three in the morning.
　　（我本希望在早上三點以前完成它的。）〔實際上不能完成〕
〔比較〕I hoped to finish it by three in the morning.
　　（我希望在早上三點以前完成它。——實際上，完成與否不清楚）

【問】請說明下列兩句的意思：	【答】
1. He intended to go to Europe.	1. 他打算去歐洲。〔實際上不知道有沒有去〕
2. He intended to have gone to Europe.	2. 他本打算去歐洲。〔實際上沒去〕

[6] **不定詞（片語）意義上的主詞**

≪**實例**≫
---

1. I hope *to succeed*. 我希望我能成功。

2. I asked *him to call* me up at three p.m.
   我要他下午三點打電話給我。

3. It is very natural for *them to think* so.
   他們這樣想是很自然的。

4. It is kind of *you to say* so. 你這樣說真好。

---

1. 句子的主詞＝不定詞（片語）意義上的主詞

如實例 1. to succeed 意義上的主詞，和句子的主詞 I 相同，因此可以
改寫成 I hope that I shall succeed.

2. 句子的主詞≒不定詞（片語）意義上的主詞

如實例 2.「打電話」的人不是句子的主詞 I，不定詞前面的 him 才是
不定詞（片語）意義上的主詞。

注意　下列句子中，不定詞（片語）意義上的主詞是指「一般人」：

It is wrong *to tell* a lie.（說謊是不對的。）

To speak English is not easy.（說英文是不容易的。）

3. for＋不定詞（片語）意義上的主詞

如實例 3.，for 後面接不定詞（片語）意義上的主詞。再看下例：

I found it impossible *for them to escape*.

（我發覺他們要逃跑是不可能的。）

The best thing *for you to do* is to tell it to your parents.

（你最好把這件事告訴你父母。）

4. of＋不定詞（片語）意義上的主詞

如實例 4.，of 後面接不定詞（片語）意義上的主詞。對 of 後的受詞
「**稱讚**」或「**責備**」時，用此句型。

How foolish it was *of me to believe* his words !

（我是多麼的愚蠢，竟相信他的話！）

It is very nice *of you to come and help* us.

（你眞好，願意來幫助我們。）

【問】下列不定詞片語意義上的主詞是什麼？	【答】
1. How cruel of you *to do so* !	1. you
2. For me *to be here* is a nuisance.	2. me
3. It is interesting *to read books*.	3. 一般人

〔7〕 代不定詞

爲了避免重複使用前面已出現的動詞，不定詞僅用 to 來代替，稱爲**代不定詞**。

≪實例≫

1. You may do so if you want *to*.

   如果你要的話，你可以這麼做。

2. She opened the window, though I told her *not to*.

   雖然我告訴她不要開窗，她還是開了。

上面的實例可改寫成下列的句子，而意義相同：

You may do so if you want *to do so*.

She opened the window, though I told her *not to open the window*.

再看下面的句子：

I would like to come, but I have no time *to*(*come*).
（我願意來，但是沒有時間來。）

Let's go.— I shall be glad *to*(*go*).（我們去吧！——我很高興去。）

【問】請將下列的代不定詞改寫成不定詞片語：	【答】
1. Will you join us？— I should like *to*.	**1.** to join (*you*).
2. I will write him a letter if I have *to*.	**2.** to write (*him a letter*).

2. 分　詞

〔1〕 分詞的種類

分詞有**現在分詞**和**過去分詞** 兩種

> be ＋ 現在分詞 → 進 行 式 ＜參照 p.181＞
>
> be ＋ 過去分詞 → 被 動 式 ＜參照 p.190＞
>
> have＋ 過去分詞 → 完 成 式 ＜參照 p.183＞

〔2〕 分詞的用法⑴ ——作修飾語

≪實例≫

1. The child is afraid of a ***barking dog***. 小孩怕會叫的狗。

2. The baby ***sleeping in the cradle*** is my little sister.
睡在搖籃裏的嬰孩是我妹妹。

3. There was a ***broken*** vase on the shelf.
架上有一個破了的花瓶。

4. A Negro ***named Jim*** ran away. 一個叫吉姆的黑奴逃走了。

分詞具有動詞性質和形容詞性質，所以可以放在名詞的前面或後面，修飾那個名詞。這種分詞的用法，稱爲**修飾**用法（參考形容詞的修飾用法 p.87 ）。

1. **放在名詞前**　分詞單獨放在名詞前，通常修飾它後面的名詞。

實例 3. 的 a *barking* dog

實例 4. 的 a *broken* vase

再看下面的例子：

Look at the *sleeping* baby.（看這個睡覺的嬰孩。）

The police discovered the *stolen* portrait.
（警察發現了被偷走的畫像。）

研究

1. 分詞和形容詞一樣，前面加定冠詞 " the " 即可作名詞用（→p.106 ）：

He was deeply interested in *the unknown*.
（他對於未知的事物有濃厚的興趣。）

Nightingale nursed *the wounded*（＝ the wounded people）and *the dying*（＝ the dying people）devotedly.
（南丁格爾一心一意地看護傷患和垂死的人。）

Everybody speaks highly of *the deceased*（＝ the dead person）.（每個人都極力稱讚死者。）

2. 有些現在分詞有 " very " 的意思時，可以修飾形容詞和副詞：

exceeding good（非常地好）

piercing cold（刺骨地寒冷）

burning hot（酷熱）

2. **放在名詞後**　作形容詞的分詞片語（帶有受詞、補語或副詞的分詞），或由若干個字所合成的分詞（即完成式或被動語態分詞）作形容詞用時，要放在名詞後面，如實例 2.和 4. 。再看下面例子：

The man ***talking with an American over there*** is Mr. Green.
（ 在那邊和一位美國人談話的人是格林先生 。）

Those flowers ***smelling very sweet*** are roses.
（ 那些聞起來很香的花是玫瑰花 。）

Do you know who the boy ***being punished*** by our teacher is?
（ 你知不知道正被老師處罰的那個小孩是誰？）

研究　一般而言，**及物動詞**的**現在分詞**有**主動**的意思；**過去分詞**有**被動**的意思：

an ***exciting*** book（＝ a book which *excites* people）（ 動人的書 ）

the ***excited*** crowd（＝ the crowd which *is excited*）（ 興奮的群衆 ）

不及物動詞的**現在分詞**通常表示「**習性**」或「**狀態**」；**過去分詞**表示「**結果**」：

a ***flying*** bird （ 飛鳥 ）〔習性〕

a ***running*** dog （ 在跑的狗 ）〔狀態〕

a ***fallen*** leaf （ 落葉 ）〔結果〕

a ***retired*** businessman （ 退休的商人 ）〔結果〕

〔3〕 分詞的用法⑵ ── 作補語

《實例》

1. She remained ***standing*** in the rain. 她依然站立在雨中 。

2. He seemed ***satisfied*** with the result of this experiment.
   他似乎很滿意這項實驗的結果 。

3. I saw the man ***coming*** across the street.
   我看見那人穿過街來 。

4. I could not make myself ***understood*** in English.
   我無法用英語表達自己的意思 。

1. 作主詞補語 如實例 1., 2. 的分詞，是作主詞補語。再看下例：

It turned out *fascinating* for us.

（ 對我們而言，那變得吸引人。 ）

Everyone present seemed *surprised* at the news of their engagement.

（ 每一個在場的人，對於他們訂婚的消息，似乎都感到驚訝。 ）

2. 作受詞補語 如實例 3., 4. 的分詞（ 片語 ），是作受詞補語。再看下例：

I kept him *waiting* for nearly half an hour.

（ 我讓他等了將近半小時。 ）

I thought my name *known to them.*

（ 我想他們知道我的名字。 ）

分詞也可作感官動詞或使役動詞的受詞補語：

I *saw* a dog *running.* 〔感官動詞的受詞補語〕

（ 我看見一隻狗在跑。 ）

I *had* my hair *cut.* 〔使役動詞的受詞補語〕

（ 我把頭髮剪了。 ）

I *had* my fortune *told* yesterday. 〔使役動詞的受詞補語〕

（ 我昨天去算命。 ）

注意 **have ＋受詞＋過去分詞** 是「使～ 被…」的意思：

I had my watch repaired. （ 我叫人修理我的錶。 ）

I had my purse stolen. （ 我的錢包被偷了。 ）

【問】下列句中的分詞是什麼用法？	【答】
1. A boy *named* Robert stood up.	**1.** 修飾用法（ 修飾 a boy ）
2. She seemed *shocked* at my proposal.	**2.** 主詞補語
3. He left the door *unlocked*.	**3.** 受詞補語

〔4〕 分詞的用法⑶ —— 分詞構句

分詞構句以分詞爲中心，即使沒有主部、述部，也和子句具有相同的作用，可表時間、理由、條件、讓步、連續動作和附帶狀態。分詞構句依其表示的意義，也可用連接詞改寫成子句。請看下面的例子：

Hearing the fire-bell (=*When* he heard the fire-bell), he jumped out of bed.

（當他聽到失火警鈴響時，從床上跳起來。）〔時間〕

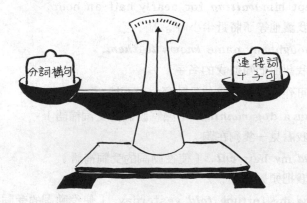

Not feeling well (= *As* I did not feel well), I stayed at home all day.

（因爲我覺得不太舒服，所以整天待在家裡。）〔理由〕

Turning to the left (= *If* you turn to the left), you will find the bank.

（向左轉，你可以找到銀行。）〔條件〕

Admitting what you say (= *Though* I admit what you say), I still doubt your sincerity.

（雖然我承認你所說的，但仍然懷疑你的眞誠。）〔讓步〕

My train starts at six, *arriving there at four p.m.* (= *and* (*it*) will arrive there at four p.m.)

（我的火車六點開，下午四點到那裡。）〔連續動作〕

His father died, ***leaving debts behind him*** (= ..., ***and*** left debts behind him).

（ 他的父親死了，而且留下了債務 。）〔附帶狀態〕

【問】下列的分詞構句表示什麼意思？	【答】
1. Finding myself unable to move, I remained there all night.	1. 理由
2. Offered a very nice position, he did not accept it.	2. 讓步

分詞構句從形式上可分爲下列五種：

《實例》

1. ***Arriving at the station***, he found his train gone.
   當他到達了車站，發現他的火車已開走了 。

2. (*Being*) ***seen from a distance***, it looked more like a large mushroom.
   從遠方看，它更像一朵大的洋菇 。

3. ***Having been deceived so often***, they did not now believe the boy.
   因爲常常被騙，他們現在不相信那男孩了 。

4. ***Night coming on,*** we started on our way home.
   當夜晚來臨時，我們踏上歸途 。

5. ***Strictly speaking***, he ought to have been punished.
   嚴格說來，他應該受罰 。

1. 以現在分詞起首的分詞構句

如實例 1.是表示時間的分詞構句，可用連接詞when改寫成：

When he arrived at the station, he found his train gone.

2. 以過去分詞起首的分詞構句

如實例 2.，稱爲被動語態的分詞構句，前面可加 being。再看下面例子：

(*Being*) *left to herself* (=When she was left to herself),
she began to weep. (當她一個人被留下時，她開始哭泣。)

Once seen (= If it is once seen), it can never be forgotten.
(一旦看了它一次，就絕不會忘記。)

3. 完成式分詞構句

完成式分詞構句的動詞動作，比主要子句動詞的動作先發生，如實例 3.
可以改寫成：

As they *had been* deceived so often, they did not now believe
the boy.

此情形表示「被騙」比「不相信」的時間早。

Having lived in London for many years (= As he *has lived*
in London for many years), he speaks English wonderfully
well. (因爲他住在倫敦許多年，英文說得非常好。)

4. 獨立分詞構句

如實例 4.，分詞構句意義上的主詞，和主要子句的主詞不同，這種特殊
的分詞構句，稱爲獨立分詞構句。

It being fine yesterday (= As it was fine yesterday), I went
for a drive in a car.

(因爲昨天天氣好，所以我駕車出遊了。)

The *library being closed*（＝Because the library was closed），they had to study at home.

（因爲圖書館關門了，所以他們必須在家看書。）

Weather permitting（＝If weather permits），we will go on an excursion next Sunday.

（如果天氣許可的話，我們下星期日就去遠足。）

研究

1. 分詞構句的 being 或 having been，有時可以省略。

   This（*having been*）done, I will go for a walk.

   （做完這個，我會去散步。）

2. *Crossing the bridge*, an old castle began to show.〔誤〕這句子的 an old castle 是 crossing 意義上的主詞，變成「古堡過橋」，顯然不合理。正確的寫法應該是 *I crossing* the bridge, an old castle began to show.〔正〕（過了那座橋，我看到一座古堡。）

5. 非人稱獨立分詞構句

獨立分詞構句意義上的主詞表示「一般人」，如 we, one, you 時，主詞可以省略，這種獨立分詞構句即稱爲「**非人稱獨立分詞構句**」，一般多用在慣用語。

如實例 5.可以改寫成：

If we（you, one） speak(s) strictly, he ought to have been punished.

其他例子：

Generally speaking（＝If we speak generally），the Chinese are industrious.

（一般而言，中國人是勤勉的。）

Judging from the look of the sky（＝If we judge from the look of the sky），it will rain soon.

（根據天色判斷，很快就要下雨了。）

You look young, ***considering your age*** (＝ If we consider your age). (就你的年齡而論，你顯得年輕。)

下列也是非人稱獨立分詞構句：

granting that～（姑且認為～）〔已視為連接詞〕

speaking of～（說到～）

roughly speaking（約略說來）

【問】	【答】
1. 請將下列的分詞構句改寫成子句：	1.
(1) Not knowing what to say, I just looked her in the face.	(1) As I did not know what to say, ...
(2) Having seen much of the world, he is not surprised at our way of thinking.	(2) As he has seen much of the world, ...
2. 請改正下列句子的錯誤：	2.
(1) Being no one to help her, she was quite at a loss what to do.	(1) *Being*→ ***There being***
(2) Writing a letter, he went out for a walk.	(2) *Writing*→ ***Having written***

3. 動名詞

動名詞在形式上和現在分詞相同，是以～**ing** 結尾，不同的是，它在文法上具有動詞和名詞的作用。

〔1〕 動名詞的用法

≪**實例**≫

1. ***Entering without knocking*** is not polite.
   進門不先敲門是不禮貌的。

2. His business is ***making shoes***.
   他的行業是製鞋。

3. It began ***raining***. 開始下雨了。

4. I am fond of ***collecting stamps***. 我喜愛集郵。

動名詞和名詞一樣，可作句子的主詞、受詞、補語，也可作介系詞的受詞。
此外，動名詞本身也可以有受詞、補語，而形成動名詞片語 <參照 p.346> 。

1. **作主詞** 如實例 1.的 Entering without knocking 是句子的主詞，
   Entering 是其中心。再看下例：

   Seeing is believing. （眼見為信。──百聞不如一見。）〔諺〕
   Driving safely is my motto. （安全地駕駛是我的座右銘。）

2. **作補語** 如實例 2.的 making shoes 是句子的補語，making 是此動
   名詞片語的中心。再看下例：

   The only thing that interested Stevens was ***watching
   television***.
   （唯一讓史蒂芬感興趣的事，只有看電視。）
   My hobby is ***shooting***. （我的嗜好是射擊。）

3. **作受詞** 如實例 3.的 raining 是 began 的受詞。再看下例：

   My grandfather remembers ***seeing*** *the sad event*.
   （祖父記得看過那件悲慘的事件。）
   I have just finished ***reading*** *the detective story*.
   （我剛看完那部偵探小說。）

4. 作介系詞的受詞 如實例 **4.** 的動名詞片語，是介系詞 of 的受詞。再看下面例子：

They are proud of *being honest*. （ 他們以誠實爲榮 。）

He insisted on *going out in the storm*. （ 他堅持在暴風雨中出去。）

動名詞（片語）也作 like，worth 等形容詞的受詞，不過這些形容詞已視爲介系詞的性質。

I felt *like crying* when I heard that.

（ 我聽到那事時很想哭 。）<→ p.269>

This book is *worth reading* once. （ 這本書值得再讀一次 。）

【問】 下列句中的動名詞是什麼用法？	【答】
1. She is very fond of *fishing*.	**1.** 介系詞的受詞
2. His hobby is *skiing*.	**2.** 主詞補語
3. *Swimming* in this pond is strictly forbidden.	**3.** 主詞

〔2〕 **動名詞意義上的主詞**

表示動名詞的動作或狀態是誰做的字詞，稱爲「動名詞意義上的主詞」。

───《實例》────────────────────

1. I am sure of *succeeding*. (= ... sure that *I* shall succeed.)

   我確信會成功 。

2. He was grateful for *our attending* his graduation.

   (= ... grateful that *we* attended his graduation.)

   他感激我們參加他的畢業典禮 。

3. *Doing* nothing (= *One's* doing nothing) is doing ill.

   沒事做就是做壞事 。

────────────────────────────

1. **和句子的主詞相同時** 動名詞意義上的主詞和句子的主詞（主部）相同時，不必再表明意義上的主詞。如實例 1. succeeding 意義上的主詞和句子的主詞同樣是 I ，所以不用寫成 my succeeding 。再看下例：

   He insisted on *going alone*（他堅持單獨去。）

   （＝ He insisted that *he should go alone*）.

2. **和句子的主詞不同時** 動名詞意義上的主詞和句子的主詞（主部）不同時，要清楚地表示出來。如實例 2. 的 our attending 。再看以下的例子：

   Would you mind *my opening the window*？

   （你介意我開窗嗎？）

   She is proud of her *father's being* a well-known novelist.

   （她以自己的父親是名小說家爲傲。）

   [注意] 口語上常用受格作動名詞意義上的主詞：

   I remember *him saying so.*（我記得他這麼說過。）

   They all objected to *Henry* taking the position.

   （他們全都反對亨利接任這個職位。）

3. **指一般人時** 動名詞意義上的主詞，指一般人時，不須表明。

   Reading English is difficult, but *speaking* it is still more difficult.（讀英文難，但說英文更難。）

【問】下列兩句有何不同？	【答】
1. Mother is proud of being a good cook.	1. 母親以她是個好厨子自豪。
2. Mother is proud of my being a good cook.	2. 母親以我是個好厨子而自豪。

〔3〕 動名詞的時式和語態

――《實例》――――――――――――――――――――――

1. He boasts of **being** a member of a distinguished family.
   他自誇是個顯赫家族的一員。

2. We regret **having been** careless in our youth.
   我們懊悔年輕的時候不小心。

3. He went out without **saying** a word.
   他沒說一句話就出去了。

4. I hate **being treated** like this.
   我討厭被人這般對待。

――――――――――――――――――――――――――

i. **和主要動詞同時發生**　動名詞用簡單式，如實例 1.和下例：

She enjoys **listening** to the orchestra. (她喜歡聽管絃樂。)

不過，有的依照前後內容的不同，可表示過去或未來的事：

I remember **seeing** him once.

(= I remember that I *saw* him once.)

　(我記得看過他一次。)〔過去〕

I am sure of **winning** the prize.

(= I am sure that I *shall* win the prize.)

　(我確信會獲獎。)〔未來〕

2. **發生在主要動詞之前**　動名詞用完成式，如實例 2.。實例 2.可改寫成：

We *regret* that we *were* careless in our youth.

再看下面的類例：

He regretted *having told* a lie.

(= He regretted that he *had told* a lie.)

　(他後悔說了謊。)

She is proud of *having been* beautiful.

(＝ She is proud that she ***was*** beautiful.)

（ 她以自己曾經美麗而自傲 。）

3. **動名詞和語態**　實例 3.的 saying 和受詞結合構成主動形式的動名詞片語 。實例 4.的「 being ＋過去分詞 」，則是被動形式的動名詞片語 。主動形式的動名詞片語可改成被動形式的動名詞片語 ，如實例 3.可改成：

He went out without a word ***being spoken*** about（ *by him* ）.

研究　want（需要）， need（需要）， require（需要）， be worth（值得）之後如作括弧內中文講時 ，須接**主動形式**的動名詞 ，表示**被動**含意：

His car ***wants repairing***（ ＝ to be repaired）.

（ 他的汽車需要修理 。）

The wall ***needs mending***（ ＝ to be mended）.

（ 這面牆需要修補 。）

> This book ***is worth reading***.
> ＝ This book is worthy to be read.
> ＝ This book is worthy of being read.
> （ 這本書值得看 。）

【問】 比較下列兩句：	【答】
1. He is proud of having been rich.	1. 他以曾經富有而自傲 。
2. He is proud of being rich.	2. 他以富有而自傲 。

〔4〕 含有動名詞的慣用法

《實例》

1. *There is no telling* what will happen next.
   不可能知道接著要發生什麼事。

2. *It is no use crying* over spilt milk. 覆水難收。〔諺〕

3. I *could not help laughing* at his childishness.
   對於他的孩子氣我忍不住笑出來。

4. I *felt like crying*. 我想哭。

5. This question is *worth discussing* further.
   這個問題值得更進一步地討論。

6. This picture is *of his own drawing*.
   這幅畫是他自己畫的。

7. *On arriving* in London, he called his friend up.
   他一到達倫敦，就打電話給他朋友。

---

1 **There is no ～ing**（＝ It is impossible to ＋V ）「～是不可能的」
如實例 1. 及下例：

   There is no denying the fact.（＝ It is impossible to deny the
   fact.）（ 否認事實是不可能的 。）

2 **It is no use ～ing**「～是沒有用的」　 如實例 2. 及下例：

   It is no use her trying to persuade him.
   　（ 她想說服他是沒有用的 。）

研究　 下面也是表示「～沒有用」的說法：

It is（*of*）*no use* to try to do so.
（試著這麼做是沒用的 。）

There is no use in your saying that.
（你那樣說是沒用的 。）

3. **cannot help ～ing**「不得不～；禁不住～」 如實例 **3.** 和下例：

I *cannot help thinking* of my home.（我禁不住想家。）

注意 **cannot but ＋原形不定詞** 也是「不得不～；禁不住～」的

意思＜參照 p.226＞：

I cannot but laugh.（我禁不住笑起來。）

4. **feel like ～ing**「想～」 如實例 **4.** 和下例：

I *feel like going* out for a walk.

（我想出去散步。）

5. **worth ～ing**「值得～」 如實例 **5.** 和下例：

Anything *worth doing* is *worth doing* well.

（任何值得做的事，都值得做好。——凡事當盡其完美。）〔諺〕

6. **of *one's* own ～ing**「自己～的」 如實例 **6.** 和下例：

She wore the dress *of her own making*.

（她穿自己做的衣服。）

7. **on ～ing**「一～就」 如實例 **7.** 和下例：

On finding the thief, the policeman ran after him.

（＝As soon as he found the thief, ...）

（警察一發現小偷，就追他。）

研究 下列的慣用語也要接動名詞：

not（never）... without ～ing「每…必～」

I *never* look at this photo *without being reminded* of my dead

father.（我每看到這張相片，必想起死去的父親。）

far from ～ing「絕非～；一點也不～」

Far from admiring his paintings, I dislike them intensely.

（我不但不讚美反而非常討厭他的畫。）

on the point of ~ing「快要～」

They were *on the point of starting*.（他們快要出發了。）

【問】請翻譯下列的句子：	【答】
1. There is no telling which is the taller of the two.	1. 要說出兩人之中誰較高是不可能的。
2. It is no use pretending not to know it.	2. 假裝不知道它是沒有用的。
3. He is far from being honest.	3. 他一點也不誠實。
4. On finding his house on fire, he cried for his neighbours' help.	4. 他一發現他的房子失火，就向鄰居求救。

〔5〕 動名詞、現在分詞、不定詞的差異

≪實例≫

1. Look at this *sleeping* baby. 看這個正在睡覺的嬰兒。

2. He slept in a large *sleeping* bag.
   他睡在一個大的睡袋裏。

3. I remember his *saying* so to me.
   我記得他這樣對我說過。

4. Please remember *to come to see* me at three tomorrow afternoon.
   請記得明天下午三點來看我。

5. Do you *mind* my *smoking* a cigar ?
   你介意我抽根煙嗎？

1. 動名詞和現在分詞的差異

動名詞和現在分詞在形式上沒有區別，都是以～ing 結尾，但動名詞具有名詞的性質，現在分詞則具有形容詞的性質。如下表所示：

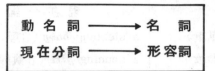

```
動 名 詞 ──────→ 名 　 詞
現在分詞 ──────→ 形 容 詞
```

譬如：

The man *working* in the fields is one of my relatives.

（那個在田裡工作的人，是我的一個親戚。）

Working in the fields is good for the health.

（在田裡工作有益健康。）

第一句的 working 是修飾名詞 man，作形容詞用，所以是現在分詞。第二句的 working 是作句子的主詞，所以是動名詞（因為作句子的主詞必須是有名詞性質的字詞）。

注意

1. stone wall（石牆），boy friend（男朋友）是用名詞來修飾名詞的例子，第一個名詞具有形容詞的性質。動名詞也一樣可以作形容詞用，如實例 2. 的 sleeping 是動名詞，sleeping bag 指的當然不是「在睡覺的袋子」，而是「睡袋」（睡覺用的袋子）。而實例 1. 的 sleeping 表示「在睡覺」的意思，所以是現在分詞，修飾後面的名詞＜參照 p. 255＞。

a sleeping bag?

2. 通常**動名詞表示「功用或目的」，現在分詞表示「狀態」**。發音方面，當動名詞時，重音在動名詞上；當現在分詞時，重音則在被修飾的名詞上。如下表所示：

動 名 詞	現 在 分 詞
a *'sleeping* car （臥車）	a sleeping *'baby*（在睡覺的嬰孩）
a *'dancing* girl （舞女）	a dancing *'girl*（在跳舞的女孩）
a *'walking* stick （手杖）	a walking *'man*（走路的男人）
a *'smoking* room （吸煙室）	a smoking *'chimney*（冒煙的煙囱）

【問】下列句中 -ing 形的字，是現在分詞或動名詞？

1. My sister went to a *dancing* school.

2. She is *dancing* to the music.

【答】

1. 動名詞（舞蹈學校）

2. 現在分詞（在跳舞）

2 動名詞和不定詞

動名詞和不定詞的共通點有很多，但有的情形用不定詞和用動名詞所表示的意思不同。如實例 3. ，用動名詞（片語）作 remember 的受詞，表示過去的事；實例 4. 用不定詞（片語），表示未來的事。再看下列的例子：

{
He is sure *to succeed*. （他必定成功。）
He is sure *of succeeding*. （他確信自己會成功。）
}

{
John stopped *to listen* to the radio.
（他停下來，開始聽收音機。）
John stopped *listening* to the radio.
（他停止聽收音機。）
}

I tried *praying*. （我試過祈禱了。）

I tried *to pray*. （我嘗試祈禱。）

——〔實際上祈禱與否，並不清楚〕

有的動詞只以動名詞作受詞；有的只以不定詞作受詞；有的以動名詞或不定詞作受詞都可以，而意思大致相同。如實例 **5.** 的 mind 只能以動名詞作受詞。

(1) 只以動名詞作受詞的動詞：

{ avoid（避免）　　{ consider（認為）　　{ deny（否認）
  admit（承認）　　 enjoy（非常喜歡）　 escape（逃避）
  excuse（寬恕）　　 finish（完成）　　　 mind（反對）
  miss（錯過）　　　 postpone（延擱）　　 give up（放棄）

He gave up *smoking*. （他戒煙了。）

I cannot avoid *laughing*. （我不得不笑。）

He admitted *taking* the key. （他承認拿了鑰匙。）

(2) 只以不定詞作受詞的動詞：

{ agree（同意）　　{ decide（決定）　　{ desire（想要）
  expect（期待）　　 hope（希望）　　　 pretend（假裝）
  promise（答應）　　refuse（拒絕）　　　 wish（希望）

She pretended *to be* asleep. （她假裝睡着了。）

Promise me *not to say* that again. （答應我不要再說那件事。）

(3) 以動名詞、不定詞作受詞，而意思大致相同的動詞：

{ begin（開始）　　{ continue（繼續）　　{ hate（憎恨）
  intend（意欲）　　 like（喜歡）　　　　 love（愛）
  omit（省略）　　　 prefer（較喜歡）　　 start（開始）

Two of them began *to run*（或 *running*）.
　（他們中的兩個人開始跑。）

They continued *to talk*（或 *talking*）about each other's affairs. （他們繼續談論彼此的事。）

注意

1. 不定詞不能作介系詞的受詞，應用動名詞：

$$\begin{cases} 〔誤〕 \quad \text{I am fond of } \textit{to play} \text{ golf.} \\ 〔正〕 \quad \text{I am fond of } \textbf{\textit{playing}} \text{ golf.} \end{cases}$$

（我喜歡打高爾夫球。）

$$\begin{cases} 〔誤〕 \quad \text{He is very interested in } \textit{to dance.} \\ 〔正〕 \quad \text{He is very interested in } \textbf{\textit{dancing}}. \end{cases}$$

（他對跳舞很有興趣。）

2. 不定詞和動名詞都有對稱性

$$\textbf{\textit{To see}} \text{ is } \begin{cases} \textbf{\textit{to believe.}} 〔正〕 \\ \textit{believing.} \quad 〔誤〕 \end{cases}$$ （百聞不如一見。）

$$= \textbf{\textit{Seeing}} \text{ is } \begin{cases} \textbf{\textit{believing.}} 〔正〕 \\ \textit{to believing.} 〔誤〕 \end{cases}$$

3. 簡短的禁令用動名詞

No **_smoking_**.（禁止吸煙。）　　No **_parking_**.（不准停車。）

No **_spitting_**.（禁止吐痰。）

【問】請改正下列句子的錯誤：	【答】
1. If you want to live longer, you must stop to smoke.	1. *to smoke* → **_smoking_**
2. I avoided to be observed by others.	2. *to be* → **_being_**

練 習 題

I. 填入適當的助動詞使句意完整：

1. A listener_____not help paying attention to an active speak.

2. It_____have given a serious shock to Mother, for she sudden turned as white as a sheet.

3. You_____go home now on the condition that you will not quarrel with your classmates.

4. There_____to be an old oak tree in our garden.

5. She thought women_____to have a vote.

6. You_____not hurry ; you have plenty of time.

7. However absurd it_____sound, it is undoubtedly true.

8. How_____you use my towel without my permission ?

9. It was very natural that you_____think so.

10. I_____rather go back to my hotel where I shall find a comfortable company and a nice meal.

II. 將下列各句翻譯成中文：

1. You might as well throw away your money as waste it on gambling.

2. I would rather beg on the street than make money in such a way.

3. Could you lend me this necklace ?

4. If you wish to do things well, you should become really interested in what you are doing.

5. His case was a very serious one, and so was mine.

Ⅲ. 說明下列句中不定詞片語的用法：

1. I must visit my friend to say good-bye.

2. He hoped to find a cure for the disease.

3. If I ever get a chance to do it, I'll do it well.

4. Dr. Lin got a fine big pair of glasses, and the horse was glad to see very well.

5. Our dog lived to be almost eleven years old.

Ⅳ. 說明下列句中分詞片語的用法：

1. The news of a battle came to Washington with its list of the killed and wounded.

2. Taking his flashlight, he hurried to the door.

3. Pass the mashed potatoes, Jill.

4. He sat on the bench staring blankly at the wall.

5. I came home from a vacation one summer to find that my brother had a dog named Snoopy.

Ⅴ. 將下列句中的劃線部分改爲分詞構句：

1. As the library is closed, they have to study at home.

2. If you take the limited express, you will reach your destination in five hours or so.

3. Though we grant that this expression is grammatically right, it is rare in daily use.

4. As I had never played before so many people, I was very nervous.

5. Down went the vase onto the floor, and broke into pieces.

Ⅵ. 將下列各句翻譯成中文：

1. We cannot help cutting down our living expenses.

2. There is no telling whether he did it on purpose or not.

3. On checking his additions, we found several errors.

4. Whenever she saw a rat, she felt like screaming.

5. What he says is worth listening to.

Ⅶ. 指出下列句中的錯誤，並將其改正：

1. I remember to fall down the stairs when I was five or six.

2. Snowing pretty hard, I turned up the collar of my overcoat.

3. When we are in a great hurry, we seldom stop thinking what we had best do.

4. I regret not working harder while young.

5. Having been born of the same parents, they bear no resemblance to each other.

Ⅷ. 下列句中的 -ing 字是動名詞或現在分詞？

1. The garden needs weeding.

2. The Browns and the Smiths have dining cars.

3. I'm awfully sorry to have kept you waiting so long.

4. The parents object to their only son going to climb the mountain.

5. My sister prepared supper humming a song.

解　答

I. 1. can　2. must　3. may　4. used　5. ought　6. need
7. may　8. dare　9. should　10. would

II. 1. 花錢賭博，還不如把它丟掉。
2. 我寧可在街上乞討，也不願用這樣的方式賺錢。
3. 你這條項鍊可以借我嗎？
4. 如果你想把事做得好，你應該對你正在做的事，眞的發生興趣。
5. 他的情況非常嚴重，我的也是。

III. 1. 副詞用法，表目的　　2. 名詞用法，做 hoped 的受詞
3. 形容詞用法，修飾 chance　　4. 副詞用法，表原因
5. 副詞用法，表結果

IV. 1. 「the＋分詞」作名詞用　　2. 分詞構句　　3. 形容詞用法，
修飾 potatoes　　4. 補語用法　　5. 形容詞用法，修飾 dog

V. 1. The library (*being*) closed　　2. Taking the limited
express　　3. Granting that this expression is gram-
matically right　　4. Never having played before so many
people　　5. breaking into pieces

VI. 1. 我們不得不縮減生活費。
2. 誰也不知道他是否故意做這件事。
3. 一核對他的加法，我們發現一些錯誤。
4. 每當看到老鼠，她就想尖叫。
5. 他所說的值得用心聽。

VII. 1. *to fall* → falling　　2. *Snowing* → It snowing　　3. *thinking*→
to think　　4. *working* → having worked　　5. 無誤

VIII. 1. 動名詞　2. 動名詞　3. 現在分詞　4. 動名詞　5. 現在分詞

第八章　時式一致與敍述法

❶ 直接敍述和間接敍述
❷ 直接敍述改間接敍述須注意事項：
　(a) 時式的一致。
　(b)「傳達動詞」的變化。
　(c) 人稱代名詞、副詞的適當變化。
　(d) 連接詞的應用。

Discussion

① 時式的一致

〔1〕 **時式一致的原則**

── ≪實例≫ ──────────────

1. He *says* he *can* drive a car. 他說他會開車。
2. He *said* he *could* drive a car. 他說他會開車。

────────────────────

時式的一致，是指從屬子句和主要子句的動詞時式要一致。如實例 1. 主要子句的動詞 says，和從屬子句的助動詞 can，都是現在式。如果這句是過去式，就要將 says 改成 said，can 改成 could，如實例 2.。

注意

　1. 主要子句的動詞是現在式、現在完成式、未來式時，從屬子句的動詞可按照句意用任何的時式，如下面的例子：

　　I *know* that he *works* hard.（我知道他工作努力。）

　　I *have heard* that she *is* going abroad next month.

　　（我已聽說她下個月要出國。）

　　No one *will believe* that he *was* so foolish.

　　（沒有人相信他是如此地愚笨。）

2. 主要子句的動詞是過去式時，從屬子句的動詞時式有下列的變化：

主要子句的動詞　　　**從屬子句的動詞**

現在式→過去式 $\left\{\begin{array}{l}\text{(1) 現在式} \longrightarrow \text{過去式} \\ \text{(2) 過去式} \\ \text{(3) 現在完成式} \\ \text{(4) 過去完成式}\end{array}\right\} \to$ 過去完成式

(1) 現在式→過去式

> I *do* not know that he *is* sick. （我不知道他生病了。）
> I *did* not know that he *was* sick.

(2) 過去式→過去完成式

> I *think* she *went* out of her room.
> （我以為她走出房間了。）
> I *thought* she *had gone* out of her room.

(3) 現在完成式→過去完成式

> Everyone *knows* that they *have been* on bad terms.
> （每個人都知道他們不和睦。）
> Everyone *knew* that they *had been* on bad terms.

(4) 過去完成式→過去完成式

> *Do* you know that he *had been* ill in bed for many
> days till he died？（你知道在他死之前已臥病好幾天了嗎？）
> *Did* you know that he *had been* ill in bed for many
> days till he died？

注意　will, shall, can, may 等助動詞改成過去式是 would, should, could, might 。

> He *studies* hard that he *may* succeed in the examination.
> （他努力用功以便考試成功。）
> He *studied* hard that he *might* succeed in the examination.

但是, must, ought to, used to, had better 等，不論主要子句是何種時式，均不改變：

> She *says* that I *must* make haste.（她說我必須快點。）
> She *said* that I *must* make haste.

【問】 請將下列主要子句的動詞改為過去式:	【答】
1. Miss Smith *says* that all the pupils in our class are diligent.	1. Miss Smith *said* that all the pupils in our class *were* diligent.
2. Father *tells* me that my aunt has gone to Southeast Asia.	2. Father *told* me that my aunt *had gone* to Southeast Asia.

〔2〕時式不一致的例外情形

≪實例≫

1. Galileo maintained that the earth *moves* around the sun.
   伽利略證明了地球繞着太陽轉。

2. The conductor told me that the train *starts* at 7:05.
   車掌告訴我火車 7 時 5 分開。

3. Our teacher explained why World War I *broke* out.
   我們老師說明第一次世界大戰爆發的原因。

4. He talked as if he *knew* everything. 他說話的樣子好像他知道每件事。

5. I was not then what I *am* now. 我那時不像我現在這樣子。

1. **不變的眞理** 實例1.由於從屬子句的內容爲不變的眞理，因此主要子句的動詞 maintained 雖爲過去式，從屬子句的動詞仍要用現在式 moves。下面的例子亦相同：

> She said that two and eleven *is* thirteen.（她說2加11等於13。）
>
> I asked the teacher why an airplane *flies* in the air.
>
> （我問老師爲什麼飛機在空中飛。）

2. **從過去持續到現在的事實** 從屬子句可用現在式，而與主要子句的動詞時式無關，如實例2.，再看下例：

> She said to me that she *goes* to church every Sunday.
>
> （她跟我說，她每個星期天都上教堂做禮拜。）

3. **歷史上的事實** 從屬子句的動詞一律用過去式，與主要子句的動詞時式無關，如實例3.。下例亦相同：

> We were taught that Shakespeare *wrote Hamlet*.
>
> （有人敎我們莎士比亞寫了哈姆雷特。）

4. **含有假設法時** 從屬子句爲假設法時，其動詞時式和主要子句不必一致，如實例4.。再看下面的例子：

> He asked me what I *would do* if I *had* a million dollars.
>
> （他問我，如果我有一百萬我將做什麼。）
>
> I demanded that he *be* banished.（我要求他該被放逐。）

【問】 請改寫下列主要子句動詞的時式：過去式改爲現在式，現在式改爲過去式。	【答】
1. We *did not* know what might happen next.	1. We *do not* know what *may* happen next.
2. He *said* that he had been ill for a week.	2. He *says* that he *has been* ill for a week.
3. The teacher *teaches* us that honesty is the best policy.	3. The teacher *taught* us that honesty *is* the best policy.

② 敍述法

〔1〕 敍述法的種類

敍述法是將某人所說的話，傳達給他人。通常分爲**直接敍述**和**間接敍述**兩種。

≪**實例**≫

1. Jane said,"I am very fond of traveling."
   珍說：「我很喜歡旅行。」

2. Jane said *that* she was very fond of traveling.
   珍說她很喜歡旅行。

---

1. 直接敍述 就是直接引述某人的話，並且須加引號（" "），引句中的時式不變，如實例 1.。再看下例：

He said, "*I am hungry*."（他說：「我餓了。」）

Anne said, "*Why are you so naughty*?"
（安說：「你爲何如此調皮？」）

研究 介紹引句的動詞稱爲**傳達動詞**，它和引句之間須加逗點，由於引號中的句子是獨立的，所以引句句首要大寫，句尾也要加句點、問號或驚嘆號。

She said, " I am happy."
　　傳達動詞　　　引句

2. 間接敍述 以報告方式敍述某人說話的內容，不用加引號，傳達動詞後也不須加逗點，而是加上 that，if 等引導名詞子句的連接詞，如實例 2. 和下面例子：

　She *said that* her husband *was* dead.〔間接敍述〕
　　（她說她丈夫死了。）
　She said, "My husband *is* dead."〔直接敍述〕
　　（她說：「我丈夫死了。」）

> Father *said that* he *had had* a toothache the day before.
> （父親說他前一天牙痛。）
> Father said,"I *had* a toothache yesterday."
> （父親說：「我昨天牙痛。」）

〔2〕敍述句的轉換　此所謂的轉換，就是直接敍述與間接敍述的互換。

≪實例≫

1. ┌ He said,"*I like* this flower."
　　│ 他說：「我喜歡這朵花。」
　　└ He said *that he liked* that flower.

2. ┌ Thompson said,"I was *here yesterday*."
　　│ 湯普森說：「我昨天在這裏。」
　　└ Thompson said *that* he had been *there the day before*.

直接敍述改成間接敍述時，除了將直接敍述句中傳達動詞後面的逗點和引號去掉之外，還須注意下列幾點：

1. 加連接詞 that，但是 that 可省略　如實例和下面的例子：

　　She said (*that*) it would rain soon.

　　（她說快要下雨了。）

2. 動詞時式必須一致　如實例和下面句子：

> The old man said,"I *am* quite healthy."
> （老人說：「我非常健康。」）
> The old man said (*that*) he *was* quite healthy.
> （老人說他非常健康。）

> I said to Mother,"I *made* a pretty doll."
> （我跟母親說：「我做了一個漂亮的娃娃。」）
> I said to Mother (*that*) I *had made* a pretty doll.
> （我跟母親說，我做了一個漂亮的娃娃。）

研究 表示不變的眞理時，時式可以不一致 <參照 p.175>：

> Our teacher said," Necessity *is* the mother of invention."
> （我們老師說：「需要爲發明之母。」）
> Our teacher said that necessity *is* the mother of invention.
> （我們老師說，需要爲發明之母。）

3. 人稱須一致 注意實例和下列句中人稱的變化：

> Mary said to me," *I* am older than *you*."
> （瑪莉跟我說：「我比你大。」）
> Mary said to me (*that*) *she* was older than *I*.
> （瑪莉跟我說，她比我大。）

> Kate said to Dick," *I* am glad to see *you*."
> （凱特跟迪克說：「我眞高興見到你。」）
> Kate said to Dick (*that*) *she* was glad to see *him*.
> （凱特跟迪克說，她眞高興見到他。）

4. 指示代名詞和時間、地方副詞，要依立場來改變敍述 如實例 2.的 here 改成 there, yesterday 改成 the day before。其他的轉換如下：

直接敍述	間接敍述
this(these)（這個，這些）	that(those)（那個，那些）
now（現在）	then（那時）
today（今天）	that day（那天）
yesterday（昨天）	the day before, the previous day（前一天）
tomorrow（明天）	(the) next day, the following day（次日）
last night（昨晚）	the night before, the previous night（前一晚）
ago（自今以前）	before（那時以前）
here（這裡）	there（那裡）

再看下面的例子：

He said, "*This* boy is one of *my* pupils."
（他說：「這男孩是我學生之一。」）
He said (*that*) *that* boy was one of *his* pupils.
（他說那男孩是他學生之一。）

Mr. Smith said, "I came to Taipei seven years *ago*."
（史密斯先生說：「我七年前來到台北。」）
Mr. Smith said (*that*) he had come to Taipei seven years
before. （史密斯先生說他在七年前來到台北。）

【問】請轉換下列的敍述句：

1. Tom said, "Mr. Brown is an honorable man."

2. Helen said to Robert, " I got up earlier than you this morning."

3. The man said, " I will be here again tomorrow."

4. She said that she had come to America two weeks before.

【答】

1. Tom said that Mr. Brown was an honorable man.

2. Helen said to Robert that she had got up earlier than he that morning.

3. The man said that he would be there again the next day.

4. She said, " I came to America two weeks ago."

He said, "This boy is one of my pupils."   He said that boy was one of his pupils.

〔3〕疑問句的轉換

┌─《實例》─────────────────

　　　　⎧ I said to her, " Have you been to Paris？"

　　　　⎪ 我對她說：「你曾到過巴黎嗎？」

1.　⎨

　　　　⎪ I *asked* her *if she had been to Paris.*

　　　　⎩ 我問她是否曾去過巴黎。

　　　　⎧ Mary said to Paul, " What are you looking at？"

　　　　⎪ 瑪麗對保羅說：「你在看什麼？」

2.　⎨

　　　　⎪ Mary *asked* Paul *what he was looking at.*

　　　　⎩ 瑪麗問保羅在看什麼。

└───────────────────────

將疑問句的直接敍述改成間接敍述時，除了去掉引號，把問號改成句點外，還要注意下列幾點：

1. 將直接敍述句的傳達動詞 **say, 改成 ask, inquire, wonder** 等。如實例和下面的例子：

　　⎧ She *said to* me, " Did you ring the bell？"

　　⎨ （她對我說：「你按門鈴了嗎？」）

　　⎩ She *asked* me *if* I rang the bell.

　　⎧ George *said to* me, " Where are you staying？"

　　⎨ （喬治對我說：「你將住那兒？」）

　　⎩ George *asked* me *where* I was staying.

2. 引句中的疑問句形式（動詞＋主詞），在改成間接敍述時，要變成敍述句形式（主詞＋動詞），如實例 1.：

　　⎧ I *said to* her, " ***Have you been*** to Paris？"

　　　　　　　　　　　助動詞　主詞

　　⎨

　　⎩ I *asked* her *if **she had been*** to Paris.

　　　　　　　　　　主詞　助動詞

注意　疑問代名詞作主詞時，順序不變：

I *said to* him,"***Who told*** you that?"
　　　　　　　　主詞　動詞
（我對他說：「誰告訴你那件事？」）

I *asked* him ***who had told*** him that.
　　　　　　主詞　　動詞

3. 無疑問詞的疑問句，以連接詞 if 或 whether（是否～）連接，如實例 1.。
再看下面的例子：

I *said to* my nephew,"Are you serious?"
（我對我姪兒說：「你是認眞的嗎？」）

I *asked* my nephew *if (or whether)* he was serious.

Jim *said to* me,"Is he an Englishman or a Frenchman?"
（傑姆對我說：「他是英國人還是法國人？」）

Jim *asked* me ***whether*** he was an Englishman or a Frenchman.

4. 有疑問詞的疑問句，直接以疑問詞連接，如實例 2.及下面的例子：

One of my friends said to me,"*What* made you think so?"
（我的一個朋友對我說：「什麼使你這樣想？」）

One of my friends asked me ***what*** had made me think so.

She asked the boy,"*How* old are you?"
（她問那男孩：「你幾歲了？」）

She asked the boy ***how*** old he was.

【問】請轉換下列句子的敍述法：	【答】
1. He said to me," Do you know that boy?"	1. He asked me if I knew that boy.
2. She asked her son if he had seen his father in the garden.	2. She said to her son,"Did you see your father in the garden?"

〔4〕祈使句的轉換

┌─≪實例≫─────────────────────────┐

1. {
The foreigner said to me, " Please speak more slowly."
那個外國人對我說:「請說慢一點。」
The foreigner *asked* me *to speak* more slowly.
}

2. {
The doctor said to him, "Don't smoke too much."
醫生對他說:「別抽太多煙。」
The doctor *told* him *not to smoke* too much.
}

└─────────────────────────────┘

1. 直接敍述句的傳達動詞 say,依其句意的不同,可改成 **tell**(叫;吩咐),
ask(請求),**beg**(乞求),**advise**(忠告),**order**(命令)等動詞。如實
例 1.的 Please 表示請求,所以動詞用 ask。再看下例:

> {
> The teacher *said to* the student, " Study harder."
> (老師對那學生說:「用功點!」)
> The teacher *advised* the student to study harder.
> (老師勸告那學生要用功點。)
> }

> {
> She *said to* me, "Do leave me alone!"
> (她對我說:「別管我。」)
> She *implored* me to leave her alone.
> (她懇求我別管她。)
> }

> {
> He *said to* his men, " Arrest him!"
> (他對他的士兵說:「逮捕他!」)
> He *commanded*(*or ordered*)his men to arrest him.
> (他命令他的士兵逮捕他。)
> }

2. 直接敍述句中,引號內的動詞在間接敍述時,要改成**不定詞的型式**,如
實例 2.和下面例子:

> {
> He said to me, "*Wait* till I return."
> (他對我說:「等到我回來。」)
> He told me *to wait* till he returned.
> (他告訴我等到他回來。)
> }

> The officer said to him," *Don't leave* your post！"
>
> （那軍官對他說：「別離開你的崗位！」）
>
> The officer ordered him *not to leave* his post.
>
> （那軍官命令他不要離開他的崗位。）

研究 祈使句中，若以 Let's～的句型出現，則以 that 來連接子句：

I said to him," *Let's* start at once."

（我對他說：「我們馬上動身吧！」）

I *suggested* (*or proposed*) to him *that* we (*should*) *start* at once. （我建議他，我們該馬上動身。）

【問】請轉換下列的祈使句：	【答】
1. Mother said to us," Don't make such a noise."	**1**. Mother told us not to make such a noise.
2. Miss Black told her children not to run.	**2**. Miss Black said to her children," Don't run."
3. One of our party said, " Let's cross the river."	**3**. One of our party suggested that we (*should*) cross the river.

〔5〕感嘆句的轉換

—≪實例≫———————————

> 1. ⎰ The girl said," How fast he is running！"
>
> 那女孩說：「他跑得多快啊！」
>
> ⎱ The girl *exclaimed* how fast he was running.
>
> 2. ⎰ He said," Alas！ I am ruined！"
>
> 他說：「哎呀！我完蛋了。」
>
> ⎱ He *cried out with a sigh that* he was ruined.
>
> 嘆了一口氣大叫，說他完蛋了。

1. 直接敍述句的傳達動詞 say, 可改成 **cry, exclaim, shout** 等動詞, 請參照實例。

2. 直接敍述句中, 引號內有 **what, how** 時, 改成間接敍述, 可直接當作連接詞用, 如實例 1.及下面的例子:

> She said, "*How* foolish I have been!"
>
> （她說:「我多麼笨啊！」）
>
> She *cried out how* foolish she had been.
>
> （她大叫說她多麼笨。）

> He said, "*What* a beautiful park this is!"
>
> （他說:「這個公園多美啊！」）
>
> He *exclaimed what* a beautiful park it was.
>
> （他大叫說這個公園多麼地美。）

此外, 也可依照句意, 以直述句的形式來表示, 如上面兩句可以改成:

> She cried out *that* she had been *very* foolish.
>
> He exclaimed *that* it was a *very* beautiful park.

研究 祈願句則用下列的方式表示:

> Mother said, "May he rest in peace."
>
> （母親說:「願他安息。」）
>
> Mother *prayed* that he *might* rest in peace.
>
> （母親禱告他安息。）

> He said, "May you be happy!"
>
> （他說:「祝你快樂！」）
>
> He *expressed his hearty wishes* for my happiness.
>
> （他表達他真誠的心意, 希望我快樂。）

【問】 請轉換下列的感嘆句:	【答】
1. The artist said, "What beautiful eyes she has!"	1. The artist exclaimed what beautiful eyes she had.
2. The boys said, "Hurrah, we've won!"	2. The boys cried out in great delight that they had won.

〔6〕 合句、複句的轉換

┌─《實例》─────────────────────

1. {
He said, " I am very busy this evening, and I cannot attend the meeting.

他說：「我今晚很忙，不能參加會議。」

He said (*that*) he was very busy that evening *and that* he could not attend the meeting.
}

2. {
He said, "There is no hope that they will be saved."

他說：「他們會獲救是沒有希望的 。」

He said *that* there was no hope that they would be saved.
}
└──────────────────────────────

1. **合句的轉換**　直接敍述改為間接敍述時，在連接詞 and, but 的後面加 that, 如實例 1.及下例：

He said, " I am poor, but she is rich."

（他說：「我窮，但她卻富有。」）

He said (*that*) he is poor, but *that* she is rich.

注意　**在對等連接詞 and, but 之後所加的 that 不可省略**，如果省略了，全句就變成兩個對等子句，而後半句會被認為是獨立子句。此外，直接敍述句的引號內有兩個以上的句子時，則依其句子型態（直述句、疑問句等）的不同，加入適當的動詞。

She said, "What a forgetful creature I am! I've forgotten to post your letter."

（她說：「我多麼健忘啊！我都忘了寄你的信 。」）

She *exclaimed what* a forgetful creature she was, *and said that* she had forgotten to post my letter.

2. **複句的轉換**　依句子型態，參照前面直述句、疑問句、祈使句、感嘆句的各種用法來作改變，並注意時式的一致。如實例 2.和下例：

He said, "You will have to hurry if you are to see it."

（他說：「如果你要看它，就必須快點 。」）

He said *that* I should have to hurry if I was to see it.

練 習 題

I.寫出括弧內動詞的適當形式：

1. Charlie said that he＿＿＿(be)going to the movies the next day.
2. Having taken my temperature, the doctor said that I＿＿＿ (catch) cold.
3. We were taught that the Civil War＿＿＿(break) out in 1861.
4. Did you know where he＿＿＿(work) for school expenses？
5. Suddenly I realized that she＿＿＿(will) never tolerate such nonsense.

II.將下列的直接敍述句轉換成間接敍述句：

1. He said to me, "Go to Taipei tomorrow to talk to my brother."
2. John said to Bill, "What do you mean？"
3. The lady said to the policeman, "They have stolen all my treasures."
4. Our teacher said to us, "Knowledge is power."
5. The priest said to me, "Is life worth living for you？"
6. The ruler said, "If anyone should break the law, he would be sentenced to death."
7. Mother said to me, "You have made a great error, but it is never too late to correct it."
8. The fisherman said to the porter, "Who are you？ What have you come here for？"
9. Yesterday Mr. Simpson said to his pupils, "You will have no school tomorrow."
10. Did she say to her mother, "Let's give a party"？

III.將下列的間接敍述句轉換成直接敍述句：

1. Alice said if I did not feel well, I might go to bed.

2. The doctor advised the patient not to drink too much.

3. Any traveler will exclaim what a gorgeous sunset it is.

4. He said with regret that he had been very lazy in his youth.

解 答

I. 1. was   2. had cought   3. broke   4. worked   5. would

II. 1. He told me to go to Taipei the following day to talk to his brother.

2. John asked Bill what he meant.

3. The lady told the policeman that they had stolen all her treasures.

4. Our teacher said to us that knowledge is power.

5. The priest asked me if life was worth living for me.

6. The ruler said that if anyone should break the law, he would be sentenced to death.

7. Mother told me that I had made a great error, but that it was never too late to correct it.

8. The fisherman asked the porter who he was, and asked what he had gone there for.

9. Yesterday Mr. Simpson said to his pupils that they would have no school today.

10. Did she suggested to her mother that they should give a party ?

III. 1. Alice said," If you don't feel well, you may go to bed."

2. The doctor said to the patient," Don't drink too much."

3. Any traveler will say," What a gorgeous sunset it is !"

4. He said," How lazy I was in my youth ! "

第九章 介系詞

❶ 介系詞與其受詞的關係。

❷ 介系詞的用法。

❸ 介系詞和連接詞、副詞的區分。

---

① 介系詞的性質

介系詞用來指明其後面的受詞和前面之名詞或動詞之關係，通常置於受詞前面，又稱「前置詞」。

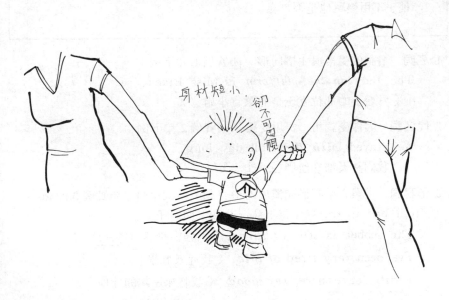

2 介系詞的受詞

可分下列七種：

≪**實例**≫

1. He is interested *in geography*. 他對地理學有興趣。

2. I'll call *on him* this afterday. 我今天下午將拜訪他。

3. His illness went *from bad to worse*. 他的病況愈來愈壞。

4. How far is it *from here to the station*？
   這裏到車站有多遠？

5. He is very fond *of listening* to the radio. 他很喜歡聽收音機。

6. The dog crept out *from under the table*.
   那隻狗從桌下爬出來。

7. There is little doubt *as to whether he is reliable or not*.
   幾乎不用懷疑他是否可靠。

---

1. **名詞**　名詞的受格與主格同形。如實例 1. 和下例：
   The lady *on the platform* is Miss Black.
   （月台上的那位女士是布萊克小姐。）

2. **代名詞**　因作受詞用，要用受格。如實例 2. 和下例：
   We stayed *with them* all day long.
   （我們整天都和他們在一起。）

3. **形容詞**　常與介系詞形成慣用的形容詞或副詞片語。如實例 3. 的 go
   from bad to worse「每下愈況」和下面例子：
   The robber is still *at large*.（那強盜仍然逍遙法外。）
   I've been very tired *of late*.（我近來很累。）
   I will leave here *for good*.（我將永遠離開此地。）

4. **副詞**　如實例 4. 的 here 和下例的 afar：
   The peak can be seen *from afar*.（從遠處可眺望山頂。）

5. **動名詞、分詞** 如實例 5.和下例：

He is capable *of teaching English*.〔動名詞〕

（他有教英文的能力。）

I take it *for granted* that he will come.〔分詞〕

（我認爲他會來是理所當然的事。）

I am looking forward *to seeing* you.〔動名詞〕

（我盼望能見到你。）

6. **片語** 如實例 6.和下例：

Don't forget we came *from beyond the sea*.

（別忘了我們來自海的那一邊。）

The girls played with a ball *till after sunset*.

（女孩子們玩球玩到日落後。）

7. **子句** 如實例 7.和下例：

It depends *on how you do it*.

（這視你如何做而定。）

③ 介系詞的位置

〔1〕介系詞放在受詞前

原則上，介系詞的位置是放在受詞前，如下面的例子：

I get up *at* six every morning.

（我每天早晨六點起牀。）

You will see her *before* long.

（你不久就會見到她了。）

〔2〕介系詞放在受詞後

─《實例》────────────────────

1. *What* are you looking *for*? 你在找什麼?

2. This is the house *which* they lived *in*. 這就是他們住的房子。

3. He had enough *money* to buy a car *with*.
   他有足夠的錢買一部車子。

4. *Water and food* cannot be done *without*.
   不能沒有水和食物。

5. *What you say* I do not care *about*. 你說什麼我都不在乎。

────────────────────────────

1. **受詞為疑問詞時** 如實例 1.和下例:

Where do you come *from*?

（你是那裡人?）

What is the boy crying

for?

（那男孩為什麼哭呢?）

2. **受詞為關係代名詞時** 關係代名詞中,whom 和which 可以放在介系詞的後面,但是 that 一定要放在介系詞的前面<參照 p. 64 >。如實例 2.和下例:

Rice is the food *which* we Chinese live *on*. (= on which we Chinese live)（米是我們中國人的主食。）

That is the man *whom* we were speaking *about*. (= about whom we were speaking)（那就是我們在談論的人。）

注意 介系詞放在句末時,作受詞的關係代名詞可省略:

He has no house (*which*) he can live in.（他沒有房子住。）

3. **在當形容詞用的不定詞片語之後時** 如實例 2., 3.和下例：

That's *nothing* to boast *of*.（沒什麼好吹噓的。）

I have no *pen* to write *with*.（我沒有筆可寫。）

4. **含有介系詞的動詞片語用於被動語態時** 如實例 4.和下例：

The poor boy was run *over* by a truck.

（那可憐的男孩被一輛卡車輾死了。）

The invalids must be taken good care *of*.

（病人必須被好好的看護。）

The fact was taken no notice *of*.

（這事實沒有引人注意。）

He was laughed *at* by everybody.（他被每個人嘲笑。）

5. **為強調受詞，而將受詞倒裝至句首時** 如實例 5.和下例：

That I do not approve *of*.（那樣我不贊成。）

His going I have no objection *to*.（他去我不反對。）

【問】 請改正下列句子的錯誤：

1. The beggar had no house to live.

2. What are you crying?

3. Queen Victoria was spoken very highly by her people.

【答】

1. *live → live in*

2. *crying → crying for*

3. *spoken very highly → spoken very highly of*

4 介系詞片語的用法

介系詞片語可作**形容詞**和**副詞**用。

〔1〕當形容詞片語時

─《實例》─────────────────────

1. A man *of learning* is not always a man *of wisdom*.
   有學問的人未必賢明。

2. This is *of great importance* (= *very important*). 這是很重要的。

───────────────────────────

1. **作修飾語** 可修飾名詞、代名詞,如實例1.,下面的例子亦有相同作用:

   A friend *in need* is a friend indeed. (患難見真情。)〔諺〕

   Birds *of a feather* flock together. (物以類聚。)〔諺〕

2. **作補語** 如實例2.的 of great importance 作主詞補語。再看下面例子:

   Every effort was *of no avail*. 〔主詞補語〕
   (所有努力都是枉然。)

   We are all *against war*. 〔主詞補語〕
   (我們都反對戰爭。)

   I found this *of greater interest* than that. 〔受詞補語〕
   (我發現這個比那個有趣。)

〔2〕當副詞片語時

─《實例》─────────────────────

1. She is short *in stature*. 她的身材矮小。

2. *To my surprise*, he ate everything on the table.
   令我吃驚的是,他吃了桌上的每樣東西。

───────────────────────────

1. **修飾動詞、形容詞、副詞**　如實例 1. 的 in stature，修飾形容詞 short。再看下例：

He works *from morning till night*.〔修飾動詞〕
（他從早到晚工作。）

Her eyes were full *of tears*.〔修飾形容詞〕
（她的眼裡充滿了淚水。）

Unfortunately *for us*, the doctor came too late.〔修飾副詞〕
（對我們來說，很不幸地，那醫生來得太遲了。）

2. **修飾子句**　如實例 2. 的 To my surprise 修飾後面整句。再看下例：

To her joy, her mother bought her a new pair of gloves.
（令她欣喜的是她母親買給她一副新手套。）

【問】下列劃線部分的介系詞片語是什麼用法？	【答】
1. Without effort you could not succeed in anything.	1. 作副詞片語，修飾動詞
2. This is certainly of no practical value.	2. 作形容詞片語，當主詞補語
3. The man with keen eyes turned out to be a detective.	3. 作形容詞片語，修飾主詞

5 介系詞、副詞、連接詞

有些介系詞和副詞、連接詞同屬一個字形，如 before, after, since 等，其區別現分述如下：

〔1〕副詞和介系詞的差異

≪實例≫

1. We look *before* and *after*. 我們瞻前顧後。
2. *After you*, please. 您先請。

1. **副詞**　修飾動詞、形容詞、副詞，且
後面沒有受詞，如實例 1.的 before
和 after。再看下例：

He died many years *since*.

（他死於多年以前。）

Christmas soon comes round
again.

（聖誕節很快又到了。）

2. **介系詞**　後面有受詞，如實例 2.的 after 後接受詞 you。再看下例：

I have not heard from him *since then*.

（從那時起，我不曾聽過他的消息。）

The earth moves *round the sun*. （地球繞着太陽轉。）

〔2〕連接詞和介系詞的差異

≪實例≫

1. You had better note it down *before you forget it*.
你最好在忘掉前記下它。

2. It was *before nightfall* that we got there.
我們在黃昏前到達那裡。

1 **連接詞** 連接詞後面接子句，如實例 1.。再看下例：

I went out ***after I had written a letter.*** （我在寫完信後走出去。）

The train had just started ***before I reached the station.***

（在我到達車站之前，火車剛開出。）

Look ***before you leap.*** （在跳之前先看看 —— 三思而後行。）〔諺語〕

2. **介系詞** 介系詞後接名詞作受詞，如實例 2.。再看下面例子：

43 ***before Christ*** （西元前 43 年）

Floods came ***after heavy rains.*** （洪水接著大雨之後來臨。）

【問】下列劃線的字是什麼詞類？	【答】
1. <u>Since</u> that time she has much changed.	1. 介系詞
2. It is six years <u>since</u> I saw her last.	2. 連接詞
3. Six years <u>since</u> I saw her in this country.	3. 副詞

⑥ 主要介系詞的用法

〔1〕 表時間的介系詞

《實例》

1. The president was shot ***at*** about eleven ***on*** the fourteenth of April ***in*** 1865.
   那總統在 1865 年 4 月 14 日大約 11 點時被槍殺了。

2. I hope I can come back ***by*** six. Please wait ***till*** half past six. 我希望我能在 6 點前回來。請等到 6 點半。

3. Don't you think it impossible to finish the work ***in*** a week or so? 你不認為要在一星期左右完成這工作是不可能的嗎？

4. She went to Hawaii ***during*** the vacation. 她在假期間到夏威夷。

1. at, on, in　　如實例 1.的用法。

> at：表時間的一點：*at* three（在三點）；*at* noon（在中午）
> on：表特定的日子、時候等：*on* Sunday（在星期日）；*on* that
> 　　morning（在那天上午）
> in：表較長的時間：*in* the morning（在上午）；*in* May（在五
> 　　月）；in spring（在春天）

[研究]　in the night（在晚上）也可寫成 at night。另外，表示某月某日
時，月份前的介系詞用 of（參考實例 1.）。

2. by, till (until), before　　如實例 2.的用法。

> by「最遲在～之前」（動作完成的期限）：
> 　*by* tomorrow morning（在明天早上前）
> till (until)「直到～」（動作持續的終點）：
> 　*till* five o'clock（直到五點）；*till* late at night（直到深夜）
> before「在～之前」：
> 　*before* the war（在戰爭之前）；*before* eleven（在十一點之前）

再看以下的例子：

She will be here *by* three.（她最遲三點會來這裡。）

She will be here *till* three.（她在這裡直到三點。）

She will be here *before* three.

　（她在三點以前會到這裡。）

【問】請在空格內填入適當的介系詞：	【答】
1. The accident took place ＿＿＿＿noon＿＿＿the ninth ＿＿＿July.	1. at；on；of
2. Stay here＿＿＿his arrival.	2. till (until)

3. **in, within**　如實例 3. 的用法。

{
in「再過～」（經過）：*in* a day（過一天；花費一天）
within「在～以內」（期間）：
　within a day（在一天以內）〔或許不必花一天〕
}

I read the book *in* a week.（我花了一星期讀這本書。）

I think I can read the book *within* a week.

（我想我可以在一星期內讀完這本書。）

注意　in 用於未來式，作「**再過（若干時間）**」解；用於過去式，則

作「**花費（若干時間）**」解：

I shall be home *in* a week.（再過一星期我就回家了。）

They finished the game *in* three hours.

（他們花費三小時完成比賽。）

4. **during, for, through**　如實例 4. 的用法。

{
during「在～期間」：*during* the summer（在夏天期間）
for「歷時～」（後接一段時間）：*for* a week（一星期之久）
through「整個～時間」（強調自始至終）：
　through the night（整晚）
}

再看下例：

He dozed off twice *during* the school hour.

（他在上課時打盹了兩次。）〔不是一直打盹〕

He stayed there *for* a week.

（他在那裡待了一星期。）

The wind howled furiously *through* the night.

（風猛烈地呼嘯整晚。）

⊙ for, during, through 的表解：

5. **from, since**

> from「自～起」：
> 　表示某事開始的時間，與那事歷時多久，或何時結束無關。
> since「自從～（到現在）」：
> 　表示時間的繼續，通常與現在完成式、現在完成進行式一起使用。

I knew him *from* his childhood.

　（自從他幼年時代我就認識他了。）

He works hard *from* morning *till* 〔*or to*〕 night.

　（他從早到晚努力工作。）〔 from 之後加 till, to可表時間的終點〕

He has been ill *since* last week.

　（他從上星期就生病了。）〔現在還病著〕

He has been studying English *since* the beginning of this year.（他從今年開始（到現在）一直在學習英語。）

注意　　from 用於表時間的起點時，不可與 begin, start 等「開始」的動詞連用：

　　〔誤〕School begins *from* eight.

　　〔正〕School begins *at* eight.（學校八點上課。）

〔2〕表場所、方向的介系詞

≪實例≫

1. A fire broke out *at* the Hilton *in* Taipei last night.
   昨晚台北希爾頓飯店發生一場火警。

2. There is a notebook *on* the desk, and *over* the desk is a lamp. 桌上有本筆記本，桌子上方有一盞燈。

3. The giant was sleeping *under* a tree, a wooden pillow *beneath* his head. 那巨人正在一棵樹下睡覺，一個木枕在他的頭下面。

4. Our school stands *among* trees. 我們的學校座落在樹林中。

5. The train passed *through* a tunnel, and is now running *along* the coast. 火車穿過了隧道，現在正沿著海岸行駛。

6. If you are going *to* Taipei, you must get on a train *for* Keelung. 如果你想去台北，你必須搭乘往基隆的火車。

---

1. **at**, **in**　如實例 1. 的用法。

$\begin{cases} \text{at：指位於比較狹窄的地點} \\ \text{in：指位於比較寬廣的地方} \end{cases}$

再看下例：

A is at ○
A is in □

When shall we arrive *at* Taipei station？

（我們何時到達台北車站？）

My uncle lives *in* Taiwan.（我叔叔住在台灣。）

注意　如果要表示「在其中」，即使是狹窄的場所，也可以用 in。即使是寬廣的地方，如果因為離得很遠，而被認為是一個地點時，也可以用 at 表示：

He was born *in* a small village.（他出生於一個小村莊中。）

He arrived *at* New York yesterday afternoon.

（他昨天下午到達紐約。）

2. **on, over ; above, up**　如實例 2.的用法。

$$\begin{cases} \text{on：表示「在～上面」，與物體表面有所接觸。} \\ \text{over：表示「在～的上方」，但未與物體接觸。} \end{cases}$$

再看下例：

His house stands *on* a hill. （他家在小山上。）

The sky is *over* our heads. （天空在我們頭上。）

研究　　on 指與某物表面相接觸時，除表示上面的表面外（如實例 2.的 *on the desk*），也可表示側面或下面的表面：

A fly is *on* the ceiling.

　（一隻蒼蠅在天花板上。）〔指下面的表面〕

Who painted the picture *on* the wall?

　（牆上的畫是誰畫的?）〔指側面的表面〕

$$\begin{cases} \text{above：「在～之上」，表位置的高出。} \\ \text{up：「（動作）向～的上面」} \end{cases}$$

The sun rose *above* the horizon. （太陽升起到地平面之上。）

She ran *up* the stairs. （她跑上了階梯。）

3. **beneath, under ; below, down**　如實例 3.的用法。

$$\begin{cases} \text{beneath：「在～下面」，表示位置緊接觸在某物之下（on 的反義字）} \\ \text{under：「在～下方」（over 的反義字）} \end{cases}$$

再看下例：

I found the knife *beneath* the napkin.

　（我在餐巾下面找到了刀子。）

The earth is *beneath* our feet. （大地在我們腳下。）

There is nothing new *under* the sun. （太陽底下沒有新鮮事。）

He is now swimming *under* the bridge. （他正在橋下游泳。）

$$\begin{cases} \text{below：「在～之下」（above 的反義字）} \\ \text{down：「（動作）向～的下面」（up 的反義字）} \end{cases}$$

The sun set *below* the horizon. （太陽沒入地平線之下。）

The Dead Sea is *below* sea level.

（死海的海面低於海平面。）

The tears ran *down* her face.

（眼淚從她的臉上流下來。）

She ran *down* the stairs.（她跑下樓梯。）

上述介系詞的相關位置圖解如下：

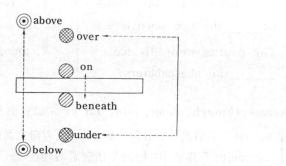

【問】請在空格內填入適當的介系詞：	【答】
1. The sun has sunk＿＿＿the horizon, and the moon has risen＿＿＿it.	1. below, above
2. Sweat ran＿＿＿my back and forehead.	2. down

---

4. **between, among**　如實例 4. 的用法。

$\begin{cases} \text{between：「在（兩者）之間」} \\ \text{among：「在（三者）之間」} \end{cases}$

再看下例：

The train makes several stops *between* Taipei and Taichung.（火車在台北和台中之間停好幾次。）

I have classes *between* nine and twelve o'clock.

（我在九點到十二點之間有課。）

The book is the best *among* modern novels.

（在近代小說中，那本是最好的。）

The town lies *among* the mountains.

（此鎮位於群山之中。）

【問】請在空格內填入適當的介系詞：	【答】
1. The Nobel prize was divided＿＿＿the two scientists.	1. between
2. The profits were divided＿＿＿the shareholders.	2. among

5. **across, through, along, into, out of**　如實例 5. 的用法。

　　across：「橫過」（指和一線（面）或方向交叉而過）
　　through：「穿過」（指動作所經過的途徑）
　　along：「沿著」（指沿著一線（面）的方向而行）
　　into：「進入～之內」（指動作的方向）
　　out of：「（指動作）由內向外」

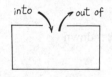 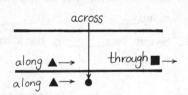

再看下例：

He swam *across* the river.（他游過河。）

The troops marched *through* the town.

（軍隊從城中走過。）

The lovers walked *along* the path.

（情人們沿著小徑散步。）

He went into the room, but soon came *out of* it.

（他進了房間裏，但很快就出來了。）

The lovers walked along the path.

【問】請在空格內填入適當的介系詞：	【答】
1. The Keelung River flows _____ Taipei .	1. through
2. Even a grown-up cannot swim_____this river.	2. across

6. **to, for, toward** (*s*)　如實例 6. 的用法 。

$\begin{cases} \text{to：「到～」，表示行程的終點（from 的反義字）} \\ \text{for：「往～」，表示方向或目的地} \\ \text{toward}(s)\text{：「朝～方向」} \end{cases}$

再看下例：

He went *to* America last year.

（他去年去美國。）

It is a train *for* Taichung.

（那是開往台中的火車。）

He was walking *towards* the sea.

（他向海走去。）

〔3〕 其他的介系詞

≪實例≫

1. He died *of* old age. 他因年老而死。

2. The king was unpopular *for* his tyranny.
   這國王因殘暴而不爲人民愛戴。

3. Water turns *into* ice at $0°C$, and at $100°C$ turns *into* steam.
   水在攝氏零度時結成冰，一百度時變成水蒸氣。

4. He is preparing himself *for* the entrance examination.
   他正在準備入學考試。

5. You must not write *in* red ink. 你不可用紅墨水寫。

6. Paper is made *from* wood. 紙由木材製造成。

7. What is he talking *about*？ 他在講什麼？

8. The car was sold *at* good price. 這汽車以好價錢賣出。

1. 表**原因**的介系詞——of, from, at, with 如實例 1.和下例：

All of us were surprised *at* his sudden death.

（他突然死亡令我們大家感到驚訝。）

I was laid up *with* a cold.（我因感冒而臥病。）

Some died *from* fatigue, and others died *of* illness.

（有些人死於疲勞，而有些人死於疾病。）

注意 原則上，**die of** 表示內在的死因（疾病、饑餓、悲傷），**die from** 表示外來的死因（受傷）。

【問】 請在括弧內選出正確的字：	【答】
1. Both of us are surprised (at, in, by) your unreasonable request.	1. at
2. Many natives die every year (at, from, for) snake bites.	2. from

2. 表**理由**的介系詞—— **for, owing to, because of**　　如實例 2.和下例：

The boy was punished *for* being lazy.

（這男孩因怠惰而受罰。）

He stayed in *owing to* bad weather.

（他因天氣惡劣而留在家裏。）

I didn't go out *because of* the rain.（我因雨而沒有出去。）

3. 表**結果**的介系詞—— **to**（結果～）, **into**（變成～）　　如實例 3.和下例：

He was beaten *to* death.（他被打死了。）

Milk is made *into* cheese.（牛奶製成乾酪。）

To his astonishment, the woman waved to him.

（令他驚訝的是，那女人向他揮手。）

| 注意 | 有關 to *one's* joy（令某人高興的是…）, to *one's* sorrow （令某人悲哀的是…）的用法請參照 p. 301。

4. 表**目的**的介系詞—— **for, after, at**　　如實例 4.和下例：

I work *for* money, not *for* pleasure.

（我為錢而工作，不是為了樂趣。）

He is much run *after*.

（他常被追求。）

What is he aiming *at*？

（他正在瞄準什麼？）

5. 表**方法**的介系詞—— **in, by, on, with, through**　　如實例 5.和下例：

Do you go to school *by* bus or *on* foot？

（你上學是搭公車，還是走路？）

She wiped her tears *with* her handkerchief.

（她用她的手帕擦淚。）

He will succeed *through* your help.

（經由你的幫助，他將會成功。）

注意 with（用～）的否定用 **with no** 或 **without**：

You can now study *without* worry.

（你現在可以無憂無慮地用功了。）

【問】請在空格內塡入適當的介系詞：	【答】
1. He came to Taipei＿＿＿＿ train.	1. by
2. She wrote her name on the paper＿＿＿pen and ink.	2. with

6. 表**材料**的介系詞

> **of** 表成品仍保有材料原來的形狀、性質
> **from** 表成品已失去材料原來的形狀、性質＜參照 p. 201＞

如實例6.和下面例子：

This desk is made *of* steel.（這書桌是鋼製的。）

Beer is made *from* barley.（啤酒是大麥釀成的。）

研究 **in** 也可表示**材料、語言、聲音**。如：

a statue *in* bronze（青銅像），money *in* gold（金製的錢），speak *in* English（用英文講），*in* a quiet〔loud〕voice（小〔大〕聲地）

【問】請在空格內塡入適當的介系詞：	【答】
1. His house is built＿＿＿＿ stone.	1. of
2. Wine is made＿＿＿grapes.	2. from
3. Milk is made＿＿＿butter.	3. into
4. Butter is made＿＿＿milk.	4. from

7. 表**關連**的介系詞

　　about 用於表示較詳細的情形；**on** 表有關題目；**with** 表關係；**of** 表
人或物的存在。

　　如實例 **7.**和下面例子：

　　　What do you know *about* that？（關於那件事，你知道什麼？）

　　　She is writing a thesis *on* American literature.

　　　　（她正在寫一篇有關美國文學的論文。）

　　　His act has nothing to do *with* his wife's death.

　　　　（他的行為和他太太的死無關。）

　　　I had never heard *of* him till then.

　　　　（直到那時我才聽到他的消息。）

　　注意　**hear of** 是「聽說～」，**hear from** 是「收到～的消息」。

　　　I've never *heard from* him since then.

　　　　（從那時起，我就沒有收到他的消息。）

8. 表**標準**的介系詞——$\begin{cases} \text{by 用於數量的單位} \\ \text{at 用於溫度和速率} \end{cases}$

　　如實例 **8.**和下面例子：

　　　Sugar is sold *by* the pound.（糖是論磅賣。）

　　　Water freezes *at* 0°C.（水在攝氏零度時結冰。）

　　　I ran *at* full speed.（我以全速跑。）

　　注意　**for** 表示「全部的價錢」，**at** 表示「單價」。

　　　比較下句和實例 **8.**：

　　　　I bought ten pieces *for* a dollar.（我用一塊錢買了十個。）

研究　注意下面介系詞的用法：

1. with＋**抽象名詞**＝**副詞**＜參照 p. 17 ＞

　　　You will do it *with ease*（＝ easily）.

　　　　（你做這件事將很容易。）

2. 表**分離**的 **of**

He was robbed *of* his purse. (他的錢包被搶走了。)

We must get rid *of* it sooner or later.

(早晚我們必須要除去它。)

3. 表**比較**的 **to, with**

Death is often compared *to* sleep.

(死亡時常被比喻成長眠。)

Compare your conduct *with* hers.

(把你的行爲和她的比較。)

4. 表**贊成**的 **for**, 表**反對**的 **against**

Most people are *against* war, but some are *for* it.

(大部分的人反對戰爭，但有些人卻贊成。)

5. 表**進入方向**的 **at, by**

Enter *at*(*by*) the back door. (從後門進去。)

The thieves entered the house *by* the chimney.

(小偷們從煙囱進入屋裏。)

注意 「從後門」,「從煙囱」,介系詞不可用 *from* ＜參照 p.　＞

6. **be ＋形容詞＋ of ＝動詞**

be forgetful of ＝ forget (忘記)

be desirous of ＝ desire (想要；渴望)

be envious of ＝ envy (羨慕；嫉妬)

be afraid (*or fearful*) *of* ＝ fear (害怕)

７ 片語介系詞

兩個以上的字，構成一個介系詞，就叫做**片語介系詞**。

下列是常見的片語介系詞：

according to（根據）：

According to today's paper, three people were killed in traffic accidents. 根據今天的報紙，有三人死於交通事故。

as for（至於）：

As for me, I am not against it. 至於我，我並不反對它。

because of（因為）：

The game was called *because of* rain. 比賽因下雨而中止。

by means of（藉著）：

Thoughts are expressed *by means of* words.

思想藉著語言來表達。

for the sake of（為了〔目的或利益〕）：

The scientists stopped the experiment *for the sake of* humanity. 科學家們為了人道而停止了那項實驗。

in spite of（儘管；雖然）：

We pushed on *in spite of* thirst and hunger.

我們雖然又渴又餓，還是繼續前進。

instead of（代替）：

My sister gave me this *instead of* that.

我姊姊給我這個代替那個。

owing to（因為；由於）＝ because of, on account of, by dint of

Owing to careless driving, he had an accident.

由於駕駛疏忽，他出了事。

thanks to（幸虧）：

Thanks to her care, the child gradually recovered his health.

幸虧她小心照顧，那小孩漸漸恢復了健康。

練 習 題

I. 將下列括弧內的介系詞放在句中的適當位置：

1. In Japan many people have no house to live. (in)

2. The thief was arrested the spot. (on)

3. She got full marks English and mathematics. (for)

4. What are they looking? (at)

5. I have no one that I can turn in this wide world. (to)

II. 填入適當的介系詞使句意完整：

1. The city is＿＿＿a river. (河畔)

2. The train is running＿＿＿a tunnel.

3. ＿＿＿December 4th, he finished his last work.

4. The steamer starts＿＿＿Hongkong at 5 p.m.

5. The dog jumped＿＿＿a fence.

6. The walls are made＿＿＿stone.

7. London is famous＿＿＿its fogs.

8. ＿＿＿her great surprise, the cat sprang at her.

9. The athletic meeting begins＿＿＿9 a.m.

10. I will go to Keelung＿＿＿train.

III. 從(a)～(f)中選出適當的答案填入空格內：

1. ＿＿＿the rain, we were unable to play baseball.

2. You can open the door＿＿＿a nail or something like that.

3. The meeting was held＿＿＿the heavy rain.

4. ＿＿＿Ulysses's wisdom and courage, the Greeks conquered Troy.

5. May I have this _____ that ?

    (a) in spite of   (b) instead of   (c) thanks to

    (d) by means of (e) for the sake of (f) owing to

解 答

I. 1. ... to live *in*.   2. ... arrested *on* the spot.

    3. ... marks *for* English...   4. ... looking *at* ?

    5. ... turn *to* in...

II. 1. on (*or* by, beside) 2. through 3. On 4. for

    5. over 6. of 7. for 8. To 9. at 10. by

III. 1. (f) 2. (d) 3. (a) 4. (c) 5. (b)

第十章 連接詞

❶ 連接詞分爲對等連接詞和從屬連接詞兩種。

❷ 從屬連接詞引導的子句,具有名詞、形容詞或副詞的作用。

❸ 注意連接詞和副詞、介系詞的區別,尤其是可作連接詞,副詞和介系詞用的字。

---

1 連接詞的性質和種類

〔1〕連接詞

用來連接單字、片語、或句子的詞類,稱爲**連接詞**,有 and, or, but, that, if, when 等。

〔2〕連接詞的種類

≪實例≫

1. Tom **and** John are good friends. 湯姆和約翰是好朋友。

2. I can speak English, **but** I cannot speak French.
   我會說英語，但不會說法語。

3. Do you go to school on foot **or** by bus?
   你是走路上學，還是搭公共汽車？

4. **If** it rains tomorrow, I'll stay at home.
   如果明天下雨，我就留在家裏。

5. The thief ran away **when** he saw the policeman.
   那小偷看到警察就跑走了。

1. 對等連接詞

用來連接文法作用相同（即同當名詞、形容詞或副詞用）的單字、片語或子句的連接詞，稱為**對等連接詞**，如實例 1.～3.的 and, but, or 等。實例 1.的 and 連接單字，2.的 but 連接子句，3.的 or 是連接片語。

2. 從屬連接詞

連接從屬子句和主要子句的連接詞，稱為**從屬連接詞**。其用法可引導名詞子句，如 that, if, whether；可引導副詞子句，如 as, till；也可引導形容詞子句，如 who, why。如實例 4., 5.的 if 和 when 是引導副詞子句的從屬連接詞：

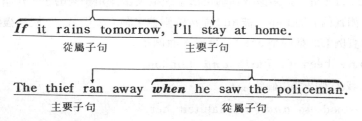

If it rains tomorrow, I'll stay at home.
　　從屬子句　　　　　主要子句

The thief ran away **when** he saw the policeman.
　　主要子句　　　　　　　從屬子句

注意 有關子句請參照 p. 348 。

【問】	【答】
連接詞的種類有那幾種？	對等連接詞和從屬連接詞。

② 對等連接詞的用法

對等連接詞是連接文法作用相同的單字、片語或子句。有 and, or, but, for …等字。

〔1〕 and的用法

≪實例≫

1. You **and** I are playmates. 你和我是玩伴。
2. She usually takes only a few slices of bread **and** butter for breakfast. 她早餐通常只吃幾片奶油麵包。
3. Stir, **and** you are a dead man. 動一下，就要你死。
4. Come **and** see(= Come *to* see) me whenever you please. 無論何時，只要你喜歡，就來看看我。
5. He did it, **and** did it well. 他做了，並且做得很好。

---

1. 作「和；且」解　這是最普通的用法，連接文法作用相同的字、片語或子句，如實例 1.的 and 。被 and 連接的兩個名詞（或代名詞）視為**複數**（注意實例 1.的動詞是 are）。再看下面例子：

　　I have been to Paris **and** London.

　　　（我去過巴黎和倫敦。）

　　He stood up **and** (*he*) saluted her.

　　　（他站起來向她打招呼。）

研究 用 **and** 連接三個以上的字詞時，在每個字詞後面用逗點分開，只在最後一個字詞前面用 and 。而 and 前面也可加逗點。如：

　　A , B , C and D 或 A , B , C , and D

　　Three R's are reading, writing(,) and arithmetic.

　　（三 R 是閱讀，寫作和算術。）

2. and 連接的兩個字**表示一件東西**

　　如實例 2.的 bread and butter 指「塗了奶油的麵包」（buttered bread），是表示一樣東西，動詞須用**單數**。

　　再看下例：

　　　a watch and chain（鍊錶）

　　　brandy and water

　　　　（攙水的白蘭地酒）

　　　whisky and soda

　　　　（攙蘇打水的威士忌酒）

a watch and chain

研究 　and 連接的兩個字也可表示同一人或生物：

　He is a statesman **and** poet.（他是個政治家兼詩人。）

　She has a black **and** white dog.（她有一隻黑白色相間的狗。）

　這種情況的冠詞用法請參照 p. 112 。

3. **祈使句＋ and**「如果～，就～」；**祈使句＋ or**「～，否則～」＜→ p. 325 ＞

　　如實例 3.和下面例子：

　　　Work hard, **and** you'll succeed. = If you work hard, you'll succeed.（努力工作，你就會成功。）

　　　Work hard, **or** you will fail.（努力工作，否則你會失敗。）

研究 　在此句型中，句意明確時可將動詞省略，而以「名詞＋ and」表示：

　One more effort, **and** you will succeed.

　　（再努力一下，你就會成功。）

4. and可代替表「**目的**」的不定詞（此用法多半把 and 放在 come, go, try 之後）

如實例4.和下面例子：

Go *and* help him. ＝ Go *to* help him.（去幫他忙。）

5. 「**並且**」 用 and 或 and that 強調「並且」之意。如實例5.及下面例子：

Do it, *and that* at once.〔that 指 do it〕

（做它，並且立刻去做。）

【研究】 and 還有下列的用法：

1. and連接兩個相同的字，表「**漸漸**」、「**重複**」或加強語氣：

The voice became fainter *and* fainter.

（那聲音變得愈來愈模糊了。）

He read the letter from her over *and* over again.

（他一次又一次地讀那封她寄來的信。）

2. and表「**對照**」

So rich, *and* (＝ yet) he lives like a beggar.

（他那麼富有，卻過得像乞丐似的。）

【問】下列各句中的and是什麼用法？	【答】
1. Knock, *and* it shall be opened.	1. 祈使句＋and
2. He did it, *and* that very well.	2. 並且

〔2〕**or 的用法**

《實例》

1. He *or* I am in the wrong. 不是他錯就是我錯。

2. Be obedient, *or* (*else*) I'll have to punish you.

聽話一點，否則我就要懲罰你。

3. The road measures 30 feet across *or* about nine meters.

這條馬路長 30 英尺，即大約九公尺。

1. 作「**或者**」解　是最常見的用法。如實例 1. 和下面例子：

Which do you like better, summer *or* winter ?

（夏天或冬天，你比較喜歡哪一個？）

研究　or 連接兩個名詞（代名詞）作主詞時，動詞的數要和最接近的名詞（代名詞）一致：

You *or* he *is* to blame.（你或他應受責備。）

She *or* her parents *are* coming here.

（她或她父母正要來這裡。）

2. **祈使句** ＋ or(else)「**否則**」　如實例 2. 和下面例子：

Come at once, *or* it will be too late.

（立刻來，否則就太遲了。）

Do your work, *or else* you will be punished.

（做你的工作，否則你會受罰。）

3. 作「**即**」，「**也就是**」（＝ in other words）解　用以引導同義語或說明語。如實例 3. 和下面例子：

She is learning the culinary art *or* cooking.

（她正在學烹調術，即烹飪法。）

Anglo-Saxon, *or* Old English, is not popular today.

（盎格魯撒克遜語也就是古英語，今日已不流行。）

【問】請在括弧內選出正確的字：	【答】
1. Mary and Jane（am, is, are）on friendly terms.	1. are
2. The doctor or his sons（am, are, is）to arrive here at three.	2. are

〔3〕 but 的用法

≪實例≫

1. It was stormy yesterday, *but* today it is very fine.
昨天有暴風雨，但是今天卻非常晴朗。

2. He is *not* a high school student, *but* a university student.
他不是個中學生，而是個大學生。

3. It is true that man is mortal, *but* he can do an immortal
work. 的確人是難免一死，不過他能寫出不朽的作品來。

1. 作「**但是**」解，連接兩個意義相反的部分。如實例 1.和下面例子：
He is old *but* I am young.（他老，但是我年輕。）
Harris speaks German *but* Michael does not.
（哈利斯說德語，但是麥可不說。）

注意 下例的 but 完全沒有「但是」的意思，只是一種慣用法：
Excuse me, *but* will you lend me a match？
（對不起，能借根火柴嗎？）

2. not～but …「**不是～，而是…**」
Not money, *but* wisdom is what we want.
（我們所需要的不是金錢而是智慧。）
She does *not* play tennis, *but* ping-pong.
（她不打網球，而打乒乓球。）
Not that he is cowardly, *but* that he is too cautious.
（他不是膽小，而是太小心了。）

3. **表讓步後的强調語氣** 構成以下句型：It is true～, but；indeed～
but「的確～，不過」；may～but「也許～，不過」。如實例 3.和下
面例子：

Your plan is excellent *indeed*, *but* it is hard to put into practice.（你的計畫的確很好，不過很難實行。）

You *may* be right, *but* I would rather not change my mind.（你也許是對的，不過我寧可不改變心意。）

【問】下列句中的 but 是什麼用法：	【答】
1. He may be weak, *but* he is not a coward.	1. 表讓步後的強調語氣
2. I told him so, *but* she wouldn't tell him so.	2. 連接意義相反的部分

〔4〕 nor, for 的用法

≪實例≫

1. I have never been abroad, *nor* have I ever wished to go.
   我從未去過國外，也不想去。
2. He was not at all terrified, *for* he was a brave man.
   他一點也不怕，因為他是個勇敢的人。

1. **nor** = (**and**)**not** … **either**「（既不）…也不…」 nor 是 or 的否定形，前面子句否定，後面子句再否定時，用 nor。如實例 1. 和下面例子：

You must not move *nor* utter a word.

（你不可以動，也不可以發出聲音。）

2. **for**：「因為」 通常前面有逗點。如實例 2. 和下面例子：

It's morning, *for* the birds are singing.

（是早晨吧，因為鳥兒在歌唱呢。）

研究 **for** 是表示附加的、推斷的理由；從屬連接詞 **because** 則表直接的理由或原因：

I stopped reading *because* I was tired.

（因爲很累，所以我停止讀書。）

這句的意思是，因爲累了，所以停止讀書；而 It's morning, *for* the birds are singing. 不是因爲「鳥叫」，所以「就是早晨」，而是把「鳥叫」作爲「早晨來臨」的判斷依據。

【問】請在空格內填入 for 或 be-cause：	【答】
1. She absented herself from school_____she was ill.	1. because
2. The storm must have stopped, _____it is very still now.	2. for

〔5〕 相關連接詞

連接詞中，如 both … and, neither … nor 等，連接兩個文法作用相同的單字、片語或子句，具有一個連接詞的作用，這一組字詞，稱爲**相關連接詞**。

─《實例》─

1. *Both* animals *and* plants need water and air.
   動物和植物都需要水和空氣。

2. *Either* John *or* Robert should go with her.
   約翰或是羅勃特應和她一起去。

3. *Neither* he *nor* I am likely to make a fortune.
   他或我都不可能致富。

4. *Not only* they *but*（*also*）their master is a goodnatured man.
   不僅是他們，連他們的主人都是親切的。

5. He *as well as* you is guilty. 他和你都有罪。

1. **both** A **and** B「A和B」 如實例 1.和下例：

He has *both* genius *and* character.

（他兼具天才和品德。）

The politician is well-known *both* at home *and* abroad.

（那位政治家國內外聞名。）

注意 both A and B作主詞時，文法上用**複數動詞**（如實例1.的need）。

2. **either** A **or** B「不是A就是B」 如實例2.和下例：

You may take *either* this *or* that.

（你可以拿這個或是那個。）

Do you know *either* Fred *or* his cousin？

（你認識弗萊德或是他堂哥嗎？）

注意 "either A or B"作主詞時，動詞的數和B一致：

Either he or his brothers *were* invited to dinner.

（不是他就是他的哥哥們被邀請參加晚宴。）

3. **neither** A **nor** B「既不是A也不是B」 如實例3.和下例：

Neither his father *nor* his mother is alive.

（他的父母親都死了。）

注意

1. neither A or B作主詞時，動詞的數和B一致（參考實例3.）。

2. both A and B 的部分否定＜參照p. 81＞如下例：

Both his father *and* mother are *not* alive.

（並非他的父親和母親都活著。）

4. **not only** A **but(also)** B「不但A而且B」 如實例4.和下例：

Dr. Wang is known *not only* in China *but*〔*also*〕 all over the world.（王博士不但中國聞名，而且全世界聞名。）

注意 not only A but（also）B 作主詞時，因爲重點在 B，所以動詞的數和 **B** 一致：

Not only she *but* all of us *were* disappointed.

（不只是她，連我們大家都感到失望。）

5. A **as well as** B「A 和 B 一樣」 和上一項的差別是，此用法的重點在 A，故動詞的數 要和 **A** 一致。如實例 5. 和下例：

We *as well as* she *were* disappointed.

（我們和她都感到失望。）

研究 下列是各連接詞作主詞時，和動詞一致的情形：

〔主詞〕	〔動詞〕
A and B	複 數
A or B	和 B 一致
both A and B	複 數
either A or B	和 B 一致
neither A nor B	和 B 一致
not only A but B	和 B 一致
A as well as B	和 A 一致

【問】請在括弧內選出正確的字：	【答】
1. Either Mr. Roberts or I（am, are, is）to blame.	1. am
2. Both he and his wife（was, were）fond of dogs.	2. were
3. Not only she but some of her classmates（am, are, is）coming to the party.	3. are

〔6〕副詞性連接詞

具有副詞作用，但意義上卻和連接詞相同的詞類，稱爲**副詞性連接詞**。它們不能連接單字或片語，只能用來連接子句。

≪**實例**≫

1. I think, *therefore* I am. 我思，故我在。

2. I met her many times, *yet* I never addressed her or sought to draw her attention.
   我見過她許多次，但從未跟她說話，或嘗試引她注意。

3. The soldiers were all exhausted. When they heard the sound, *however*, they sprang to their feet.
   士兵們都筋疲力竭，然而，當他們聽到那個聲音時，都突然跳了起來。

實例中的 therefore（所以；因此），yet（但是；然而），however（然而）都是副詞性連接詞，此外，還有：

so（所以；因此）	still（但是；然而）	moreover（並且；此外）
besides（而且）	then（因此；那麼）	otherwise（否則）
nevertheless（但是；然而）		

3 從屬連接詞的用法

從屬連接詞所引導的子句，可作主詞、補語、受詞、修飾語用，而被引導的子句稱爲**從屬子句**。

〔1〕引導名詞子句的從屬連接詞

that, if, whether 等連接詞，可引導名詞子句，在句中作主詞、補語、受詞或同位語。

《實例》

1. *That I was afraid of him* is true. 我怕他是眞的。

2. The truth is *that I am not satisfied with the result at all*. 事實上我一點也不滿意那結果。

3. *Whether he will recover from his illness* is very doubtful. 他是否能從病中復原，是非常難以預料的。

4. I wonder *if he will come and help us*. 我懷疑他是否會來幫助我們。

---

1 that 　實例1.的 that 引導名詞子句，作句子的主詞。

注意　　that 子句作主詞時，通常將**形式主詞 it** 放在句首，而 that 子句放在句尾＜參照 p. 47＞：

It is certain *that* he will come.（他一定會來。）

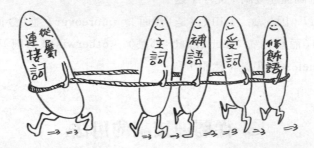

實例2.的 that 子句是作**補語**。此外，也可作**受詞**或**同位語**。

I know *that journeys by bus are not always comfortable*.
（我知道搭巴士旅行未必舒服。）〔受詞〕

I saw to it *that his watch was buried with him*.
（我留意到他的錶和他一起埋葬。）〔it 的同位語〕

The fact *that he was in love with her* was hardly known to anybody.
（他和她戀愛的事實，幾乎沒人知道。）〔the fact 的同位語〕

注意

1. 在 say, think, know, believe 等動詞後面的 that，通常可省略
   <參照 p. 284>。

2. that 子句不能做介詞的受詞，但有少數例外，如 **but, except,
   save, in, notwithstanding** 等，可直接用 that 子句當受詞，但
   和 that 結合成特殊的意義：

   The high income tax is harmful **in that** it may discour-
   age people from trying to earn more. 〔in that＝because〕
   （所得稅增高是有害的，因為它可能使人不願多賺錢。）

   This is all right **except that** we don't have any enter-
   tainment. （除了我們沒有娛樂節目外，一切都好。）
   〔except that 除了～之外〕

3. 注意 that 引導副詞子句的用法 <參照 p. 339>。

【問】下列的 that 子句是什麼作用？	【答】
1. I know that it is wrong not to keep a promise.	1. 受詞
2. It is rather improbable that the boy will pass the examination.	2. 真正主詞
3. My wish was that she would be fair to all of us.	3. 主詞補語

2 **if, whether** if, whether 引導名詞子句，作主詞、受詞或補語，表
「**是否**」之意。實例 3. whether 引導的名詞子句是主詞，和 that 的情形
一樣，也可用**形式主詞 it** 代換成：

　　It is very doubtful *whether he will recover from his
　　illness.*

再看下面例子：

I don't know *if* (=*whether*) *it will rain tomorrow*.

（我不知道明天是否會下雨。）〔作 know 的受詞〕

The only thing that troubled me was *whether my son would get along well with his room-mates*.

（唯一讓我操心的是，我兒子是否和他的室友處得很好。）

〔作主詞補語〕

注意

1. whether 常和 **or not** 連用：

Whether he will remember me **or not** is questionable.

（他是否記得我，是個問題。）

2. if 作「**假如**」解釋時，可引導副詞子句<參照 p. 339>：

I don't know *if* it will rain tomorrow, but *if* it rains, I will not go on a picnic.

（我不知道明天會不會下雨，不過，如果下雨的話，我就不去野餐了。）〔前面的 if 子句是名詞子句，後面的 if 子句是副詞子句〕

【問】下列句中的 if 是什麼意思？	【答】
1. I was not sure *if* he would find it convenient.	1. 是否
2. We shall have to obey him *if* we cannot help it.	2. 假如

〔2〕引導副詞子句的從屬連接詞

── ≪**實例**≫ ──────────────────────────────

1. **When** he was in Florence, he went to the gallery every other day. 當在弗羅倫斯的時候，他每隔一天就到美術館去。

2. **Where** there's a will, there's a way. 有志者事竟成。〔諺〕

3. Let's try to do our best, **since** we can expect no help from others. 既然不能指望別人幫忙，我們就盡力而為吧。

4. The foreigner spoke **so** slowly(*that*) we could understand him well. 那外國人講得如此地慢，以致於我們能了解得很清楚。

5. He saved money(*in order*) **that** he might go abroad. 他存錢為了能出國。

6. **If** anyone comes to see me, tell him I shall be back by seven. 如果有人找我，告訴他我七點以前會回來。

7. **Though** my grandmother is very old, she is strong and healthy. 雖然我的祖母年紀很大了，身子卻強壯而健康。

8. Do **as** you are told. 按照你被吩咐的去做。

9. He is younger **than** I by two years. 他比我小兩歲。

──────────────────────────────────────

1. 表**時間**的從屬連接詞

(1) **when**「當～時候」　如實例 1.和下面例子：

He exclaimed *when* he caught sight of me.

（他看到我就大叫起來。）

(2) **while**「當…時候」　表示一段時間

While I was reading, I fell asleep.

（當我唸書時，我睡著了。）

(3) **as**「當～時候；一邊～一邊～；隨著～」

He trembled *as* he spoke.（當他說話時，他顫抖。）

She sang *as* she worked.（她一邊工作，一邊唱歌。）

His eyes dimmed *as* years went on.

（他的眼睛隨著年歲增加而變模糊。）

研究 **as** 的用法很複雜，可表示理由、程度、讓步，作副詞或介系詞用：

As he is too young, he does not know how to please others.

（因爲他太年輕，所以不知道如何去取悅他人。）〔理由〕

She is *as* wise *as*（*she is*）fair. （她旣聰明，又漂亮。）〔程度〕

Child *as* he is, he can answer the question.

（他雖然是個小孩子，卻能回答這個問題。）〔讓步〕

【問】下面的 as 是什麼意思？	【答】
1. *As* time went on, the King became more and more tyrannical.	1. 隨著～
2. *As* I was tired, I went to bed earlier than usual.	2. 因爲
3. He smoked *as* he spoke.	3. 一邊～，一邊～

(4) **after**「在…之後」；**before**「在…之前」

She felt more tired than ever *after* he had gone.

（他走後，她覺得比以往更疲倦了。）

Will you come and see me *before* you leave Taipei ?

（你離開台北以前，請來看我好嗎？）

(5) **till, until**「直到～」

I slept *till*（*or untill*）it was light. （我一直睡到天亮。）

People do not know the value of health *till*（*until*）they lose it. （人在失去健康時才知道它的重要。）

注意 **not … till**（*or* **untill**）～作「**直到～才…**」解。

(6) **since** 「自從～以來」

It is three weeks *since* the ship left for the Antarctic.

（自從那艘船駛往南極以來，已經三個星期了。）

What have you done *since* you graduated from junior high school?（自從國中畢業以來，你做了些什麼？）

注意　　since 和動詞的關係通常是 現在完成式＋since＋過去式

(7) **as soon as** 「一～就」

As soon as we reached the mountaintop, it began to thunder.（我們一到達山頂，就開始打雷了。）

研究　　和 as soon as 意思相同的連接詞還有：

He had *no sooner* arrived in Africa *than* he fell ill.

（他一到達非洲就生病了。）

He had *scarcely* begun his speech *when* the door opened.

（他一開始演講，門就開了。）

【問】請翻譯下列的句子：	【答】
1. I did not miss my purse until I came home.	1. 直到回家我才發現錢包不見了。
2. No sooner had she opened the cage than the bird flew away.	2. 她一打開籠子，鳥就飛走了。

2. 表**場所**的從屬連接詞——**where**

如實例 2. 和下面例子：

Apricots won't grow *where* the winters are cold.

（杏樹不會生長在冬天很冷的地方。）

Where there is no rain, farming is difficult or impossible.

（沒有雨水的地方，耕作是很困難，或者是不可能的。）

3. 表**理由、原因**的從屬連接詞

除了實例 3.的 **since** 外，還有 **because , as , now that** 等字，均表示「因為」的意思：

Because(= **As , Since**) you are old enough, you can understand my situation.（因為你年紀夠大，所以能了解我的立場。）

研究

1. because 用在否定句時，否定字 not 可能修飾動詞，也可能修飾 because 所引導的副詞子句。所以，同樣的一句話，可能有兩種不同的含義：

I did **not** go **because** I was afraid.
（我沒有去，因為我害怕。）〔not 修飾 go〕

I did **not** go **because** I was afraid.
（我不是因為害怕才去的。）

有時依句意可明顯看出只有一種含義合理：

He did **not** attend the meeting **because** he was ill.
（他沒參加會議，因為他生病了。）〔若 not 修飾 because，須譯成「他不是因為生病而參加會議」則不合理〕

2. for 和 because 的差異參照 p. 327。

【問】請比較下列兩句的意思：	【答】
1. You must not leave the work unfinished because you are tired.	1. 你不可以因為疲倦而不把工作做完。〔not 修飾 because 子句〕
2. You must not go out, because it is very cold outside.	2. 你不可出去，因為外面很冷。〔not 修飾 go〕

4. 表**結果**的從屬連接詞

(1) **so that**「因此；所以」

I went to bed very late last night, **so that** I got up late this morning.（我昨晚很晚睡，所以今天早上晚起了。）

(2) **so**＋形容詞（副詞）＋**that**「如此～以致於」 如實例 4.和下面例子：

His voice was *so* low *that* I could hardly make out what he said.（他的聲音那麼低,以致於我幾乎不能了解他所說的。）

She came *so* late *that* she could not get the ticket.
（她來得那麼晚,以致於買不到票。）

研究 **such**＋名詞＋**that** 也是「如此～以致於」：

Mr. Wang is *such* a punctual person *that* he is never late for any appointment.（王先生是位守時的人,所以任何約會從未遲到。）

5. 表**目的**的從屬連接詞

$$\left\{\begin{array}{l} \textbf{in order that} \\ \textbf{so that} \\ \textbf{that} \end{array}\right\} \sim + \textbf{may(can)}\text{「為了～；以便～」}$$

如實例 5.和下面例子：

He saved five hundred thousand dollars *in order that* he *could* buy a car.（他存了五十萬元,為了要買部車子。）

Dr. Smith and his party started early〔*so, in order*〕*that* they *might* reach the lake before sunset.（史密斯博士和他的隨行人員早就出發了,以便能在日落前到達那個湖。）

注意 that 子句中用 may（might）比較正式。

6. 表**條件**的從屬連接詞

除了實例6.的 **if** 外,還有 **unless, so long as** 等。

(1) **if**「如果」

If it is fine next Saturday, we shall have a party.
（如果下星期六好天氣,我們將舉辦一個宴會。）

(2) **unless**「除非；如果不…」（＝ if … not ）

I will not ask him *unless* it is（＝ *if* it is *not* ）absolutely necessary to do so.

（除非絕對必要,否則我不會去問他。）

(3) **so long as, as long as** 「只要」(= if only)

　　You may stay here *so*（*or as*）*long as* you keep quiet.

　　（只要你保持安靜，你可以留在這裡。）

| 研究 | **provided**（*that*）, **providing**（*that*）, **suppose**（*that*）, **supposing**

（*that*）和 **if** 的意思相同＜參照 p. 212＞：

Suppose（*that*）you give up, what do you think will be the

result?（如果你放棄，你認爲結果將如何？）

I will back you up *provided*（*that*）your motive is genuine.

（如果你的動機是純正的，我會支援你。）

7. 表**讓步**的從屬連接詞

　(1) **though, although** 「雖然」　如實例 7.和下面例子：

　　Though（*or Although*）he works from morning till night,

　　he is as poor as ever.（雖然他從早工作到晚，卻依然貧窮。）

　(2) **even if, if, even though** 「即使」

　　〔*Even*〕*if* the sun were to rise in the west, I would not

　　submit to him.（即使太陽從西邊升起，我也不向他屈服。）

　(3) 形容詞（名詞、副詞）＋ **as** ＋ **S＋V** 「雖然」〔as 可用though代〕

　　Rich *as* he is, he is not happy.（雖然他有錢，可是並不快樂。）

　　Child *as* he is, he knows a lot of things.

　　（雖然他是個小孩，可是知道很多事。）

| 注意 |

　　1. 上列句型中，名詞的前面不加冠詞。

　　2. 下列的構句和上面句型雖同，但不表讓步，而表**理由**：

　　　　Old *as* he is, he can not work so hard.

　　　　（因爲他年紀大，所以不能如此辛苦地工作。）

8. 表**狀態**的從屬連接詞

　(1) **as** 「依照；像」　如實例 8.和下面例子：

　　I lives *as* others do.（我像其他人一樣地生活。）

⑵ **as if, as though** 「好像；宛如」＜參照 p. 211＞

They treat me *as if* I were a child.

（他們把我當成小孩般看待。）

9. 其他的從屬連接詞

⑴ 表**比較**　如實例 **8.** 的 than 和下面例子：

He got higher marks *than* he had expected.

（他得到比原先期望要高的分數。）

She is not *so* young *as* she looks.

（她不像看起來那樣年輕。）

We see things differently *according as* we are young or old.（我們對事情的不同看法，視我們年紀的大小而定。）

⑵ 表**限度、範圍**

As far as I know, Mr. Johnson will resign next month.

（就我所知，強生先生將於下個月辭職。）

【問】請改正下列句子的錯誤：	【答】
1. Unless you do not promise, I will not let you go.	1. 去掉 do not（或將 Unless 改成 If）
2. A woman as she is, she is as courageous as any man.	2. 去掉 A

練 習 題

I. 在空格內填入適當的對等連接詞:

1. Be silent, boy,_____I'll take you out of the room.

2. _____a lion_____a cat are mammals.

3. _____you_____your brother has to pay for it.

4. Not only the queen_____all her attendants praised the sagacious boy.

5. I met him not yesterday_____the day before yesterday.

II. 在空格內填入適當的從屬連接詞:

1. Hardly anything is worse_____that.

2. John was not aware of the danger_____I warned him.

3. The fact_____Roy was the man we had been pursuing escaped our notice.

4. The question is_____or not this plan can be workable.

5. Poor_____I am, I am an honest man.

6. _____two is to eight, so five is to twenty.

7. No one can accuse him_____he is too devoted to his family.

8. _____you give up smoking, your health will not improve.

9. You have only to do_____you are told.

10. I had scarcely returned home_____he called me up.

III. 從(a)～(e)中選出適當的答案填入空格內:

1. _____I am concerned, I do not care whichever way you take.

2. _____you mention it, I recollect that scene.

3. Let's have some tea_____we have done with the business.

4. The writer is studying Spanish_____he may read Spanish novels.

5. He had spent all the money he had,_____he had none to give to the beggar.

   (a) as soon as   (b) so that   (c) now that   (d) in order that

   (e) as far as

IV. 指出下列句中的從屬子句部分，並說明它的用法（名詞子句，形容詞子句或副詞子句）：

1. After her husband died, she had to earn her own living.

2. The fact is that he know little or nothing about the matter.

3. The old man was delighted to meet one who was interested in his work.

4. They say your ships are full of rats.

5. They were so happy that they decided to stay there.

解　答

I. 1. or   2. Both, and   3. Either, or   4. but   5. but

II. 1. than   2. though   3. that   4. whether   5. as（*or* though）   6. As   7. because   8. Unless   9. as   10. when（*or* before）

III. 1. (e)   2. (c)   3. (a)   4. (d)（*or*(b)）   5. (b)

IV. 1. After … died〔副詞子句〕   2. that … matter〔名詞子句〕
    3. who … work〔形容詞子句〕
    4. (*that*) your … rats〔名詞子句〕
    5. that … there〔副詞子句〕

第十一章 感嘆詞

≪實例≫

1. *Ouch*！哎唷！痛啊！

2. *Oh*，I'm sorry．噢，眞對不起。

3. *Alas*，what a fool I was！唉，我眞是個傻瓜！

表示生氣、驚訝、悲哀等強烈感情的詞類，稱爲**感嘆詞**。感嘆詞可以獨立使用（實例 1.），而且和句中其他部分沒有文法上的關連（實例 2.、3.）。再看以下的例子：

Bravo！（好極了！）

Thank God，Taipei Station is just ahead！

　　（感謝老天爺，台北車站就在前面了！）

Why，you couldn't do that！（啊，你不能那樣做！）

Hello，doctor．（喂，醫生。）〔電話中〕

第十二章 片語和子句

❶ 集合兩個以上的單字，使具有一個詞類的作用，即是片語或子句。

❷ 注意片語和子句的差異。

❸ 片語和子句在句子中可作名詞、形容詞或副詞用。

❹ 學習活用前面學習過的介系詞、連接詞、動狀詞等詞類的用法。

Discussion

① 片 語

〔1〕 片語的性質

片語是代表一個詞類，但不足以構成子句（即不合「主詞＋動詞」）的字群。它具有名詞、形容詞或副詞的作用。

如 The book is *on the desk*. 中的 on the desk 是介系詞片語當副詞用；a letter *written in English*.（用英文寫的信）中的 written in English 是分詞片語當形容詞用，修飾 letter。如果是 a letter which is written in English，因為「which＋is…」是「主詞＋動詞」的形式，所以不是片語，而是子句。

〔2〕 片語的種類

─《實例》─────────────

1. The car *on the left* is mine. 左邊那部車是我的。

2. She likes *to drive a car*. 她喜歡開車。

3. *Swimming here* is dangerous. 在此處游泳是危險的。

4. *Living downtown*, they are troubled with noise.
   由於住在鬧區，他們**深**受噪音之苦。

片語按結構分，可分爲下列幾種：

1. **介系詞片語**（片語中最具代表性的）

   介系詞和受詞構成介系詞片語。如實例1.的 on the left 是介系詞片語，下例亦同：

   That is *of no use*. 〔＝That is useless.〕（那是沒用的。）

   He got up *at eight in the morning*. （他早上八點起床。）

2. **不定詞片語**

   實例2.的「to＋動詞＋受詞」即是不定詞片語。下例亦同：

   I have no friend *to help me*. （我沒有朋友幫忙我。）

3. **動名詞片語**

   動名詞和受詞、補語或修飾語構成動名詞片語，如實例3.的 Swimming here。再看下例：

   It is no use *crying over spilt milk*. （覆水難收。）〔諺〕

   Painting beautiful pictures is interesting work.

   　（畫美麗的圖畫是件有趣的工作。）

4. **分詞片語**

   現在分詞或過去分詞，和受詞、補語、或修飾語連用，構成分詞片語，如實例4.的 Living downtown。再看下例：

   A lot of people *wishing to see the king* gathered in front of the palace. （許多想看國王的人聚集在宮殿前面。）

〔3〕 **片語的用法**

─《實例》─

1. It is necessary *to prepare for the worst*. 做最壞的準備是必須的。

2. The swans *on the pond* are very beautiful.
   池塘裏的天鵝非常漂亮。

3. *Not knowing what to say*, I gazed at his face blankly.
   不知道要說些什麼；我茫然地凝視著他的臉。

1. 名詞片語

在句中作名詞用的片語，稱爲名詞片語。如實例1.的不定詞片語，是句中意義上的主詞，所以是名詞片語。再看下例：

I don't mind **being late**. （我不在乎遲到。）

〔動名詞片語作動詞的受詞〕

He was about **to start for New York**. （他就要動身前往紐約了。）

〔不定詞片語作介系詞的受詞〕

He managed **to keep his temper**. （他設法忍住怒氣。）

〔不定詞片語作動詞的受詞〕

The guides are used **to climbing the mountain**.

（這些嚮導習慣於爬山。）〔動名詞片語作介系詞的受詞〕

注意　不定詞片語、動名詞片語的用法（→第7章）。

2. 形容詞片語

在句中作形容詞用的片語，稱爲形容詞片語。如實例2.的介系詞片語 on the pond 修飾前面的名詞 swans，所以是形容詞片語。再看下例：

It's time *to go* now. （現在該走了。）〔不定詞片語修飾 time〕

A man *named Hobson* witnessed the scene.

（一個叫哈伯森的男子目擊到出事的現場。）

〔分詞片語修飾 man〕

3. 副詞片語

在句中修飾動詞、形容詞、或副詞的片語，稱爲副詞片語。實例3.的分詞片語即作副詞用：

The Smiths lived *among the hills*.

（史密斯全家住在小山間。）〔介系詞片語修飾 lived〕

By and by you will come *to like English*.

（你將會漸漸地喜歡英文。）〔不定詞片語修飾 come〕

2 子 句

〔1〕 子句的種類

子句是一個有「主詞＋動詞」的字群，且構成句子的一部分。可分為四種：

≪**實例**≫

1. His parents died ten years ago. 他的父母十年前就死了。

2. They are rich, **but** they are not happy.
   他們很富有，但並不快樂。

3. *If* it rains tomorrow, I will stay at home.
   如果明天下雨，我就留在家裡。

---

1 獨立子句

如實例 1.，由「主詞＋述語」構成一個句子，就稱**獨立子句**。再看下例：

His parents　died ten years ago.
　主　詞　　　　　述　　語

注意　這種句子稱為**單句**<參照 p. 378>

2 對等子句

由對等連接詞連接兩個「主詞＋述語」（獨立子句）的子句，彼此不相附屬，而具有對等的資格，這兩個子句就稱為**對等子句**。如實例 2.：

They are rich, but　they are not happy.
主詞 述語 （對等連接詞）主詞　述　語
└─對等子句─┘　　　　　└─對等子句─┘

注意　這種子句稱為**合句**<參照 p. 378>

如實例 2.的對等子句，可看成兩個獨立子句：

{ They are rich.
{ They are not happy.

3. 主要子句和從屬子句

主要子句是子句中的主體，可脫離其他子句而單獨成爲一個完整的句子；從屬子句由從屬連接詞、關係代名詞或關係副詞所引導，而附屬在主要子句上，不能脫離主要子句而單獨成爲一個完整的句子，如實例3.：

If it rains tomorrow, I will stay at home.
　　　　從屬子句　　　　　　　主要子句

上例的從屬子句 If it rains tomorrow，如果脫離主要子句，意思就不完整；主要子句則具有獨立性，脫離從屬子句仍可獨立。

注意　主要子句和從屬子句構成**複句**。<參照 p.378>

【問】	【答】
1. 何謂子句？	1. 子句是一個有「主詞＋述語」的字群，且構成句子的一部分。
2. 子句有哪幾種？	2. 獨立子句、對等子句、從屬子句和主要子句。
3. 請指出下列句子的主要子句和從屬子句：	3.
(1) When he heard the news, he turned pale.	(1) When … news 是從屬子句，he turned pale 是主要子句。
(2) This coffee is so hot that I cannot drink it.	(2) This … hot 是主要子句，that … it 是從屬子句。

〔2〕 從屬子句的用法

從屬子句在句子中只當作名詞、形容詞或副詞用。

≪實例≫

1. I don't know *if he will come*. 我不知道他是否會來。

2. Who is the boy *that is playing the violin*？
   那個正在拉小提琴的男孩是誰？

3. She will go shopping *if she has time the day after tomorrow*. 如果她後天有時間，她將去買東西。

---

1. 名詞子句

名詞子句由 that, if（是否）等連接詞引導，在句中作主詞、補語或受詞，和名詞的作用相同。實例 1.的名詞子句是受詞。再看下例：

He said *that he was tired*.

（他說他疲倦。）〔作 said 的受詞〕

That she is to blame is obvious.

（很顯然地她該受責。）〔作主詞〕

The strange thing was *that she did not appear*.

（奇怪的是她並沒有出現。）〔作主詞補語〕

2. 形容詞子句

形容詞子句由關係代名詞或關係副詞所引導，在句中修飾名詞或代名詞，和形容詞的作用相同。如實例 2.和下例：

This is the house *which he lives in*.

（這是他住的房子。）

The house *where he lives* stands near the river.

（他住的房子在那條河附近。）

3. 副詞子句

副詞子句的作用和副詞相同，修飾主要子句中的動詞、形容詞（片語）、副詞（片語），或修飾整個主要子句。實例 3. 的 if 子句，修飾主要子句的動詞，所以是副詞子句。再看下例：

I was reading a book *when he came in*.

（他進來時，我正在讀書。）〔when 引導副詞子句，修飾 reading〕

It was so cold *that I shivered*.

（天氣冷得令我發抖。）〔that 引導副詞子句，修飾副詞 so〕

研究

1. 從屬連接詞 if 引導**名詞子句**時，是「**是否**」（＝whether）的意思；引導**副詞子句**時，是「**如果**」的意思。

2. 引導名詞子句的 that，和引導副詞子句表「結果」、「程度」的 that，及關係代名詞的 that 有所區別，不可混淆：

I know *that he is honest*.（我知道他是誠實的。）

〔從屬連接詞引導名詞子句〕

She was so surprised *that she could not speak*.

（她驚訝得說不出話來。）〔從屬連接詞引導副詞子句〕

Who is the boy *that is playing the violon*.（實例 2.）

〔關係代名詞引導形容詞子句〕

【問】下列的子句是什麼用法？	【答】
1. I understand *that one and one is two*.	1. 名詞子句
2. Tell him so *when he comes*.	2. 副詞子句
3. Here is the man *whom you met yesterday*.	3. 形容詞子句

練 習 題

I. 指出下列句中的片語部分，並說明它的種類和用法：

1. Don't cut bread with a knife.

2. He is a man of wisdom.

3. To learn English is not easy.

4. We could find no water to drink.

5. He told me how to do it.

6. When are you leaving for Taipei ?

7. They are of the same age.

8. Written in plain English, the book is easy to read.

9. The boy sleeping under the tree is John's brother.

10. I love eating oranges.

II. 指出下列句中的子句部分，並說明它的種類：

1. This is the house in which Shakespeare was born.

2. This is yours, and that is mine.

3. It is three years since she died.

4. He was in London, but now he is in New York.

5. She told me that her mother can play tennis.

III. 說明下列句中從屬子句的用法（名詞子句、形容詞子句或副詞子句）：

1. The dog that bit the baby was killed at once.

2. The castle is so beautiful that many people come to see it from all over the country.

3. I remember that I have seen him somewhere.

4. I will write to him if I know his address.

5. I cannot tell if he still lives there.

Ⅳ. 從右欄的 a.～f. 中，選出適當的答案和左欄的 1.～5. 配合成完整的句子。

1. They say
2. How far is it
3. The doctor saved ―― my life
4. He gave me
5. I took a taxi

a. and I feel very grateful to him.
b. that I bought yesterday.
c. what I wanted.
d. that Mrs. Brown is going to Europe next month.
e. to be in time for the meeting.
f. from here to the station?

解　答

Ⅰ. 1. with a knife〔介系詞片語，作副詞用〕
  2. of wisdom〔介系詞片語，作形容詞用〕
  3. To learn English〔不定詞片語，作名詞用〕
  4. to drink〔不定詞片語，作形容詞用〕
  5. how to do it〔不定詞片語，作名詞用〕
  6. for Taipei〔介系詞片語，作副詞用〕
  7. of the same age〔介系詞片語，作形容詞用〕
  8. Written in plain English〔分詞片語，作副詞用〕；
    to read〔不定詞片語，作副詞用〕
  9. sleeping under the tree〔分詞片語，作形容詞用〕
  10. eating oranges〔動名詞片語，作名詞用〕

Ⅱ. 1. This is the house〔主要子句〕; in which Shake-
　　　speare was born〔從屬子句〕

　2. This is yours（對等子句）; that is mine〔對等子句〕

　3. It is three years〔主要子句〕; since she died
　　　〔從屬子句〕

　4. He was in London〔對等子句〕; now he is in New
　　　York〔對等子句〕

　5. She told me〔主要子句〕; that her mother can
　　　play tennis〔從屬子句〕

Ⅲ. 1. 形容詞子句　2. 副詞子句　3. 名詞子句　4. 副詞子句
　5. 名詞子句

Ⅳ. 1. d　2. f　3. a　4. c　5. e

句子總論

Speech

第13.章討論的是構成句子的成分——**主要成分**和**附屬成分**。首先必須要徹底了解在第一篇學過的詞類、片語、子句的用法。譬如形容詞修飾名詞；副詞修飾動詞、形容詞或副詞。所以這兩種詞類大多是作修飾語，當附屬成分。名詞大多是作主詞或受詞、補語，而成爲主要成分。

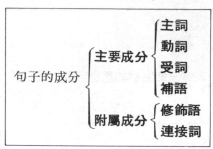

如果了解句中主要成分，就能辨別哪個是主詞，哪個是受詞或補語。

第14.章的句型中，明白主要成分的詞類排列順序是最重要的。句型是按動詞的種類來區分，在翻譯或寫作時，也是重要的線索。第4句型和第5句型很難區別，必須了解受詞和受詞補語的差異。

第15.章介紹句子的種類，有**敍述句、疑問句、祈使句**和**感嘆句**。

第16.章介紹句子的轉變，是將敍述句轉變成其他種類句子的方法。

第17.章介紹特殊句型的結構，如倒裝、省略、插入等，是學習文法和翻譯必備的知識。

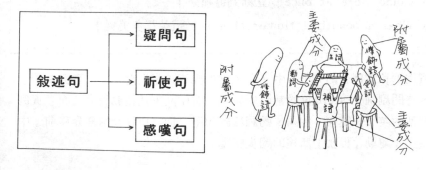

第十三章 句子和句子的成分

❶ 注意造句時字詞的排列順序。

❷ 句子的主要成分有四，即主詞、動詞、受詞和補語。

❸ 修飾語用來修飾其他的字詞，具有形容詞或副詞的作用。

❹ 學習分辨句子的主要成分和修飾語，並注意單字間的連繫。

① 句 子

集合數個字，按照一定的順序排列，表達一個完整的意思字群，就稱爲**句子**。

─《實例》──────

1. I am a boy. 我是一個男孩。

2. They speak English. 他們說英文。

3. My father went to New York yesterday.
   我父親昨天去紐約。

4. Are you Mr. Lee? 你是李先生嗎？

5. Come here at once! 立刻到這裡來！

6. What a beautiful flower this is! 這朵花多美啊！

實例 1.和實例 2.的句子，中文和英文的排列順序完全相同；實例 3.中，英文的時間副詞 yesterday 通常置於句尾，而中文則放在動詞的前面。實例 6.是典型的英文感嘆句，主詞、動詞移置句尾，而將所強調的部分移前，中文則次序不變動，但加上語尾助詞表感嘆。

研究　寫英文時，須遵守下列規則：

1. 句子的第一個字母要大寫；專有名詞和代名詞 I，在句中也要大寫。
2. 句尾要加上句點、問號或驚嘆號。

2 主部和述部

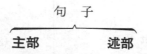

《**實例**》

主部	述部
1. I	am a boy. 我是個男孩。
2. They	speak English. 他們說英文。
3. My father	went to New York yesterday. 我父親昨天去紐約。

主部　是句子的主題部分，表某種動作或狀態的人或物。

述部　是用來說明主部的部分。

研究　本章 1 的實例 4.～6.，不能像 2 實例 1.～3.這樣明顯地分出「主部＋述部」。實例 4.是「疑問句」，5.是「祈使句」，6.是「感嘆句」＜參照 p. 377＞。疑問句和感嘆句中，述部的一部分要移到主部的前面，祈使句則大多省略主部

Are　you　Mr. Lee ?
述部　主部　述部

(*You*) Come　here　at once.
主部　　　述部

$$\underbrace{\text{What a beautiful flower}}_{\text{述部}} \quad \underbrace{\text{this}}_{\text{主部}} \quad \underbrace{\text{is}}_{\text{述部}} !$$

【問】	【答】
1. 句子大致分爲哪兩部分？	1. 主部和述部
2. 請分出下列句子的主部和述部：	2.
(1) My brother went to America.	(1) My brother | went to America. 　　　主部　　　　述部
(2) Who said that？	(2) Who | said that？ 　　主部　　述部

③ 主詞和動詞

　　主部和述部各有中心字，主部的中心字是**主詞**，述部的中心字是**動詞**。附屬於中心字，並修飾中心字的字（片語或子句）稱爲**修飾語**。

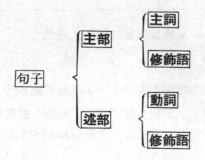

注意

　　1. 主部沒有修飾語時，通常「主部」就稱爲「主詞」。

　　2. 述部除了修飾語外，還有**受詞**和**補語** <參照 p. 360>。

─《實例》─

1. My *father* | *went* to Paris yesterday. 我父親昨天去巴黎。

2. The only *son* of the old man | *died* during the war.
   那老人唯一的兒子死於戰時。

3. Both his *parents* | *are* now in Paris. 他的父母親現在都在巴黎。

4. *Tom* and *Mary* | always *play* in the park.
   湯姆和瑪麗總是在公園裏玩。

上面四句中，斜黑字的部分是主詞和動詞。用垂直線分開主部和述部。實例 1.中修飾語 my 附屬於主詞 father, to Paris, yesterday 都是動詞 went 的修飾語。用圖表示如下：

My father went *to Paris yesterday.*
修飾語　主詞　　動詞　修飾語　　　修飾語

實例 2.和 3.也同樣能如此分析。實例 4.的 Tom 和 Mary 兩者則都是主詞（and 是連接兩字的連接詞），見下圖分析：

Tom and Mary *always* play *in the park.*
　主詞　　　修飾語　動詞　修飾語

主詞和**動詞**是構成句子的必要成分，修飾語則使句子的內容更爲明確，但在句中不如主詞和動詞來得重要。譬如將實例 1.的修飾語省略，成爲 Father went.（父親去了。）雖然不能說出「什麼時候」、「去哪裏」，但是意思大致完整。相對的，如果省略了主詞和動詞，成爲 My … to Paris yesterday.（我的…昨天…巴黎），意思就不完整。由此可知主詞和動詞是構成句子的基礎。

研究　修飾語中，附屬於主詞的，具有形容詞作用，附屬於動詞的，具有副詞作用。作主詞的主要是名詞和代名詞，其他具有名詞作用的詞類或片語、子句，如：動名詞（片語）、不定詞（片語）、名詞子句等也可以作主詞。

To see is to believe. （百聞不如一見 。）〔不定詞片語作主詞〕

Lying in bed all day is not good for your health.

（整天躺在床上對你的健康不好 。）〔動名詞片語作主詞〕

That he loves his daughter is true.

（他愛他女兒是眞的 。）〔名詞子句作主詞〕

【問】	【答】
1.下面句子的主詞是哪個？ Her parents are healthy.	1. parents
2.下面句子的動詞是哪個？ She is singing a song.	2. is singing

④ 受詞和補語

　　受詞和**補語**在述部中，也附屬於動詞，但和修飾動詞的修飾語（副詞）不同，因爲它們也是句子的主要成分 。

〔1〕受詞

受詞是及物動詞動作或狀態的接受者。

名詞、代名詞或名詞性的片語、子句，均可作受詞 。

≪實例≫

1. We can see *stars* at night. 我們在晚上可以看到星星 。

2. Give *me time*. 給我時間 。

---

1. 受詞

實例 1.的 stars 作及物動詞 see 的受詞，如果去掉 stars，變成 we can see at night.「我們在晚上看得見。」，句意則完全不同（此時的 see 是不及物動詞）。

注意 名詞片語和名詞子句也可作受詞＜參照 p.347, 350＞：

The taxi-driver did not know *what to do*.

（那計程車司機不知道該怎麼辦。）〔名詞片語作受詞〕

His friend suggested *that he should call his lawyer*.

（他的朋友建議他應該叫他的律師來。）〔名詞子句作受詞〕

2. 直接受詞和間接受詞

及物動詞有兩種受詞，如實例 2.的 give，有 me 和 time 兩個受詞。兩個受詞中，表示給予動作的直接接受者（不限於人），稱為「直接受詞」（time）；表示間接接受者，稱為「間接受詞」（me）。有這兩種受詞的動詞，稱為**授與動詞**。其排列順序如下：

> **授與動詞＋間接受詞＋直接受詞**

I presented   *her*   *a bunch of flowers*.（我送她一束花。）
         間接受詞   直接受詞

Aunt told *us*   *an interesting story*.
         間接受詞   直接受詞

（姑媽告訴我們一個有趣的故事。）

注意

1. 下面的句子看起來似乎有兩個受詞，實際上全體是一個受詞。

Mr. Thomas loves his *sons and daughters*.

（湯瑪斯先生愛他的兒子和女兒。）

2. 間接受詞前面接介系詞（to, for 等）時，可以放在直接受詞後面作修飾語（片語）用，這時就只有直接受詞，而沒有間接、直接的區別。如下例：

$$\underset{\substack{\text{間接受詞}\quad\text{直接受詞}}}{\text{I gave }\underline{\text{her}}\ \underline{\text{a book}}.} \rightarrow \underset{\substack{\text{直接受詞}\quad\text{副詞片語(修飾語)}}}{\text{I gave }\underline{\text{a book}}\ \underline{\text{to her}}.}$$

【問】	【答】
1. 何謂受詞？	1. 動詞動作或狀態的接受者，稱爲受詞。
2. 下列句子的受詞是哪個？	2.
(1) I saw her yesterday.	(1) her
(2) He is reading a book.	(2) a book

〔2〕補語

補語是用來補充動詞意思的不足。需要補語來補充意思的動詞，稱爲**不完全動詞**。不完全動詞有受詞的稱爲**不完全及物動詞**，它的補語稱爲主詞補語；沒有受詞的稱爲**不完全不及物動詞**，不完全不及物動詞的補語稱爲受詞補語。見下表：

不完全不及物動詞	＋	主詞補語		
不完全及物動詞	＋	受詞	＋	受詞補語

≪實例≫

1. I am a *boy*. 我是一個男孩。
2. I feel *hungry*. 我感到饑餓。
3. We called the puppy *Rover*. 我們叫那隻小狗「流浪者」。
4. She made him *happy*. 她使他快樂。

---

1. 主詞補語

實例 1. 和 2. 的斜黑字是主詞補語，如果沒有 a boy, hungry，變成 I am（我是），I feel（我覺得），意思就不完整。因此主詞補語具有補充動詞意思的作用。主詞補語是敍述主詞的狀態，如果有名詞，通常有下面的關係：

主詞＝主詞補語

譬如實例 1.中，男孩就是我，所以「我＝男孩」。因此，主詞補語若不符合上述公式時，不可用名詞，而要用形容詞，如：「我生病。」不是 *I am illness.* 而是 I am *ill.*

2. 受詞補語

實例 3.，4.的斜黑字是受詞補語。受詞補語和主詞補語的差異是，它和主詞沒有相等的關係，而是和受詞有相等的關係。即：

受詞＝受詞補語

譬如實例 3.的 Rover 是受詞「小狗」的名字，不是 " 我們＝Rover "，而是 " 小狗＝Rover "；實例 4.，快樂的人不是她，而是他，而且「他 ≠ 幸福」，所以要用形容詞 happy，不可用名詞 happiness。

研究

1. 作補語的字，主要是**名詞**和**形容詞**，有時作補語的名詞和形容詞，又有其修飾語，必須將這些修飾語整體視爲補語。除了名詞和形容詞以外，具有名詞和形容詞性質的字（片語）也可作補語：

   To see is *to believe.*（百聞不如一見。）

   〔 不定詞片語作補語〕

   The fact is *that she does not trust him.*

   （事實就是她不相信他。）〔名詞子句作補語〕

2. 「**動詞＋間接受詞＋直接受詞**」和「**動詞＋受詞＋受詞補語**」這兩種句型從形式上看起來似乎相同，但是因爲後者有「受詞＝受詞補語」的關係，所以是有區別的，見下例：

   Mother made *me a new dress.*（媽媽爲我做了一件新衣服。）

   〔 me ≠ a new dress 〕

   Mother made *me angry.*（媽媽使我生氣。）〔 angry 形容 me 〕

3.比較下面兩句：

I found *the book easily*.（我輕易地找到那本書。）

I found *the book easy*.（我發覺那本書容易讀。）

第 1 句的 easily 是副詞，修飾動詞 found；第 2 句的 easy 是形容詞，作受詞補語，形容 the book。

【問】	【答】
1.補語有幾種？	1.主詞補語和受詞補語。
2.下列句子的補語是哪個？	2.
(1) John is very diligent.	(1) very diligent（主詞補語）
(2) We called him John.	(2) John（受詞補語）

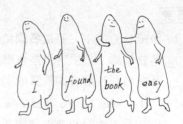

練 習 題

I. 以垂直線分開下列句子的主部和述部：

〔例〕　Birds | fly.

1. The girl smiled at me.

2. All the pupils are present.

3. The flowers in the vase are very fragrant.

4. That man over there can speak English well.

5. The leaves of the trees fall in autumn.

6. There is some water in the bottle.

7. Brother and I go to school together.

8. Who said that?

9. How lazy you are!

10. Where do you live?

II. 指出 I. 中各句的主詞和動詞：

III. 指出下列句中的受詞，若有兩個受詞，請分別指出間接受詞和直接受詞：

1. My friends will help me.

2. The boy climbed the tree.

3. She invited some of her classmates to the party.

4. Please lend me your knife.

5. We sent our aunt a box of apples.

6. He bought a camera for me.

7. The farmer named his boy John.

8. I like coffee and tea.

9. He wished to learn French.

10. Bring me the cigarette-box.

Ⅳ. 指出下列句中的主詞補語或受詞補語：

1. The news made us sad.

2. She looks very miserable.

3. You must wash your hands clean.

4. We believe him an honest man.

5. Robert left the window open last night.

Ⅴ. 下列句中的斜體字部分是補語，修飾語或受詞？

1. My parents thought the boy *clever*.

2. Please show me *the way to the station*.

3. It rained *very hard* last night.

4. Father will make me *a doctor*.

5. Mother bought me *a notebook*.

6. This question is *too difficult*.

7. People elected him *mayor*.

8. *How unlucky* I was !

9. He came *home* very late.

10. The examination is coming *near*.

解　答

Ⅰ. 1. The girl | smiled at me.　2. All the pupils | are present.　3. The flowers in the vase | are very fragrant. 4. That man over there | can speak English well.　5. The leaves of the trees | fall in autumn.　6. There is | some water | in the bottle.(some water是主部,其餘的是述部)　7. Brother and I | go to school together.　8. Who | said that?　9. How lazy | you | are !　10. Where do | you | live ? (9.10.的 you 是主部，其餘的是述部)

II. 1. girl（主詞）, smiled（動詞）　2. pupils（主詞）, are（動詞）　3. flowers（主詞）, are（動詞）　4. man（主詞）, can speak（動詞）　5. leaves（主詞）, fall（動詞）　6. is（動詞）, water（主詞）　7. Brother, I（主詞）, go（動詞）　8. Who（主詞）, said（動詞）　9. you（主詞）, are（動詞）　10. you（主詞）, do … live（動詞）

III. 1. me　2. the tree　3. some of her classmates　4. me（間接受詞）, your knife（直接受詞）　5. our aunt（間接受詞）, a box of apples（直接受詞）　6. a camera　7. his boy　8. coffee and tea　9. to learn French　10. me（間接受詞）, the cigarette-box（直接受詞）

IV. 1. sad（受詞補語）　2. very miserable（主詞補語）　3. clean（受詞補語）　4. an honest man（受詞補語）　5. open（受詞補語）

V. 1. 補語　2. 受詞　3. 修飾語　4. 補語　5. 受詞　6. 補語　7. 補語　8. 補語　9. 修飾語　10. 修飾語

第十四章 句 型

❶ 句子依照動詞的不同，分為五種句型。

❷ 主詞、動詞、受詞、補語，依照句型的不同，各有各的排列順序。

❸ 注意區別第 4 句型和第 5 句型。

---

① 動詞的類型

動詞依其有無受詞來分類，可分為**及物動詞**和**不及物動詞**；又依其有無補語，而可分為**不完全動詞**和**完全動詞**（→ p. 362）。歸納如下：

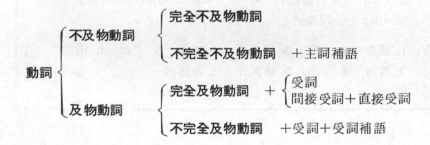

完全及物動詞有兩種：一種是只有一個受詞；一種稱為**授與動詞**，有間接受詞和直接受詞兩個受詞。

② 句 型

〔1〕句型

任何能表達完整意思的句子，必定以動詞為中心。句型即是以各具特性的**動詞**為中心，將句子分成幾種類型，如：

　　　主部　　　　　　　　　　　　述　　　部

The　teacher　wrote　a few　English　words　on the blackboard.
　　　　　　　　動詞　　　　受　　　詞　　　修飾語（副詞片語）

動詞 wrote, 有受詞 a few English words, 所以是**及物動詞**；沒有補語，所以是**完全及物動詞**。The, a few English, on the blackboard 是修飾語（片語）。所以，此句的主要成分僅取主部和述部的中心就變成了 teacher wrote
　　　　　　　　　　　　　　　　　　　　　　　　　　　　主語　　　　動詞
words
受詞

注意　「**主詞＋動詞＋受詞**」的敍述句的句型，視爲單句的標準，而更複雜的疑問句、複句等，則視爲敍述句或單句的變型（敍述句、疑問句、單句、複句→第3章）

〔2〕五種基本句型

1. 主詞＋動詞　　　S＋V

2. 主詞＋動詞＋主詞補語　　S＋V＋SC

3. 主詞＋動詞＋受詞　　S＋V＋O

4. 主詞＋動詞＋間接受詞＋直接受詞　S＋V＋IO＋DO

5. 主詞＋動詞＋受詞＋受詞補語　S＋V＋O＋OC

注意　　S, V, C, O 代表下列的字：

S　主詞（Subject）　　　IO　間接受詞（Indirect Object）

V　動詞（Verb）　　　　DO　直接受詞（Direct Object）

O　受詞（Object）　　　OC　受詞補語（Objective Comple-

SC　主詞補語（Subjective　　　　　ment）

　　Complement）

【問】下列句子的主詞和動詞是哪個？	【答】
1. There was a tree in my garden.	1. tree（主詞）, was（動詞）
2. Your sister got angry.	2. sister（主詞）, got（動詞）

≪**實例**≫

1. Fire burns. 火燃燒。
2. He is a salesman. 他是個售貨員。
3. A cat catches a mouse. 貓抓老鼠。
4. Mother sent them a box of candy. 媽媽寄給他們一盒糖果。
5. They named her Anne. 他們叫她安。

---

1. 第一句型：S＋V

實例 1.，是由 Fire（主詞）和 burns（動詞）所構成的句子。此句型由兩個字所組成，是最簡單的結構，通常主詞有形容詞性質的修飾語(片語)，動詞有副詞性質的修飾語來修飾。如下例：

My brother lives in Taipei.（我哥哥住在台北。）
　主詞　　動詞　　修飾語

The magnificent sun rises in the east.（壯麗的太陽在東方升起。）
修飾語　　修飾語　　主詞　動詞　　修飾語

注意　There is（are）～（有～）這種句子視為第一句型，句首的

there 失去原意「在那邊」，只是引導句子，變成沒有意思的副詞，所以不是句子的主要成分：

There are three books on the desk.（V＋S＝S＋V）
　　　　動詞　　　　主詞

同樣地，Here is（are）～（這裡有～）也是第 1 句型，不過 here 仍是「這裡」的意思。

Here is a book.（V＋S＝S＋V）
　　動詞　主詞

2. 第二句型：S＋V＋SC

實例 2.即屬「**主詞＋動詞＋主詞補語**」的句型。這裡的補語是主詞補語，所以「**主詞＝主詞補語**」（S＝SC）。此句型的動詞，最普遍的是 be 動詞，此外還有 become, get 等字。再看下例：

He became poor.（他變窮了。）

She turned pale when she heard the news.

（她聽到這消息時，臉色轉白。）

It is getting colder day by day.（天氣一天天冷了。）

3. 第三句型： **S＋V＋O**

實例 3. 即屬「**主詞＋動詞＋受詞**」的句型。

此句型是英文中最普遍的句型。再看下例：

I met him at the bus stop.（我在公共汽車站遇到他。）

I like oranges better than apples.（我喜歡柳橙甚於蘋果。）

4. 第四句型： **S＋V＋IO＋DO**

此句型是「**主詞＋動詞＋間接受詞＋直接受詞**」

這種形式，有**間接受詞**（實例 4. 的 me）和**直接受詞**（實例 4. 的 watch）兩種受詞，動詞是 give（給），teach（教）等授與動詞。實例 4. 的句子可以改寫爲第三句型：

Mother sent a box of candy *to them*.

to them 變成副詞性修飾語，不是句子的主要成分，其他例句如：

She told us an interesting story.
（她告訴我們一個有趣的故事。）
She told an interesting story to *us*.〔第 3 句型〕

He asked me a question.（他問我一個問題。）
He asked a question *of me*.〔第 3 句型〕

5. 第五句型： **S＋V＋O＋OC**

此句型是「**主詞＋動詞＋受詞＋受詞補語**」

如實例 5. 的 her 是受詞，Anne 是受詞補語，且爲名詞，故「**受詞＝受詞補語**」。

研究 部分相同的動詞，可用在不同的句型中：

God *is*.（有神。）〔第一句型〕

God *is* almighty.（上帝全能。）〔第二句型〕

The children *grew* up. （孩子們長大了。）〔第一句型〕

He *grew* old. （他變老了。）〔第二句型〕

He *grows* a beard. （他留鬍鬚。）〔第三句型〕

You will *make* a good teacher. （你將會是個好老師。）〔第二句型〕

They *made* a fool of me. （他們愚弄我。）〔第三句型〕

Mother *made* me a new coat.

　　（媽媽做了件新外套給我。）〔第四句型〕

The news *made* her sad. （那消息令她悲傷。）〔第五句型〕

注意　作主詞、受詞或補語的字（片語），除了名詞、代名詞（作補語時也可用形容詞）外，還有動狀詞、片語和子句等<參照 p. 361>。

【問】下列的句子是第幾句型？

(1) He taught us music.

(2) I thanked him for his kindness.

【答】

(1) 第 4 句型（S＋V＋IO＋DO）

(2) 第 3 句型（S＋V＋O）

練 習 題

指出下列句中的主詞（S）、動詞（V）、受詞（O）和補語（C）：

1. We go to church on Sundays.

2. Her words made me angry.

3. You must keep your room clean and tidy.

4. There was little hope of his recovery.

5. The old man became ill.

6. My uncle bought me a fountain pen on my birthday.

7. I will send a toy car to my nephew.

8. His eldest brother lives in London.

9. Once upon a time there was a poor wood-cutter.

10. Her face turned red at the news.

解　　答

1. We (S), go (V)　2. words (S), made (V), me (O), angry (C)　3. You (S), must keep (V), your room (O), clean and tidy (C)　4. was (V), hope (S)　5. man (S), became (V), ill (C)　6. uncle (S), bought (V), me (IO), a fountain-pen (DO)　7. I (S), will sent (V), a toy car (O)　8. brother (S), lives (V)　9. was (V), wood-cutter (S)　10. face (S), turned (V), red (C)

第十五章 句子的種類

❶ 句子依其功用可分成敍述句、疑問句、祈使句、感嘆句四種。

❷ 句子依種類的不同，而有不同的音調及單字的排列順序。

❸ 句子依其結構可分成單句、複句、合句、複合句。

⒈ 句子分類的標準

〔1〕 **按功用可分成四類：敍述句、疑問句、祈使句、感嘆句。**

```
≪實例≫
   1. One and one is two. 一加一等於二。
   2. Are you Mr. Smith？ 你是史密斯先生嗎？
   3. Come here！ 到這裡來！
   4. How hot it is today！ 今天好熱啊！
```

1. 敍述句：
實例1.即是敍述句。句尾加句點（.）且語調下降。敍述句是向對方簡單地敍述某事，是最普通的形式。此外，改變敍述句的形式，可形成其他類型的句子，因此敍述句可稱爲「**基本句子**」（疑問句、祈使句、感嘆句的形成參照第 4 章「句子的構成」）。

2. 疑問句：
實例2.即是疑問句。句尾加問號（？），且語調要上升。它非敍述某事，而是向對方詢問某事。
疑問句有下列幾種類型：

(1) **一般疑問句**：

沒有 who, what，which, where 等疑問詞，只是將敍述句的「主語＋動詞」的順序倒置成「**動詞＋主語**」的疑問句。回答此類疑問句時，通常用 yes, no。此外，句尾的語調通常要上升。如：

Is he a student？／（他是個學生嗎？）

Are you all right？／（你還好吧？）

(2) **特殊疑問句**：

用疑問詞的疑問句，不用 yes, no 回答，句尾語調通常要下降：

Who are you？↘（你是誰？）

What is your name？↘（你的名字是什麼？）

Where do you live？↘（你住在哪裏？）

(3) **選擇疑問句**：

有兩個以上的事物，詢問要選哪一個的疑問句，是特殊疑問句的一種，因此不能用 yes, no 回答。語調如下例所示，被選擇的字要上升，句尾要下降：

Is this a pen, ↗ or a pencil？↘

（這是枝鋼筆，還是枝鉛筆？）

Is it black, ↗ blue, ↗ or white？↘

（它是黑色，藍色，還是白色的？）

(4) **修辭疑問句**：

用反語表達意思，使語氣生動而富情感的疑問句。

> 肯定疑問句＝否定敍述句
> 否定疑問句＝肯定敍述句

What is the use of worrying about such a thing？

＝ It is no use worrying about such a thing.

（煩惱這種事是沒用的。）

Who doesn't desire happiness？（每個人都渴望快樂。）

＝ Everyone desires happiness.

(5) **附加問句**：

在敍述句的句尾加上語氣輕微的疑問句，這種疑問句稱爲**附加問句**。語調有兩種，自己不知道，希望對方回答時，語調上升；自己認爲如此，不期待對方回答時，語調下降：

You speak English, don't you? ↗（↘）

（你說英文，不是嗎？）

That's fine, isn't it? ↗（↘）（那很好，不是嗎？）

You haven't seen it, have you? ↗（↘）

（你還沒看過它，是嗎？）

研究　附加問句中，敍述句的動詞若是肯定，附加問句的動詞要用否定；反之，敍述句的動詞若是否定，附加問句則用肯定。

敍述句是**肯定句**	→	附加問句是**否定句**
敍述句是**否定句**	→	附加問句是**肯定句**

疑問句的造句法在 p. 389 以後敍述。

【問】疑問句的種類有哪些？

【答】有一般疑問句，特殊疑問句，選擇疑問句，修辭疑問句和附加問句五種。

3. **祈使句**：

祈使句的句尾是句點（有時是感嘆號），語調下降，表**命令、請求**，如實例 3.。祈使句通常省略主詞 you，用動詞原形，若是 be 動詞，則用原形 be。此外 will, shall, can, must 等助動詞不能單獨用在祈使句，必須和動詞一起使用。

Be kind to others.（對人要親切。）

（比較：You are kind.〔敍述句〕）

Have patience.（要忍耐。）

4. **感嘆句**：

感嘆句的句尾是驚嘆號（！），語調下降，如實例 4.。感嘆句有四種組成方式：

(1) **How** ＋**形容詞**或**副詞**＋**主詞**＋**動詞**！

　　How beautiful the girl is！（那女孩多美啊！）

　　How beautifully the girl dances！（那女孩舞得多美啊！）

(2) **How** ＋**形容詞**＋**a(n)** ＋**單數名詞**＋**主詞**＋**動詞**！

　　How beautiful a flower it is！（這朵花多美啊！）

(3) **What** ＋ **a(n)** ＋（**形容詞**）＋**單數名詞**＋**主詞**＋**動詞**！

　　What a bright daughter you have！（你的女兒好聰明啊！）

(4) **What** ＋**形容詞**＋**複數名詞**＋**主詞**＋**動詞**！

　　What large eyes she has！（她的眼睛好大啊！）

研究　感嘆句的主詞一定要放在動詞之前，否則便成了疑問句。

比較下面兩句：

{ How tall *he is*！（他多麼高啊！）〔感嘆句〕

{ How tall *is he*？（他有多高？）〔疑問句〕

【問】請在空格中填入適當的標點：	【答】
1. How large is it ＿＿＿	1. ？
2. How large it is ＿＿＿	2. ！

[2] 按結構可分成四類：單句、合句、複句、複合句

─≪實例≫─

1. They live in a house with a red roof.
   他們住在一棟有紅色屋頂的房子裏。

2. We went out, *but* he stayed in.
   我們出去了，但是他留下來。

3. We will go on a picnic *if it is fine tomorrow*.
   如果明天天氣好，我們就去野餐。

4. The boy *who is standing by the gate* is my little brother,
   and the girl *who is standing by his side* is my big sister.
   站在大門旁的那個男孩是我弟弟，站在他旁邊的那個女孩是我姊姊。

1. 單句：「主部＋述部」

由一個（組）主詞和一個（組）動詞所組成，不含從屬子句的**獨立子句**，
稱**單句**。如實例 1.的 They 是主部（同時是主詞），live 以下是述部。
述部中的 with a red roof 是修飾名詞 house 的形容詞片語，不是子
句，因此無論有無這個片語，句子的結構都沒有改變，這點和合句、複
句不同。

2. 合句：「對等子句＋對等連接詞＋對等子句」

由對等連接詞連接**對等子句**而成的句子，稱爲**合句**（也可用「；」連接）。
見下面實例 2.的分析：

We went out,	but	he stayed in.
對等子句	對等連接詞	對等子句

這兩個子句並沒有主從的關係，所以去掉連接詞，各句就成爲獨立的單
句：

{ We went out.
  He stayed in.

3. **複句**：「**主要子句＋從屬子句**」

複句是一個句子中有兩個子句，其中一個子句附屬於另一個子句，附屬的子句稱爲**從屬子句**，被附屬的子句稱爲**主要子句**<參照 p. 349> 。

如實例 3.和下面例子：

<u>We will go on a picnic</u> <u>if it is fine tomorrow.</u>
　　主要子句　　　　　　　　　　　從屬子句

<u>I know</u> <u>that he is ill.</u>
主要子句　　從屬子句

4. **複合句**：「**對等子句＋對等子句＋從屬子句**」

兩個（以上）對等子句和一個（以上）從屬子句組成複合句。

如實例 4.：

　　　　　　　　　　　　對等子句
The boy <u>who is standing by the gate</u> is my little brother,
　　　　　　　　從屬子句

　　　　　　　　　　　　對等子句
and the girl <u>who is standing by his side</u> is my big sister.
　　　　　　　　從屬子句

研究　單句、合句、複句、複合句的差異用圖表示如下：（獨立子句、對等子句和主要子句是大圓；從屬子句是小圓。）

　　單句　　　合句　　　　複句　　　　複合句

| 【問】以結構來看，句子的種類有哪些？ | 【答】有單句、合句、複句、複合句四種。 |

〔3〕 肯定句和否定句

〔1〕中的句子全部是肯定句，加上 **not，never** 等否定字，即變成**否定句**
（否定句的形成參照 p. 223）因此句子的分類，把〔1〕的四個種類配上肯
定、否定，全部共有八種。

敍述句 ………… 1. 肯定　 2. 否定

疑問句 ………… 3. 肯定　 4. 否定

祈使句 ………… 5. 肯定　 6. 否定

感嘆句 ………… 7. 肯定　 8. 否定

注意　 實際上否定的感嘆句不常用。

┌─《實例》─────────────────────────

1. (a) George is a clever boy. 喬治是個聰明的男孩。

　(b) George is *not* a clever boy. 喬治不是個聰明的男孩。

2. (a) Is George a clever boy？ 喬治是個聰明的男孩嗎？

　(b) *Isn't* George a clever boy？ 喬治不是個聰明的男孩嗎？

3. (a) George, run faster. 喬治，跑快點。

　(b) George, *don't* run so fast. 喬治，別跑這麼快。。

4. How clever George is！喬治多麼聰明啊！

　* 上例中，(a)是肯定句，(b)是否定句。

研究　 be 動詞、have 動詞、助動詞加 **not** 時，用下列的「縮寫」
<參照 p. 220>：

aren't, isn't, wasn't, weren't；haven't, hasn't, hadn't；won't
（＝ will not），wouldn't, shan't（＝ shall not），shouldn't, can't,
couldn't, mayn't, mustn't 。

練 習 題

I. 在下列各句句尾加上適當的標點符號，並說明句子的種類：

1. Do you see that large map of Japan on the wall

2. I see a tall tower over there

3. How tall that tree is

4. How tall is that tree

5. Don't waste your time

6. The brother and sister stared at the stranger

7. Don't you remember his name

8. When did the phone ring

9. Your shoes aren't very clean are they

10. What charming eyes she has

II. 在括弧內選出正確的答案：

1. You can't swim、(can, can't) you？

2. He often goes fishing, (does, doesn't) he？

3. Can you speak Chinese？—(Yes, No), I can't.

4. Don't you think it funny？—(Yes, No), I think it very funny.

5. Is the water hot or cold？—(<u>Yes, it is.</u>, <u>It is cold.</u>)

解 答

I. 1.（？）〔疑問句〕 2.（.）〔敍述句〕 3.（！）〔感嘆句〕
4.（？）〔疑問句〕 5.（.）〔祈使句〕 6.（.）〔敍述句〕
7.（？）〔疑問句〕 8.（？）〔疑問句〕 9. ... clean, are
they？〔疑問句〕 10.（！）〔感嘆句〕

II. 1. can 2. doesn't 3. No 4. Yes 5. It is cold.

第十六章 句子的構成

❶ 學習將敍述句改成疑問句、祈使句等的方法。

❷ 由敍述句的動詞結構，注意造句方法的差異。

❸ 了解種類不同的句子在文法上的關連。

Discussion

在前章已學過句子有敍述句、疑問句、祈使句等種類，將某一句改變結構，即可變成其他種類的句子。通常用得最多的是敍述句，本章即是學習將敍述句改成疑問句、祈使句等的方法。

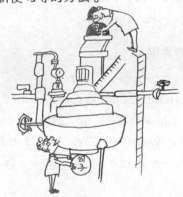

1 動詞的結構和限定用法

〔1〕**動詞的結構：**

動詞依是否受主詞人稱和數的限制，而可分為**限定動詞**和**非限定動詞**＜參照 p.383＞。限定動詞可單獨作動詞，但是非限定動詞則一定要和限定動詞一起當動詞用。

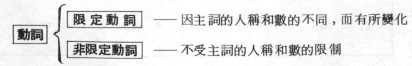

動詞 ⎰ **限定動詞** —— 因主詞的人稱和數的不同，而有所變化

⎱ **非限定動詞** —— 不受主詞的人稱和數的限制

〔2〕**動詞中的限定動詞：**

　　≪**實例**≫
---

1. That *is* an Italian car. 那是一部義大利車。

2. A unicorn *has* a horn on its forehead. 獨角獸的前額有一個角。

3. We *live* in such a mysterious universe.
　　我們生活在如此神秘的宇宙中。

上面實例中的 be 動詞，have 動詞，及普通動詞，均是限定動詞作動詞用。
這裡的動詞要和主詞的人稱、數一致，而且要隨著時式的不同而變化＜參
照 p. 174＞。除了以下三種之外，所有的助動詞皆屬於限定動詞。

1. **be 動詞**

　　be 動詞是限定動詞，有 **am**, **are**, **is**, **were**, **was** 五個。

　　I *am* afraid of the dog.（我怕狗。）

　　You *are* a little too severe with your children.

　　　　（你對你的孩子有點太嚴格了。）

　　The weather *was* ideal that day.（那天天氣很理想。）

　　They *were* firm believers in the theory.

　　　　（他們是那項理論的堅信者。）

2. **have 動詞** （作助動詞或本動詞皆是）＜ p. 386 ＞

　　have 動詞是限定動詞，有 **have**, **has**, **had**（過去式）三個。

　　They *have* finished their homework.

　　　　（他們已經做完家庭作業了。）

　　He *had* breakfast very late this morning.

　　　　（他今天早上很晚才吃早餐。）

【問】	【答】
寫出 be 動詞和 have 動詞的全部限定形式：	be 動詞— am, are, is, was, were have動詞— have, has, had

3. 普通動詞

除了 can, must 等助動詞 , 和 be 動詞 , have 動詞以外的動詞稱普通動詞 , 如 " stay " 便是 。

The student *stays* with his uncle.
（那學生留在他叔叔家裡作客 。）

You always *demand* perfection in others.
（你總是要求別人完美無缺 。）

I *took* that reference-book to the school library.
（我把那本參考書帶到學校圖書館 。）

【問】下列句中的限定動詞是哪個 ？	【答】
1. We were having a very good time at the party.	1. were
2. The fish must have escaped through the broken part of the net.	2. must

〔3〕 動詞中的「限定＋非限定」動詞 :

──《實例》────────────────

1. I *am looking* forward to seeing you. 我盼望見到你 。

2. This photograph *has come* out well. 這張照片照得很好 。

3. Your temperature *will go* down soon. 你的體溫很快會下降 。

4. Now, you *can go* home. 現在你可以回家了 。

────────────────────────

上面的四個實例均是「限定＋非限定」動詞作句子的動詞 。限定動詞除了前項的 be 動詞、have 動詞外 , 還有 will, can 等助動詞 。

普通動詞作非限定動詞時 , 要接在限定動詞的後面 。有兩個以上的非限定動詞時 , 也要接在限定動詞的後面 。如下例 :

She ***may have arrived*** home by now.

（她現在可能已經到家了。）

〔4〕限定動詞注意要點：

限定動詞可分為 be 動詞、have 動詞、助動詞和普通動詞四種，句中使用的種類不同，改變句子的規則也不同。

限定動詞 { **be 動詞**
          have 動詞
          助動詞
          普通動詞

≪實例≫

1. (a) That statesman ***is*** a patriot. 那位政治家是個愛國者。

   (b) That statesman ***is not*** a patriot. 那位政治家不是個愛國者。

2. (a) The Giants ***lost*** the game. 巨人隊輸了那場比賽。

   (b) The Giants ***did not lose*** the game.

      巨人隊沒有輸了那場比賽。

實例 1. 肯定句(a)中的 be 動詞 is 是限定動詞，改成否定句(b)時，只要在 is 的後面加 not 就可以了。

而實例 2.(a)的 lost 是普通動詞，所以改成否定句時，要加過去式助動詞 did，再在後面加上 not，lost 則變成了非限定動詞 lose（原形）。

（誤）The Giants ***lost not*** the game. (1)

（誤）The Giants ***did not lost*** the game. (2)

（正）The Giants ***did not lose*** the game. (3)

四種限定動詞中，只有普通動詞在構成否定句和疑問句時，要加助動詞 do（does, did）。如果將普通動詞視為和 be 動詞、have 動詞一樣的用法，則所構成的句子是錯誤的，如上面的(1)、(2)句。

> 普通動詞的限定形 → do(does , did) + 原形

由上式來看，我們可將 do, does, did 視爲隱藏在肯定敍述句中，沒有表示出來，只有在否定句、疑問句時，才表示出來。譬如實例 2.的 lost，即可視爲「did + lose（原形）」，其否定形只要在 did 的後面加 not 即可。

$$\begin{cases} \text{lost} \rightarrow \text{did lose} \\ \text{did lose} \rightarrow \text{did } \textit{not} \text{ lose} \end{cases}$$

下面是肯定句改成否定句的例子：

I **want** a glass of milk.（我要一杯牛奶。）

$$\begin{cases} \text{want} \rightarrow \textbf{do} \text{ want （原形）} \\ \text{do want} \rightarrow \text{do } \textbf{not} \text{ want} \end{cases}$$

David **specializes** in American history.（大衞專攻美國歷史。）

$$\begin{cases} \text{specializes} \rightarrow \textbf{does} \text{ specialize} \\ \text{does specialize} \rightarrow \text{does } \textbf{not} \text{ specialize} \end{cases}$$

【問】請將下列普通動詞的限定形改成「do(does,did)＋原形」：	【答】
1. carries　　2. told 3. make　　4. went	1. does carry 2. did tell 3. do make 4. did go

注意　have動詞作「有」解時爲本動詞，改成否定句或疑問句有兩種方式：

　　　I have two brothers.（我有兩個兄弟。）

　　→ I have **no** brothers.〔正〕（英式）

　　→ I **don't** have **any** brothers.〔正〕（美式）

　　　（我沒有兄弟。）

② 句子的構成

本節是說明敍述句改成疑問句、祈使句、感嘆句的方法。

〔1〕肯定句→否定句

─《實例》────────────────────

1. A pig *is* a dirty animal. 豬是骯髒的動物。
   → A pig *is not* a dirty animal. 豬不是骯髒的動物。
2. This dog *has* sharp fangs. 這隻狗有銳利的尖牙。
   → This dog *has not* sharp fangs. 這隻狗沒有銳利的尖牙。
3. I *will give* him the new position. 我將給他那個新的職位。
   → I *will not give* him the new position.
     我將不會給他那個新的職位。
4. He *kept* his word. 他遵守了諾言。
   → He *did not keep* his word. 他食言了。

────────────────────────────

肯定敍述句改成否定敍述句時，依下列的規則：

❶ 動詞是 **be** 動詞時：在 be 動詞後面加 **not**。
❷ 動詞是 **have** 動詞時：在 have 動詞後面加 **not**。
❸ 有**助動詞**時：在助動詞後面加 **not**。
❹ 動詞是**普通動詞**時：將普通動詞改成「**do**(does, did)＋**原形動詞**」，
   再在 do(does, did) 的後面加 **not**。

上述規則，用圖表示如下：

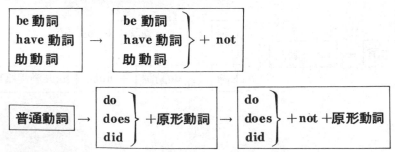

如實例 1. — 3. ,直接在限定動詞後面加 not ,即成爲否定句,實例 4. 則改成:

keep → **did** keep → did **not** keep

注意　have 動詞也可作普通動詞用 <參照 p. 386>。

【問】 請將下列句子改成否定句:	【答】
1. (1) I go to the office by car.	**1.** (1) I *do not go* to the office by car.
(2) A child can tell which is right.	(2) A child *can not tell* which is right.
(3) The couple have been in China.	(3) The couple have *not been* in China.
2. (1) I have read today's paper.	**2.** (1) I *have not* read to-day's paper.
(2) This car runs 145 kilometers an hour.	(2) This car *does not* run 145 kilometers an hour.
(3) She knew how to treat a depressed man.	(3) She *did not know* how to treat a depressed man.

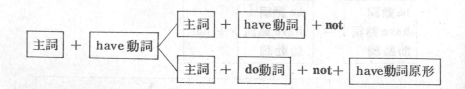

〔2〕敍述句 → 疑問句

疑問句可分爲**一般疑問句**和**特殊疑問句**,所以敍述句改爲疑問句的方法也不同。

1 一般疑問句

《實例》

1. Switzerland *is* famous for its scenic beauty.
   瑞士以風光明媚而聞名。
   → *Is* Switzerland famous for its scenic beauty?
      瑞士以風光明媚而聞名嗎?

2. You *have* often heard of the rumour. 你時常聽到謠傳。
   → *Have* you often heard of the rumour?
      你時常聽到謠傳嗎?

3. The enemies *will* find us sooner or later.
   敵人遲早會發現我們。
   → *Will* the enemies find us sooner or later?
      敵人遲早都會發現我們嗎?

4. The story *brought* tears into his eyes.
   這故事使他眼淚盈眶。
   → *Did* the story bring tears into his eyes?
      這故事有沒有使他眼淚盈眶?

---

(1) 主詞+ be 動詞 → be 動詞+主詞

如實例 1.和下例:

Spring is the time for flowers to bloom.

(春天是花開的時候。)

→ *Is spring* the time for flowers to bloom?

She was gazing at the water below the bridge.

(她凝視著那座橋下面的水。)

→ *Was she* gazing at the water below the bridge.

(2) 主詞＋ **have** 動詞 → **have** 動詞＋主詞

如實例 2. 和下例：

He ***had*** many virtues. （他有許多美德。）

→ ***Had*** *he* many virtues？〔have作「有」解也可用 do → p. 386〕

We ***have*** lost a great deal of time since.

（從那時起，我們失去了很多時間。）

→ ***Have*** *we* lost a great deal of time since？

(3) 主詞＋助動詞 → **助動詞**＋主詞

如實例 3. 和下例：

They ***will*** have to pay the debt. （他們將必須償債。）

→ ***Will*** *they* have to pay the debt？

(4) 主詞＋普通動詞 → 主詞＋do（does, did）＋原形動詞 →

do（does, did）＋主詞＋原形動詞

如實例 4. 和下例：

Her father ***died of*** pneumonia. （她的父親死於肺炎。）

→ *Her father* ***did die of*** pneumonia.

→ ***Did*** *her father* ***die of*** pneumonia？

He ***cooks*** his own food. （他自己烹調食物。）

→ *He* ***does cook*** his own food.

→ ***Does*** *he* ***cook*** his own food？

【問】請將下列敍述句改成一般疑問句：	【答】
1. Jerome and Harry were feeding the dog.	1. Were Jerome and Harry feeding the dog？
2. The porter carried his baggage.	2. Did the porter carry his baggage？

2. 特殊疑問句 I

將敘述句的主詞改成適當的**疑問代名詞**。

─《實例》────────────────────

1. *The maid* brought me a cup of tea. 侍女給我一杯茶。
   →*Who* brought me a cup of tea? 誰給我一杯茶?

2. *A sheep* is grazing in the pasture. 一隻羊正在牧場上吃草。
   →*What* is grazing in the pasture? 什麼正在牧場上吃草?

────────────────────────────

實例 1.中,敘述句的主詞是人,所以疑問代名詞用 who,實例 2.中,敘述句的主詞是動物,所以用 what。

3. 特殊疑問句 II

除了特殊疑問句 I 以外的特殊疑問句,都是先把敘述句改成一般疑問句,再改成特殊疑問句。

其規則如下:

❶ 將一般疑問句中主詞以外的某一個字(片語)用適當的**疑問詞**代替。

❷ 將疑問詞放於**句首**。

─《實例》────────────────────

He met a blind beggar in the park yesterday.
他昨天在公園遇見一個瞎眼的乞丐。(敘述句)
→ Did he meet a blind beggar in the park yesterday?
　他昨天在公園遇見了一個瞎眼的乞丐嗎?(一般疑問句)
→ 1. *Whom* did he meet in the park yesterday?
　　他昨天在公園裏遇見了誰?
→ 2. *Where* did he meet a blind beggar yesterday?
　　他昨天在哪裏遇見一個瞎眼的乞丐?
→ 3. *When* did he meet a blind beggar in the park?
　　他什麼時候在公園裏遇見了一個瞎眼的乞丐?

────────────────────────────

上面的實例是先將敍述句改成一般疑問句：

Did he meet a blind beggar in the park yesterday?

再假設 a blind beggar 是未知者，用 X 代替（規則❶）

Did he meet X in the park yesterday?

接著照規則❷將 X 放在句首

X did he meet in the park yesterday?

因為 a blind beggar 表示「人」，而且是受詞，所以應用 who 的受格 whom，也就是 X = whom（如上例的 1.）。

若將一般疑問句的 in the park 用 X 代替，即變成

Did he meet a blind beggar X yesterday?

X did he meet a blind beggar yesterday?

in the park 是表示「場所」的副詞片語，所以 X = where（如上例的 2.）。

同樣地，若將 yesterday 用 X 代替，再放於句首，X 即等於時間疑問副詞 when（如上例的 3.）。

【問】請將斜體部分用適當的疑問詞 改成疑問句：	【答】
1. Does Mr. Gerald teach us 　 *Mathematics*?	1. *What* does Mr. Gerald 　 teach us?
2. Did you meet him *yesterday*?	2. *When* did you meet him?

研究　　**附加問句** <參照 p. 376> 屬於一般疑問句的一種，直接加在敍述句後面。其形式如下：

〔肯定〕

be 動詞　　　⎫
have 動詞　　 ⎬＋主詞（代名詞）？
助動詞　　　 ⎪
do (does, did) ⎭

〔否定〕

$$\left.\begin{array}{l} \textbf{be} \text{ 動詞} \\ \textbf{have} \text{ 動詞} \\ \text{助動詞} \\ \textbf{do}(\textbf{does,did}) \end{array}\right\} + \textbf{n't} + \text{主詞（代名詞）?}$$

通常敘述句是肯定時，附加問句是否定；敘述句是否定時，附加問句是肯定<參照 p. 376>。

She came back safe and sound, *didn't she* ?
　　　肯　定　句　　　　　　　否定形式

She has not arrived yet, *has she* ?
　　否　定　句　　　　　肯定形式

〔3〕敍述句 → 強調句

敍述句改為強調句的規則如下：

| 普通動詞的限定形 | → | do(does,did) | + 原形 |

《實例》

1. I *arrived* in time. 我及時到達了。
　→ I *did arrive* in time. 我真的及時到達了。

2. She *believes* in Buddha. 她信佛。
　→ She *does believe* in Buddha. 她真的信佛。

實例 1.將 arrived 改成 did arrive，實例 2.將 believes 改成 does believe，均構成了強調句。如此 do(does,did)要重讀（′did arrive ′does believe ）。

至於 be 動詞，have 動詞，助動詞等限定動詞，不能用 do(does,did)來強調，只能以重讀來強調句意。如：

I can〔kən〕swim.

→ I **can**〔′kæn〕swim.（我真的會游泳。）

He was 〔wəz〕 worried about it.

→ He **was** 〔'wɑz〕 worried about it. (他眞的擔心那件事。)

We have〔həv, əv〕 seen a ghost.

→ We **have**〔'hæv〕 seen a ghost. (我們眞的看見鬼。)

【問】請強調下列的句意：	【答】
1．His dream came true.	1．His dream *did* come true.
2．I feel sorry for you.	2．I *do* feel sorry for you.

〔4〕 敍述句 → 祈使句

祈使句普通是對第二人稱 you 的祈使，通常省略 you，用原形動詞。所以敍述句改祈使句的規則爲：

$$you + \begin{cases} 普通動詞 \\ be\ 動詞（are） \\ have\ 動詞 \end{cases} \rightarrow \begin{cases} 普通動詞的原形 \\ be（原形） \\ have \end{cases}$$

請看下面實例：

≪實例≫

1. You *hurry* up. 你快點。
   → *Hurry* up. 快點。

2. You *are* kind to old people. 你對老人要親切。
   → *Be* kind to old people. 對老人要親切。

3. You *have* patience. 你要有耐心。
   → *Have* patience. 要有耐心。

實例 1.敍述句的動詞 hurry，改成祈使句時的 hurry 是原形動詞；實例 2. 敍述句的動詞 are，改成祈使句時用原形動詞 be。

研究 上列的 be, have 是主動詞。當助動詞用的 be 動詞、have 動詞和助動詞，都不用在祈使句。譬如 You may succeed. 就沒有 *May succeed*! 這種祈使句。但是，下列是例外：

Have done!（住手！）

Be gone!（完啦！ 死了！）

注意 *May* you succeed!（祝你成功）是表「祈願」的**假設法**。

〔5〕肯定疑問句、祈使句 → 否定疑問句、祈使句

下面是將肯定的疑問句、祈使句，改成否定的疑問句、祈使句的規則：

1. 肯定的一般疑問句 → 否定的一般疑問句

❶ be 動詞
   have 動詞 ⎱ 的後面加 **n't**

   do ＋主詞＋普通動詞原形 → do 後面加 **n't**

或❷ 主詞的後面加 **not**

請看下面實例：

≪實例≫

1. *Are you* satisfied with that? 你滿意那個嗎？

   → *Aren't you*（*or Are you not*）satisfied with that?
   你不滿意那個嗎？

2. *Did they* stop talking? 他們停止說話了嗎？

   → *Didn't they*（*or Did they not*）stop talking?
   他們沒有停止說話嗎？

規則❶主要用於口語。注意 aren't, can't, won't, shan't 等縮寫字

＜參照 p. 380＞

2 肯定的祈使句 → 否定的祈使句

❶ 祈使句動詞前加 **don't**

或 ❷ 祈使句動詞前加 **never**

請看下面實例：

───《實例》─────────────────────

1. Hurry up. 趕快

→ ***Don't*** (*or Never*) hurry up. 別急 。

2. ***Be*** proud of your ability. 要以你的能力自傲 。

→ ***Don't*** (*or Never*) be proud of your ability.

別以你的能力自傲 。

────────────────────────────

和 don't 相比，never 的語氣較強，有「絕不可～」的意思。此外，be
動詞和 have 動詞，不能用 do 來構成否定、強調句，但在祈使句中，則可
以用 do 。

Be silent. (安靜 。)

→ ***Do*** be silent! (一定要安靜！) 〔重音在 Do 〕

Have patience. (要有耐心 。)

→ ***Do*** have patience. (一定要有耐心！) 〔重音在 Do 〕

─────────────────────────────

【問】請將下列的祈使句改成否定：	【答】
1. Play indoors, children.	1. Don't (*or* Never) play indoors, children.
2. Be satisfied with his offer.	2. Don't be satisfied with his offer.

〔6〕 敘述句 → 感嘆句

將敘述句中的 very (非常)，such (a) (如此) 等加強語氣的字，改成
how 或 what (a)，即成感嘆句。規則如下：

❶ very + {形容詞 / 副詞}, such(a)＋形容詞＋名詞 } → { how + {形容詞 / 副詞}, what(a)＋形容詞＋名詞 }

❷ 將❶箭頭右側的部分放於**句首**。

這規則和將敍述句改成特殊疑問句的規則相似。

─《實例》────────────────────────────

1. He always comes *very late*. 他總是來得很晚。
   → *How late* he always comes！ 他來得多麼晚啊！

2. That was *such a terrible accident*. 那是這麼一個可怕的意外。
   → *What a terrible accident* that was. 那是多麼可怕的意外啊！

3. You have *such*(*or very*) *good friends*. 你有這麼好的朋友。
   → *What good friends* you have！ 你的朋友多麼好啊！

根據規則❶，把實例1.的 very late 改成 how late，然後根據規則❷，將它放於句首。實例2.亦同，such a terrible accident 改成 what a terrible accident，然後將它放於句首。實例3.的名詞是複數，所以不用冠詞a。

研究 疑問句和感嘆句的主詞和動詞的排列順序請參考 377 頁。但是感嘆句也有「動詞＋主詞」的排列方式。譬如：

How great *was my surprise* when I heard that he had died！
（當我聽到他死了的消息，大大吃了一驚！）

───

【問】請將下列的敍述句改爲感嘆句：	【答】
1. She has such a beautiful figure.	1. What a beautiful figure she has！
2. Time flies so swiftly.	2. How swiftly time flies！

練 習 題

根據題後的指示改寫下列句子：

1. I found it an easy lesson to learn.〔否定句〕

2. Man is at the mercy of natural forces.〔疑問句〕

3. We feel the grievances of African peoples as real.〔強調句〕

4. It caused her much pain to lose her home.〔感嘆句〕

5. She wanted to have a picture of herself painted.
   〔將劃線部分用適當疑問詞改爲疑問句〕

解　　答

1. I did not find it an easy lesson to learn.
2. Is man at the mercy of natural forces?
3. We do feel the grievances of African peoples as real.
4. How much pain it caused her to lose her home!
5. What did she want?

第十七章 須注意的句子結構

Discussion

⊙ 倒裝句、省略句、插入語、同位語等，是文章中常出現的用法，也是翻譯文章時，必須具備的知識。

1 倒　裝

　　敍述句的排列，原則上是「主詞＋動詞（＋補語或受詞）」，倒裝則是主詞和（助）動詞位置對調，或補語或受詞放於句首等。

〔1〕文法上的倒裝

```
─《實例》───────────────────────────────
  1. *Are you* serious？你是認眞的嗎？
  2. There *had never been such a snowfall* in this country.
     這個國家從來沒有下過這樣的雪。
  3. *How brief* a man's life is！人的一生多短暫啊！
  4. Long *live the King*！國王萬歲！
  5. *Were it* possible, I would do so. 如果可能的話，我會這樣做。
  6. *Dangerous* as it is, it will have to be done.
     儘管這件事很危險，也必須將它做完。
```

　　如上面實例所示，文法上的倒裝有下列六種：
　　① 疑問句的倒裝。
　　② There, Here 放於句首的倒裝。
　　③ 感嘆句的倒裝。

④祈使句的倒裝。

⑤假設法條件子句中，省略 if 的倒裝。

⑥用 as 引導表讓步副詞子句的倒裝。

〔2〕 強調和對照的倒裝

─《實例》────────────

1. *Great was her surprise* when she found her boy bleeding.
   當她發現她兒子正在流血時，非常驚訝。

2. *Money* he cared about, not revenge. 他在乎的是錢，而不是報復。

3. *Down fell the tree* to the ground. 樹倒在地上。

4. *Never shall I* forget their kindness.
   我永遠不會忘記他們的仁慈。

5. He is a great biologist and *so was his father.*
   他是個偉大的生物學家，他的父親也是。

1. 強調補語的倒裝

句型是「**補語＋動詞＋主詞**」。如實例 1.和下例：

Happy is he who is contented with what he has.（知足者常樂。）

2. 強調受詞的倒裝

句型是「**受詞＋主詞＋動詞**」（注意：在此句型中，主詞和動詞不倒裝）。
如實例 2.和下例：

Whether he did it on purpose or not nobody knew.

　（他是不是故意做它的，沒人知道。）

3. 強調副詞（片語）的倒裝

句型是「**副詞（片語）＋動詞＋主詞**」。如實例 3.和下例：

By the side of the river stood his mansion.

　（他的宅邸座落在那河邊。）

Then came the attack again.（接著來的是再一次的攻擊。）

注意 當主詞為代名詞時，雖然副詞（片語）放在句首，主詞與動詞仍不倒裝。

Then **he left**. （然後他離開了。）

Behind the counter **he stood**. （他站在櫃台後面。）

4. 否定詞在句首的倒裝

句型是「**否定詞**＋ { **助動詞** / **be動詞** } ＋**主詞**」。如實例4.和下例：

Not only **was he** clever but he was very industrious.

（他不但聰明，而且非常勤勉。）

No sooner **had she seen** the rat than she gave a cry.

（她一看到老鼠就大叫。）

Little **did I** doubt the truth of his words.

（我一點也不懷疑他的話的眞實性。）

注意 **neither, nor** 用於句首時，後面的主詞和助動詞通常要倒裝。

He can not afford to buy a car; ***neither can I***.

（他買不起一部車，我也是。）

I am not a professional golfer; ***nor do I*** wish to be.

（我不是個職業高爾夫球手，也不想成為那樣。）

5. so 放於句首的倒裝

如實例5.和下例：

so用於肯定句，表「**也**」的意思，後面的主詞和動詞要倒裝。

Williams is my friend and ***so is Michael***.

（威廉是我的朋友，麥可也是。）

【問】下列句子的主詞是哪個？	【答】
1. Blessed are the poor in spirit.	1. the poor in spirit
2. Bang went the door.	2. the door

② 強　調

「強調」是指將句中某個字或片語，特別加強地說出來。前面已學了一些強調的方法，現在歸納如下：

〔1〕It～that 的構句 <參照 p. 48 >

〔2〕倒裝（參照 ①）

〔3〕用反身代名詞強調 <參照 p. 50 >

〔4〕用 very 等強調的字 <參照 p. 138 >

〔5〕用 do 強調動詞 <參照 p. 222 >

③ 省　略

句子的某一部分不說出來，即爲省略。

注意　該有的字不可省略，譬如 as it is usual（通常）不能省略成 is usual。同樣地，成語也不可隨便省略：

Out of sight, out of mind.（不見則忘；離久情疏。）〔諺〕

Love me, love my dog.（愛屋及烏。）〔諺〕

〔1〕慣用語、標語、標題、廣告等

≪實例≫

1. (*I*) Thank you. 謝謝你。

2. No Parking (*is allowed here*).（此處）不准停車。

3. 333 Students (*were*) Arrested. 三百三十三個學生被捕。

其他例子如下：

(*I wish you a*) Good morning.（早安。）

(*I am*) Glad to see you.（很高興看到你。）

(*This was*) Made in England. (英國製)

12 (*persons were*) Killed, 15 (*persons were*) Hurt In (*a*) Mexico Bus Crash.

（ 在一輛墨西哥巴士撞毀事件中，有十二個人死亡，十五個人受傷。）

〔2〕爲避免重覆的省略

─《實例》───────────

1. I have been to the dentist's (*office*) to have a tooth pulled out. 我到牙醫那邊拔了一顆牙。

2. (*I*) Beg your pardon? 對不起，請再說一次好嗎？

3. (*Come*) This way, please. 請這邊走。

4. I'll do so if (*it is*) possible. 如果可能的話，我會這樣做。

5. What a beautiful sight (*it is*)! 多美的景色！

1. 名詞的省略

所有格後面名詞的省略，如實例 1.和下面例子：

　Yesterday I had my hair cut at the *barber's* (*shop*).

　　（ 昨天我到理髮店剪頭髮。）

　St. Paul's (*Cathedral*)（聖保羅大教堂）

數詞後的名詞習慣上的省略：

　The train starts at twenty (*minutes*) past nine (*o'clock*).

　　（ 那班火車九點二十分開。）

　She is thirty-seven (*years old*). （ 她三十七歲。）

2. 代名詞的省略

日記或口語中，常省略主詞 I (如實例 2.)：

　(*I*) Got up at seven. （ 我七點起床。）

　(*I*) Took breakfast at half past seven.

　　（ 我七點半吃早點。）

注意 會話中省略的用法

(*Give me*) Coffee, please . (請給我杯咖啡。）

" Is that you, Miss Bulter ? " (巴特小姐，是你嗎？ ）

" Yes, (*I'm Miss Bulter*) sir." 〔是的，先生。（我是巴特小姐。）〕

3. 動詞的省略

為避免動詞重複，常省略動詞（如實例3.）：

Some of them were dead, and others (*were*) seriously wound-ed. (他們有些人死了，有些人則受重傷。）

在疑問句的回答中，本動詞常省略。

" Was he killed ? " (他被殺了嗎？ ）

" Yes, he was (*killed*)." (是的，他被殺了。）

4. 從屬子句中，「主詞＋動詞」的省略

如實例 4. 和下面例子：

He seldom spoke unless (*he was*) spoken to .

（除非有人跟他說話，否則他很少講話。）

I like you better than (*I like*) him .

（我喜歡你甚於喜歡他。）

No matter how wise (*one may be*), one sometimes makes mis-takes. (一個人不管多聰明，有時也會犯錯。）

5. 感嘆句中的省略

感嘆句中，有的省略「主詞＋動詞」，有的則省略整個子句（如實例5.）：

If my father were alive now (, *I should be very happy*)!

（我父親如果還活著該多好！）

How foolish (*it is*) of me (*to do so*)!

〔我（這樣做）多蠢啊！〕

研究 此外，還有下面的省略：

1. 關係代名詞的省略 ＜參照 p. 62 ＞

2. 從屬連接詞的省略 ＜參照 p. 331 ＞

3. 不定詞的省略 ＜參照 p. 248 ＞

④ 插入語和同位語

〔1〕 插入語

在句子的中間或末尾，插入其他的單字、片語、子句，用來修飾、說明或連接，這插入的部分稱爲**插入語**（parenthesis）。插入語前後所用的標點一般最普遍的是**逗點**，其次爲**長劃**，**括弧**最少用，通常這三種標點可以互用。

《實例》

1. It is, *after all*, due to his negligence.
   畢竟這歸因於他的疏忽。

2. She is, *as I have told you before*, very indulgent to her children. 就像我以前告訴你的，她很縱容她的孩子。

---

1. 字或片語的插入

如實例 1.和下例：

I am, *therefore*, rather critical of her conduct.
（因此我非常挑剔她的行爲。）

They（Mr. and Mrs. White）had to quit the house.
〔他們（懷特先生和太太）必須搬出那棟房子。〕

She is, *to be exact*, nineteen years old, and has not attained womanhood yet.
（嚴格說來，她才十九歲，還沒達到成年女子的年齡。）

2. 子句的插入

如實例 2.和下例：

The criminal, *it seems*, entered the house by the window.
（那罪犯似乎是從窗戶進入屋子的。）

It was indeed rude, *she continued*, to have awakened her tired guest.（她接著說，吵醒她疲倦的客人眞是很不禮貌。）

This boy (*who lives on the next street*) broke a window.

〔這男孩（住在隔壁街）打破了一個窗戶。〕

〔2〕同位語

置於某名詞（片語）後面，用以說明或解釋此名詞（片語）的名詞（片語），稱爲**同位語**。

≪實例≫

1. We decided to invite John and his sister, *Anne's American friends*. 我們決定邀請安的美國朋友約翰和他姊姊。

2. The fact *that Betty is dead* is beyond dispute.
   貝蒂死了的事實是不容置疑的。

---

1. 字或片語作同位語

如實例1.和下例：

We English are not afraid to utter political opinions in public. （我們英國人不怕公開發表政見。）

English is really *two languages*, *Anglo-Saxon and Norman-French*. （英文事實上是兩種語言，即安格魯撒克遜語和諾曼法語。）

Hamlet, Prince of Denmark. （丹麥王子哈姆雷特。）

2. 子句作同位語

如實例2.和下例：

He was startled by a *thought that perhaps his gun was not loaded*. （他的槍可能還沒裝上子彈的想法使他嚇一跳。）

Mother always held a *view that our dog was ill*.
（母親總有一種看法，以爲我們的狗病了。）

I sent a letter to the *effect that the estate of my aunt should be administered by me*.
（我寄了一封信，大意是說我姑媽的財產應該由我來處理。）

練 習

I. 將下列各句翻譯成中文：

1. She did not get angry, nor did she complain.

2. The patient is, if anything, a little better this morning.

3. Her name he remembered to have heard as a boy.

4. What, in your opinion, are the qualifications for being a successful salesman?

5. Emma, a thin, nervous maid, lived in constant dread of catching a cold.

II. 寫出下列各句中的省略部分：

1. When in Rome, do as Rome does.

2. He would have done it if necessary.

3. I took the prescription to the nearest chemist's.

4. How stupid of me not to know that!

5. "Things will be all right again soon." — "I am afraid not."

解 答

I. 1. 她沒有生氣，也沒有抱怨。 2. 說起來，這病人只是今天早上好一點罷了。 3. 他記得在他還是男孩時，聽過她的名字。
4. 照你的看法，成為一個成功推銷員的資格是什麼呢？
5. 愛瑪，一個瘦弱又神經質的女傭，常常生活在不斷感冒的恐懼之中。

II. 1. When (you are) in Rome 2. if (it had been) necessary
3. chemist's (shop) 4. stupid (it was) of me 5. afraid (that they will) not (be all right again soon)

心得筆記欄

劉毅英文家教班 102年指定科目考試榮譽榜

姓名	就讀學校	分數	姓名	就讀學校	分數	姓名	就讀學校	分數
位芷甄	北一女中	95	謝昀庭	北一女中	89	林彥汝	延平高中	84
韓雅蓁	台南女中	95	林政瑋	板橋高中	89	何姵萱	台中女中	84
賴彥萌	台中一中	94.5	林穎	板橋高中	89	蔡佳伶	麗山高中	83.5
田欣平	台南女中	94.5	吳元魁	台灣大學	88.5	劉家瑋	大直高中	83.5
郭韋成	松山高中	94	許瑞云	中山女中	88.5	陳品辰	板橋高中	83.5
李品逸	建國中學	94	張馨予	中和高中	88.5	孟欣樺	台中二中	83.5
羅采薇	中山女中	94	塗皓宇	建國中學	88.5	林子維	文華高中	83.5
陳宏宇	政大附中	93.5	廖寅成	延平高中	88.5	林展均	國大里高中	83.5
陳柔樺	明倫高中	93	梁硯林	延平高中	88.5	陳建榜	師大附中	83
蕭卓倫	建國中學	93	禹翔仁	成功高中	88	范賢葦	東吳大學	83
陳姿仔	北一女中	92.5	李明緯	政治大學	88	劉其展	新莊高中	83
陳佳馨	國大里高中	92.5	王紳	成功高中	88	翟永誠	衛道高中	83
黃怡瑄	西松高中	92	吳之永	政大附中	88	謝松亨	建國中學	82.5
李盼盼	中山女中	92	張仲豪	師大附中	87.5	童艾	景美女中	82.5
蔡濟伍	松山高中	92	林典翰	師大附中	87.5	廖韋綸	錦和高中	82.5
林於政	松山高中	91.5	夏子茵	延平高中	87.5	余思萱	松山高中	82.5
顏宏瑋	建國中學	91	徐需芯	景美女中	87.5	何彥儀	北一女中	82.5
王佳妍	景美女中	91	王宣賀	建台中學	87.5	吳畋鋆	中山女中	82.5
張彤瑋	台中女中	91	黃彥羚	台中女中	87.5	黃宣尹	延平高中	82
楊宛青	忠明高中	91	鍾佩璇	中崙高中	87	陳彥熹	政大附中	82
賴建中	國大里高中	91	陸璇	內湖高中	86.5	葉丞恩	延平高中	82
陳靖雯	台南女中	91	林知諭	中山女中	86.5	郭佾騰	海山高中	82
金郁文	台南女中	91	曾柏穗	成功高中	86.5	竇瑋甄	中山女中	82
徐順坤	台南一中	91	陳穎弘	成功高中	86.5	陳韻婷	景美女中	81.5
許柏韶	台南一中	91	楊泰來	台中二中	86.5	楊文智	板橋高中	81.5
吳思儀	延平高中	90.5	潘怡靜	成淵高中	86	黃尊昱	松山高中	81.5
顧靖明	北一女中	90.5	陳紘楷	成功高中	86	廖怡理	新店高中	81
李承珊	中山女中	90.5	劉依晴	景美女中	86	黃宇生	台中一中	81
陳書瑤	北一女中	90.5	王俊詠	建國中學	85.5	黃馨儀	育成高中	80.5
陳怡瑄	景美女中	90	張家嘉	西松高中	85.5	劉禹東	成功高中	80.5
呂胤慶	建國中學	90	潘芷寧	景美女中	85.5	蔡惠樺	台中一中	80.5
吳姿穎	松山高中	90	甘佳弘	景美女中	85.5	吳東緯	成功高中	80
顏惠珊	丹鳳高中	90	張岳庭	內湖高中	85	郭亭妘	海山高中	80
江宜庭	文華高中	90	黃俊嘉	格致高中	85	施伯諭	大同高中	80
郭佳柔	台南女中	90	王元佑	延平高中	84.5	廖盈瑄	中山女中	80
李寧珩	建國中學	89.5	陳宥安	麗山高中	84.5	孫庠	華江高中	80
甯奕修	師大附中	89.5	林可梅	北一女中	84.5	卓毓珊	市大里高中	80
李宓容	中山女中	89.5	柯佳伶	松山高中	84.5	曾子慈	清水高中	80
金冠甫	成功高中	89.5	柯穎瑄	北一女中	84			

劉毅英文家教班成績優異同學獎學金排行榜

姓名	學校	總金額	姓名	學校	總金額	姓名	學校	總金額
賴宣佑	成淵高中	147750	潘羽薇	丹鳳高中	14600	楊姿芳	成淵高中	9100
王千	中和高中	91400	蘇柏中	師大附中	14600	劉禹廷	板橋高中	9100
翁一銘	中正高中	79350	周欣穎	圖三重高中	14400	司徒皓平	建國中學	9100
呂芝瑩	內湖高中	52650	季怡孝	和平高中	14300	何俊毅	師大附中	9100
楊玄詳	建國中學	40700	李品萱	松山家商	14300	邱雅蘋	聖心女中	9100
謝家綺	板橋高中	37200	蔡欣伶	新店高中	14200	曹家榕	大同高中	9000
陳學蒨	再興高中	34100	林書卉	薇閣高中	13900	藍珮瑜	北一女中	9000
丁哲沛	成功高中	33950	方冠予	北一女中	13500	胡家瑋	桃園國小	9000
趙啓鈞	松山高中	33250	吳澧晉	中正高中	13400	鄭晴	北一女中	8900
袁好蓁	武陵高中	31750	施衍廷	成功高中	13400	黃盟凱	圖三重高中	8700
王芊蓁	北一女中	30250	劉若盈	松山家商	13400	黃浩銓	建國中學	8400
吳書軒	成功高中	29000	黃小榕	中崙高中	13000	劉妍君	新店高中	8400
蔡佳恩	建國中學	28500	許弘儒	成功高中	13000	羅映婷	內壢高中	8200
許晏魁	竹林高中	28350	王雯琦	政大附中	12700	施柏廷	明倫高中	8200
蔡佳容	北一女中	27750	劉秀慧	社會人士	12600	應奇穎	建國中學	8200
何宇屏	輔仁大學	27400	蔡瑄庭	南湖高中	12500	劉仁誠	建國中學	8200
林祐瑋	耕莘護專	27050	粘書耀	師大附中	12500	蔣詩媛	華僑高中	8200
黃棨寬	北一女中	26550	邱溯慕	縣格致中學	12500	王簡群	華江高中	8150
王挺之	建國中學	26400	林姿妤	丹鳳高中	12400	林怡瑄	大同高中	7900
張祐寧	建國中學	26000	林怡延	景美女中	12400	謝承孝	大同高中	7900
徐柏庭	延平高中	25000	劉婷婷	板橋高中	12000	劉佁	再興高中	7800
許嘉許	北市商	24400	吳凱恩	復旦高中	12000	楊沐焓	師大附中	7750
趙祥安	新店高中	23300	劉詩玟	北一女中	11900	陳怡靜	北一女中	7700
蕭允惟	景美女中	23100	白宇玉	復興高中	11650	何宜臻	板橋高中	7700
黃筱雅	北一女中	22800	陳柏諺	師大附中	11600	謝富承	內湖高中	7500
呂佾蓁	南湖高中	22750	盧昱瑋	格致高中	11450	劉唯翎	台北商專	7500
黃靖淳	師大附中	22050	林份	林口高中	11400	李奕儒	成淵高中	7500
羅之勵	大直高中	22000	劉俐好	中山女中	11300	俞欣妍	大直高中	7400
盧安	成淵高中	21900	黃鈺雯	永春高中	11100	梁語安	基隆女中	7300
練冠緯	板橋高中	21800	劉苡琳	板橋高中	11100	黃曉嵐	北一女中	7200
董澤元	再興高中	21700	蘇芳萱	大同高中	11000	郭恒志	台中一中	7200
許瑋峻	延平高中	21700	洪采媚	北一女中	11000	潘育誠	成功高中	7200
陳冠揚	南湖高中	20300	陳瑾慧	北一女中	11000	鄧佳融	板橋高中	7200
林悅婷	北一女中	19400	呂溶瑾	成功高中	11000	陳冠廷	薇閣國小	7150
王廷鎧	建國中學	19300	林政穎	中崙高中	10600	廖彥筑	北一女中	7100
王裕琁	成淵高中	19200	陳書毅	成功高中	10600	陳亭如	北一女中	7100
林述君	松山高中	17550	林侑緯	建國中學	10300	劉良逸	台中一中	7100
李佳珈	新莊高中	17300	宋才閏	成功高中	10200	廖瓦軒	武陵高中	7100
郭子瑄	新店高中	17200	范詠琪	中山女中	10000	黃靖儒	建國中學	7100
郭學豪	和平高中	17000	張馥雅	北一女中	9900	司鴻軒	華江高中	7100
許瓊方	北一女中	16900	柯博軒	成功高中	9900	陳宣蓉	中山女中	7000
張宛茹	基隆女中	16900	李欣蓉	格致高中	9900	徐健智	松山高中	7000
郭權	建國中學	16600	陳貞穎	中山女中	9700	陳志銘	麗山高中	7000
林學典	格致高中	16500	賴品臻	明倫高中	9700	劉哲銘	建國中學	6950
蔡欣儒	百齡高中	16200	林瑞軒	基隆高中	9600	鄭懿珊	北一女中	6900
張雅婷	海山高中	15450	鄭涴心	板橋高中	9400	徐浩倫	成功高中	6900
秦嘉欣	華僑高中	15400	黃建發	永平高中	9300	黃新雅	松山高中	6900
洪子晴	大同高中	15300	吳思慧	景美女中	9300	侯軒宇	建國中學	6900
劉裕心	中和高中	15150	陳昕	麗山高中	9300	阮鎂儒	北一女中	6800
劉思沅	大安高工	15000	陳冠儒	大同高中	9200	廖彥綸	師大附中	6800
陳品文	建國中學	14900	蘇倍陞	板橋高中	9200	羅培勳	新店高中	6800

姓　名	學　校	總金額	姓　名	學　校	總金額	姓　名	學　校	總金額
胡勝彥	社會人士	6700	張家瑜	北一女中	5300	朱德叡	永平高中	4300
王秉立	板橋高中	6700	林原道	和平高中	5300	孫元敏	三民高中	4200
徐子瑤	松山高中	6700	吳冠穎	建國中學	5300	林姿妤	中山女中	4200
黃誼珊	華江高中	6700	吳宇霖	海山高中	5300	賴柏霖	松山高中	4200
高維均	麗山高中	6700	俞雅文	國立三重高中	5300	張庭維	建國中學	4200
張君兆	東山高中	6650	黃偉嘉	育成高中	5250	賴玫均	新莊高中	4200
鍾凡雅	中山女中	6600	許家銘	大同高中	5200	唐婉軒	南湖高中	4150
李宸馨	北一女中	6600	曾昱欣	中山女中	5200	王詔煒	明倫高中	4100
楊唯駿	成功高中	6600	江　方	中山女中	5200	陳庭偉	板橋高中	4100
曹姿儀	南港高中	6600	洪子茜	明倫高中	5200	魏子倫	板橋高中	4100
李卓穎	師大附中	6600	蔡湘芸	松山高中	5200	黃子恒	南湖高中	4100
蔡得仁	師大附中	6600	朱微茵	松山高中	5200	林雨萱	中山女中	4000
許桓瑋	新莊高中	6600	謝忠錦	師大附中	5200	李安晴	北一女中	4000
吳其錡	北一女中	6500	蘇瑢瑄	景美女中	5200	董哲瑋	成淵高中	4000
古宸魁	建國中學	6500	胡博恩	大同高中	5100	李文淵	西松高中	4000
何允中	師大附中	6500	陳羿瑄	松山高中	5100	盧姿樺	育成高中	4000
黃盛群	師大附中	6500	陳冠達	建國中學	5100	孫浩峰	和平高中	4000
李宛芸	北一女中	6400	謝佳勳	師大附中	5100	巫冠毅	板橋高中	4000
許瓊中	北一女中	6400	王姝雅	育成高中	5050	游維宸	建國中學	4000
吳沛璉	靜修女中	6400	呂家榮	陽明高中	5050	林佑蓉	中山女中	3900
林育汝	中山女中	6300	林姿妤	三民高中	5000	廖晏儀	中山女中	3900
林建宏	成功高中	6300	葉昭宏	大直高中	5000	王　婷	華僑高中	3900
宮宇辰	延平高中	6300	張文怡	中和高中	5000	陳翰德	陽明高中	3900
吳鈞季	建國中學	6300	黃翊宣	北一女中	5000	李奕辰	中崙高中	3800
韋　謙	北一女中	6200	許家毓	金陵女中	5000	林家慶	內湖高工	3800
蕭宏任	桃園高中	6200	謝竣宇	建國中學	5000	張先佑	成功高中	3800
簡士益	格致高中	6100	陳忠鵬	建國中學	5000	馬崇恩	成功高中	3800
江婉盈	中山女中	6000	簡君恬	師大附中	5000	李柏融	和平高中	3800
陳　蓁	北一女中	6000	傅鈞澤	師大附中	5000	莊景涵	明倫高中	3800
蔡佳馨	南湖高中	6000	廖崇鈞	大同高中	4900	楊承恩	東山高中	3800
廖冠豪	建國中學	6000	施菀柔	木柵高工	4900	林宇嫻	板橋高中	3800
洪坤志	建國中學	6000	王郁文	成功高中	4900	施凱珉	松山工農	3800
廖鴻宇	建國中學	6000	盧奕璇	松山高中	4900	黃博鈞	松山高中	3800
袁紹禾	陽明高中	6000	董芳秀	景美女中	4900	羅友良	建國中學	3800
許芮寧	景美女中	5950	陳杏仔	北一女中	4800	鄭雯月	國立大里高中	3800
蘇紀如	北一女中	5900	李柏霆	明倫高中	4700	陳建成	彰化高中	3800
潘威霖	建國中學	5900	林冠宏	林口高中	4700	洪詩淵	中山女中	3700
黃捷筠	華江高中	5900	黃博揚	建國中學	4700	曾令棋	建國中學	3700
李承祐	成功高中	5800	邱弘裕	建國中學	4700	林俊廷	新莊高中	3700
陳得翰	祐德高中	5800	蔡承紜	景美女中	4700	楊庭瑄	靜修女中	3700
林柳合	台中二中	5700	謝怡彤	中山女中	4600	林悅潔	市三重高中	3600
任達偉	成功高中	5700	黃品臻	中山女中	4600	顏嶔涵	松山高中	3600
郭士榮	松山高中	5700	李承芳	中山女中	4600	鄭竹安	松山高中	3600
鄭朵晴	大同高中	5600	吳宜倫	和平高中	4600	陳韋綸	建國中學	3600
吳念馨	永平高中	5600	謝瑜容	中山女中	4500	杜懿樺	新莊高中	3600
林承瀚	建國中學	5600	薛世睿	金甌女中	4500	張筑珺	中山女中	3500
林妤靜	格致高中	5600	李怡婷	格致高中	4500	許斯堯	中正高中	3500
張繼元	華江高中	5600	簡嘉宏	和平高中	4400	蔡函瑾	北一女中	3500
劉文心	中山女中	5400	張馨馨	板橋高中	4400	黃崇愷	成功高中	3500
蔡佳原	松山高中	5400	柯賢鴻	松山高中	4400	陳品良	東山高中	3500
王子銘	縣三重高中	5400	吳靜柔	松山高中	4400	丁誠吾	建國中學	3500
張育綸	大直高中	5300	黃　馨	北一女中	4300	王筱雯	景美女中	3500
徐佑昀	中山女中	5300	何子鋐	台中一中	4300			

※ 因版面有限，尚有領取高額獎學金同學，無法列出。

Editorial Staff

- 編著 / 李聰田
- 校訂
  劉　毅・陳瑠琍・蔡琇瑩・謝靜芳
  吳濱伶・劉復苓
- 校閱
  Bruce s. Stewart ・ David Lightle
  Barbara Gilbert ・ Thomas Deneau
- 封面設計 / 張瓊惠
- 美編 / 張鳳儀・高文志・白嘉嘉
- 打字
  黃淑貞・倪秀梅・吳秋香

簡明英文法

編　　著 / 李聰田

發 行 所 / 學習出版有限公司　　　☎ (02) 2704-5525

郵 撥 帳 號 / 05127272 學習出版社帳戶

登 記 證 / 局版台業 2179 號

印 刷 所 / 裕強彩色印刷有限公司

台 北 門 市 / 台北市許昌街 10 號 2 F　　☎ (02) 2331-4060

台灣總經銷 / 紅螞蟻圖書有限公司　　☎ (02) 2795-3656

美國總經銷 / Evergreen Book Store　☎ (818) 2813622

本公司網址　www.learnbook.com.tw

電 子 郵 件　learnbook@learnbook.com.tw

售價：新台幣二百二十元正

2014 年 10 月 1 日新修訂

ISBN 957-519-028-9